帝王将相

一读就上瘾的中国史

青少版③

温伯陵 著

天津出版传媒集团
天津人民出版社

第六章　传奇帝王

第四章　权力与改革

楚汉之争：鸿门宴的局中局

一

公元前206年10月，咸阳。秦王子婴[1]穿素服乘白马车出城，把皇帝玉玺亲手交给了刘邦，大秦帝国宣告灭亡。

秦人都成了亡国奴，但大家却很高兴，因为刘邦刚入城就召开会议：“杀人者死，伤人及盗抵罪，除此以外的秦法全部废除……你们支持不支持啊？”

能够生活便利，当然支持啊。于是秦人纷纷带着家中的牛羊、酒肉去军队慰劳战士。看着他们饱经风霜的脸庞，秦人都露出了老父亲般的微笑。

本来是一件值得庆贺的事，却马上被刘邦叫停。“我们的粮食多着呢，不用麻烦父老乡亲，这些慰问品你们都拿回去吧，给老婆孩子解解馋。”

好领导啊，时时刻刻都牵挂百姓。

刚入咸阳一个月，刘邦就深得民心，秦人生怕他不能做秦王。成绩归成绩，态度是态度。

虽然秦人都很支持刘邦，但他还是压住了心中欲望的小火苗，远离咸阳，驻军霸上[2]，挥一挥衣

[1]（？—前206），秦始皇孙。二世胡亥之侄。胡亥死后，被赵高立他为秦王。后设计杀死赵高，刘邦入咸阳时投降，不久被项羽所杀。

[2]古地名。在今陕西西安市东。因地处霸水西高原上得名。是古代咸阳、长安（今西安市西北）附近军事要地。

袖，不带走一片云彩。

12月中旬，项羽来了。他带着整整四十万大军，攻破函谷关一口气来到戏西[1]，听闻刘邦的所作所为后他很生气："我们在巨鹿[2]大战秦军，这个家伙倒是捡了便宜。"

对于让刘邦抄近道的楚怀王[3]，项羽也怀恨在心。"这么好的事，也不先想想我，你不过就是个放羊娃，没有项家，你能做上楚王吗？"

项羽写了一封请柬，派人送给刘邦："哥俩好久不见，我的心里藏了好多知心话，想在酒宴上说给你听。"

地点：鸿门。

[1] 此处指鸿门，在今陕西西安市临潼区东北，东接戏水。楚汉相争时，项羽曾在此设宴，宴上，项庄舞剑，欲杀刘邦，但终究被刘邦抓住机会逃脱。

[2] 地名。在今河北平乡西南。

[3] （？—前205），秦末项梁起义后拥立的楚王。熊氏，名心，战国时楚怀王之孙。秦灭楚后，在民间为人牧羊。

二

按照司马迁在《史记》中的说法：范增[4]希望把刘邦当场斩杀，但项羽的心太大，一不小心就让刘邦给溜了，最终丢掉江山。一腔妇人之仁，竖子不足与谋啊。

字里行间都能看出，太史公对项羽的失败有多么痛心疾首。可项羽真的能杀刘邦吗？我们不妨看看项羽真正的实力。

起兵之初，项梁[5]和项羽杀了会稽[6]郡守，并召集郡里的"中产阶级"宣布起义，然后派人到各县招兵，共得八千人，因此江东八千子弟兵就是项家的基本盘。渡过淮河后又收了英布、蒲将军等人，

[4] （前277—前204），秦末项羽帐下重要谋士，被项羽尊为"亚父"。

[5] （？—前208），反秦起义军首领。项羽之叔。

[6] 郡名。秦置，治所在吴县（今江苏苏州）。

兵力达到六七万。

值得注意的是：英布、蒲将军等人并不是项家的嫡系，而是原本就有独立的军队，他们只是看重项家的名声和地位才带兵投靠，属于合伙人。巨鹿之战结束后，项羽成为诸侯上将军。在聚集了其他诸侯的军队后，他才有了四十万大军。这种关系更远了，连合伙人都算不上，充其量只能算盟友。

对于项羽来说，刘邦和英布原本是一样的角色，可在楚怀王的挑拨下，他却逐渐成长为可以封王的诸侯。所以在鸿门宴上，项羽的底牌只有六七万人，其他诸侯都是利益结合体，和刘邦没有本质上的区别。而刘邦有十万军队。

和项羽不同，刘邦的将军基本都是丰沛[1]老乡，士兵也是一路上招来的，各支部队不具有独立性。刘邦小而美，项羽大而散。

如此一来事情就明白了：在鸿门宴上，项羽根本不能杀刘邦，杀刘邦只需一刀，可他那十万军队该如何善后呢？

杀人容易善后难。领袖的地位从来不是靠杀人而来，只有恰当地分配利益，让大家各取所需，才能成为真正的领袖。范增就是没想明白这一点。

[1] 汉高祖刘邦是沛县丰邑（今属江苏丰县）人，此处用“丰沛”指代刘邦故乡。

三

当然，项羽可以横下一条心，在鸿门宴之前号召大家打败刘邦，然后瓜分关中地盘。

这也没什么，大家出来混，无非就是想出头。可后果会很严重。

三年前，大家都是大秦帝国的普通人，趁着陈胜起义，才释放了大量机会，让普通人也能登台表演。但是慢慢地，形势变了。陈胜、吴广等被拍到了沙滩上，取而代之的是六国王室的后代，他们纷纷复辟旧国。此时已和战国时代不同，战国时代的六国是几百年贵族掌握优势社会资源，其他人只能仰其鼻息[1]。

[1] 鼻腔呼吸时的气息，比喻声势、气势。

可如今呢，大家站在同一条起跑线上。在前线冲锋陷阵的是军人，在后方浑水摸鱼的依然是老爷们，合着祖祖辈辈都替你们打工呗？陈胜都说了：“王侯将相宁有种乎！”恰好，随项羽入关的诸侯都是六国大将，他们也想得到封赏，比如封地、封爵等等，这也不枉大家出来干一场。

而这些人中，功劳最大的就是刘邦。楚怀王封他为武安侯，并且获得灭秦的大功，麾下又有十万大军，论地位、论功劳、论声望，除了项羽，没有人能超过刘邦。

项羽虽然出身旧贵族，可在六国王室面前依然是小字辈。在巨鹿大战后，他只得到上将军的名号，却没有任何实惠，项羽迫切需要巩固自己的胜利果实。六国已经全部复国了，哪还有多余的地盘呢？好办，重新划分一下呗。而他需要拉拢的支持者就是诸侯大将们。

项羽、刘邦、入关诸侯其实都是一条绳上的蚂蚱，他们有共同的利益、共同的诉求、共同的地

位。项羽怎么对待刘邦，可是被很多人盯着呢。大家都是一个战壕的兄弟，立了功，你就把人家杀掉，那以后谁敢跟你混？还想当大哥，呸，玩泥巴去吧。

只有刘邦安好，诸侯才有晴天。项羽一旦发兵攻击刘邦，就等于彻底清空了自己的信誉度，出来混，一旦失去了信誉，就是砸了自己的招牌。

想打仗，也得在确立自己的最高地位之后。除了项庄舞剑[1]，刘邦从来没有性命之忧。

[1] 项庄是项羽手下勇士。在鸿门宴上，项庄舞剑企图刺杀刘邦，故后世有“项庄舞剑，意在沛公”之说。

四

鸿门宴其实是和平谈判，项羽不想也不能要刘邦的命，他要的只是江湖地位，只要刘邦低头，依然认他做大哥，其他都好说。

刘邦也很聪明。“我来咸阳只是替你打前站，安排好住宿、伙食，一心在霸上等待大哥。至于封闭函谷关，也是为防备其他盗贼而已。”一句话：“项大哥，风里来雨里去，我跟定你了。”

刘邦一旦表态，其他诸侯也纷纷跟进，项羽终于结成了统一战线，成为军队的唯一代言人。下面就是和六国旧贵族掰腕子了。

当然，项羽还是很讲礼貌的，他先请示楚怀王：“秦国亡了，接下来该怎么办呢？”楚怀王写信来：“如约。”意思是按照之前的约定，先入关中者为王，呵，刘邦都低头了，楚怀王还想着用刘

邦来制衡项羽呢。于是楚怀王被尊为义帝，都城在湖南。

项羽可能会想："你屡次为难我，现在就到湖南去摸鱼吧，再也别回来。"心机、权术只是手段，实力才是根本。然后项羽对诸侯说："开始创业时，立六国只是手段，不过是权宜之计，真正立功的是我们。"

你看看，这是不是统一战线？所谓"十八路诸侯"，其中有十四个是追随项羽入关的六国将军，至于赵、韩、燕王等人，都被缩小地盘，实力大不如前。最大的胜利者恰恰是项羽。他从一个没有地盘的将军，通过分封把名气和威望转化为实力，占据梁、楚九郡[1]，号称"西楚霸王"。

地盘最大、名分最高，依然是大哥。此时的项羽到达了人生巅峰，然而巅峰过后便是悬崖。

五

项羽其实并没有满足所有人的欲望，这就导致分封体系存在潜在威胁，时刻会有人冒出来掀桌子。比如陈馀[2]，他是有实力的，但项羽说他没有入关，所以就不给王位，只给了三个县。结果陈馀出兵打败张耳[3]，被赵歇封为代王。比如田荣[4]，他是资格最老的起义者。因为没有帮项梁，又不追随项羽攻击秦国，所以也没有封赏，反而是部将田都当了齐王，结果呢，田荣自立为齐王。

[1] 位于黄河及长江下游一带。

[2] 秦汉之际赵王主将，与张耳为刎颈之交，共同立赵国宗室后裔赵歇为赵王。

[3]（？—前202），秦汉之际赵王主将。项羽分封诸侯王时被封"常山王"，后与陈馀交恶，转投刘邦。

[4]（？—前205），战国末年齐王田氏后裔。

作为领袖，项羽太感情用事了。其实在那个年代，只要立功就有封地才是主流，大家出来混就是希望有封地，只有属于自己的土地才安心。而项羽有点任人唯亲，只有和他亲近的人才有好处，关系疏远的人连汤都喝不上。这样一来，关系疏远的人只能自力更生。于是韩信、陈平[1]都走了，田荣、陈馀也反了，一手好牌被他打得稀巴烂。

看看刘邦是怎么做的吧。韩信灭齐国后，他想做齐王，于是他请求刘邦正式任命。刘邦很生气："我可以封，但你不能来要。"但张良[2]踩了一下他的脚，他马上就明白过来了。人家手上有几十万大军呢，可不能得罪，于是他马上派人去正式册封。垓（gāi）下之战[3]时韩信按兵不动，刘邦又给他加封了土地。

彭越、英布也是一样，只要是能给的都给你。这才是领袖作风。不以个人的感情为判断依据，而是冷静分析现实，然后做出最准确的决定。

公元前202年，刘邦在定陶称帝。项羽想做却没有做成的事业被刘邦顺利收尾，他满足了大部分人的利益需求，几百年的乱世也就此终结。

[1]（？—前178），西汉初大臣。曾随项羽入关，不久归汉，后任汉初丞相。

[2]（？—前190或前189），西汉初大臣。字子房。刘邦帐下重要谋士。

[3]楚汉战争的最后决战。公元前202年刘邦与韩信、彭越等会师垓下（今安徽固镇东北、沱河南岸）。项羽粮尽援绝，入夜后又听到四面楚歌，以为汉军已得楚地，于是突围南走，至乌江（今安徽和县东北）自刎而死。

六

想了解楚汉战争，不可不知鸿门宴。这是一次成功的统一战线教程，也是一次不成功的利益分配案例，它总结了反秦战争的成果，也开启了江山争

霸的序幕。

饭局开始前，项羽和刘邦是战友。饭局结束后，项羽和刘邦是敌人。归根结底，成功者都有相似之处，那就是把自己人弄得多多的，把敌人搞得少少的。因为有多少人，就有多大的平台。

胜利者不仅要能力超群，更要有大平台赋予的光环和助力，只有当能力和平台相结合，才能爆发出超强的战斗力。但是话又说回来，胜利者也不能把平台的光环当作是自己的能力。两者分开看更好一点。

生活中我们经常会听到有人抱怨："人走茶凉[1]。"这句话有一定道理。因为一旦没有了支持者和平台，也就相当于被请下了桌子，何止茶凉，连茶杯都摸不到了。这也变相地证明，喝茶的人已不被需要。

公元前206年，项羽手中的茶杯冒着热气，茶水溢出，竟有些烫手，但五年后就彻底凉透。那年，刘邦的茶杯尚温。

[1] 多用来形容世态炎凉，人情淡漠。

张骞：丝绸之路的开拓者

一

中学的历史课本上有个榜样人物：张骞。这位汉朝有志青年奉汉武帝的命令，带着一百多个热血男儿，从长安一路往西，穿越草原、戈壁、高山、湖泊、无人区，历经十一年时间，终于来到了一片汉朝人从未踏足的地方——西域[1]。

这是中原人第一次穿越万里黄沙，来到这片充满无数想象的土地。此后的两千年里，数不清的使节、商旅、军队沿着张骞走过的路线来到西域。商人们把中原的丝绸贩运到这里，跟当地甚至中亚人交易，以赚取巨额的利润；使节们手捧中国皇帝的诏书，在西域宣示着主权和国家的强盛；军队骑骏马、跨长刀纵横驰骋，留下“明犯强汉者，虽远必诛”[2]的时代强音。张骞走过的路，被世界称作“丝绸之路[3]”。

张骞以一人之力在历史上书写了不朽的传奇，而他给后世带来的惊喜远不止这些。

[1] 汉以后对今甘肃玉门关、阳关以西地区总称。狭义上指葱岭以东，广义上泛指中西亚、印度半岛乃至东欧、北非等地。

[2] 西汉元帝时大将陈汤语，大意为：胆敢冒犯强盛的大汉的，即使身处千万里之外，大汉也必将诛灭之。

[3] 古代由中国通向中亚、西亚、非、欧等地的交通路线。以中国长安、洛阳为始发地，因丝绸是其运送的大宗货物之一，故称。

二

如果没有张骞，我们的餐桌上可能会减少一些水果种类。

葡萄美酒夜光杯，欲饮琵琶马上催[1]。
醉卧沙场君莫笑，古来征战几人回？

王翰[2]的一首《凉州[3]词》不知赚了多少热血男儿的向往和青春少女的憧憬。可王翰在成名时至少应该向张骞交纳版权费的，因为葡萄的种子就是张骞从西域带回来的，如果没有他的话，我们的先辈就要等很久才能吃到葡萄，也许会推迟到唐朝，甚至元朝。

张骞从西域带回来的不仅仅是葡萄，还有核桃、石榴、大蒜、黄瓜、西瓜……如果没有张骞，我们就不能在看热闹时端着西瓜，做一个合格的“吃瓜群众”；寒窗苦读时，我们也无法剥几个核桃补脑，电视上也会少一条相关广告；在吃火锅时，蒜泥肯定也没有了，这该如何安放吃货们的胃呀。甚至武则天在跟李治撒娇时写的《如意娘》也得改改了。

看朱成碧思纷纷，憔悴支离为忆君。
不信比来长下泪，开箱验取石榴裙。[4]

[1] 大意为：刚想饮酒就听到马上琵琶声响起，催促大家要出发了。

[2] 唐诗人。以边塞诗著称。

[3] 西汉武帝所置十三刺史部之一。历代辖境多有变化，治所常设置在今甘肃武威。1913年废。

[4] 大意为：思念纷纷，以至总是精神恍惚，竟然把红色看成绿色；身体憔悴不堪，只因太过思念你。如果你不相信我近来因思念你伤心泪绝，那就打开衣箱，看看我石榴裙上的斑斑泪痕吧。

石榴都没有，哪来的石榴裙可穿？

三

如果没有张骞，可能会少一些美好的诗篇。一片西域夹在当时的罗马[1]和汉朝两大人类文明之间，如同一片“世外桃源”，向西距离罗马何止万里，向东距离汉朝只有河西走廊连通。

如果没有张骞，西域成为“中国不可分割的一部分”的概率将会大大降低。如果没有汉朝三百年的移民、治理，那么等到唐朝时，建立“安西、北庭都护府[2]”的难度将会大大增加。

毕竟，历史的发展是递进的。到那时，王昌龄[3]就没有机会写下《从军行》了，这样壮烈激昂的诗，我们恐怕永远也没有机会读到了。

> 青海长云暗雪山，孤城遥望玉门关。
> 黄沙百战穿金甲，不破楼兰终不还。[4]

> 胡瓶落膊紫薄汗，碎叶城西秋月团。
> 明敕（chì）星驰封宝剑，辞君一夜取楼兰。[5]

吃亏的不只是王昌龄，还有岑参[6]。他来到西域任职后，这片神奇的土地在他脑海中勾勒出最美的风景，他的内心有一个声音在呐喊：“写出来

[1] 此处指古代罗马，中国汉朝时期，是地中海地区的大帝国。

[2] 即安西都护府、北庭都护府，是唐朝设在西域的军政机构。

[3]（？—756），唐诗人。字少伯。以边塞诗著称。

[4]《从军行·其四》，大意为：青海湖上乌云密布、遮天蔽日，竟让这连绵的雪山也显得黯淡。边塞孤城与玉门关，遥遥相望。将士们在大漠黄沙中身经百战，铠甲磨穿，但报国之心不灭，不打败进犯之敌，誓不返回家乡。

[5]《从军行·其六》，大意为：将军把储水的胡瓶绑缚在胳膊上，骑上健马，此时的碎叶城西正值月圆。使者带着皇帝的诏书星夜奔驰，将宝剑赐予将军，将军即刻与亲友告别，奔赴战场，一鼓作气，攻破敌人城池。

[6]（约715—770），唐诗人。以边塞诗著称。

吧，肯定能火。”可惜，火候还不到。直到有一天，岑参的同僚武判官要回长安，他站在三岔路口，看着武判官渐行渐远的背影伤心欲绝。此情、此景、此人，一首好诗脱口而出：

北风卷地白草折，胡天八月即飞雪。
忽如一夜春风来，千树万树梨花开。
散入珠帘湿罗幕，狐裘不暖锦衾[1]薄。
将军角弓不得控，都护铁衣冷难着。
瀚海阑干百丈冰，愁云惨淡万里凝。[2]
中军置酒饮归客，胡琴琵琶与羌笛。
纷纷暮雪下辕门[3]，风掣红旗冻不翻。
轮台[4]东门送君去，去时雪满天山路。
山回路转不见君，雪上空留马行处。

还有高适[5]，他也不会有“借问梅花何处落，风吹一夜满天山”的句子了。李白[6]的《关山月》中，“明月出天山，苍茫云海间”，会不会把“天山”改成“泰山”？甚至是陆游[7]在年老多病的时候也不会“尚思为国戍轮台”了吧，想想雁门关就好。

你看，张骞的一趟行程无形中改变了多少人的命运，又给我们留下多少“默写并背诵全文”。

[1] 锦被。

[2] 大意为：沙漠漫无边际，遍地冰凌，万里长空愁云惨淡。

[3] 领兵将帅的营门。

[4] 古地名。在今新疆轮台东南。汉武帝时曾在此屯田驻兵。

[5]（约700—765），唐诗人。字达夫，名将之后。和岑参并称“高岑”。

[6]（701—762），唐诗人。世称“诗仙”，好击剑行侠，有从军报国之志。

[7]（1125—1210），南宋诗人。生于北宋末南宋初，后投身军旅，一心抗金、北伐。

四

如果没有张骞，不过是少一个“夜郎自大”的成语。

在西域时，他闲得无聊就去逛街。走啊走，突然他看到了震惊的一幕：白皮深目的当地人穿的衣服居然是四川布料做的，手里拿的也是四川产的竹杖。这种感觉就像是我们到了外星球，那里竟然有人穿着国产品牌的服装。惊喜不惊喜，意外不意外？

张骞怀着兴奋的心情拉着当地人的手说：“兄弟，都是缘分啊。能不能告诉我你的衣服是哪里买的？”当地人告诉他：“实话跟你说吧，我这是从印度买来的。”

这件事情给张骞留下的印象特别深，回到长安后他就跟汉武帝汇报：“既然四川的布匹能到印度，就证明距离不远，我还是去一趟吧。”汉武帝的理想可是星辰大海，张骞的提议正中他的下怀[1]，随即大手一挥：“去吧。”

[1] 谦辞，指自己的心意。

公元前122年，张骞带着四支队伍向使命出发。他们从四川的成都、宜宾开拔，打算分别穿过青海、西藏、云南，然后在印度开一个“会师宴”。我们知道，这些地方现在都是不发达地区，别说两千年前的汉朝了。所以四支队伍走没多远就被当地土生土长的糙汉子们拦下了，并命令他们：“立定，向后转，齐步走。”

但是向云南前进的那支队伍却受到了不一般的待遇，他们被夜郎国[1]的国王客客气气地请到王宫，好吃好喝地招待。酒过三巡，菜过五味[2]，使者们正看着台下那些土著女子跳舞呢，紧接着夜郎国王的一句话差点让他们岔气："汉朝的疆域有我的夜郎国大吗？"

使者们想笑又不敢笑，使劲憋着一口气，把脸涨得通红。其实这也不能怪夜郎国王没见识，毕竟客观条件就摆在那里。

就这样，张骞为我们的成语字典添砖加瓦，也难为夜郎国王做了两千年的背锅侠，并且还将继续背下去。

[1] 古国名。战国至汉时西南地区古国，包括今贵州西部、北部，以及云南东北、四川南部与广西北部部分地区。因夜山和郎山得名。

[2] 甜、酸、苦、辣、咸五种味道。也泛指各种味道。

五

如果没有张骞，我们会少一些热血的豪言壮语。

公元前60年，就在张骞出使西域六十年后，经过与匈奴、大宛（yuān）[3]、乌孙[4]的无数次血战，汉朝终于成立了西域都护府[5]，在西域确立了自己的统治权。但"老婆孩子热炕头"的好日子还没有到来，旁边的老朋友北匈奴就开始磨刀霍霍，随时准备瞅准机会来一下子。

北匈奴的领袖叫作郅（zhì）支单于，他因为杀了汉朝的使节，就从蒙古高原上撒丫子跑到了西域。看着西域的弱小国家们，郅支发出邪魅的笑

[3] 古西域国名。在今费尔干纳盆地。产汗血宝马。

[4] 古国名。最初游牧于河西走廊一带，后西迁至伊犁河和伊塞克湖一带。

[5] 汉朝设置在西域的管理西域事务、保障丝路畅通的军政机构。

声："嘿嘿，你们拿什么跟我斗。"正好康居国跟乌孙国在搞边境摩擦，康居王就把女儿许配给了郅支，并邀请他一起组队"打怪升级"。郅支也在哈萨克斯坦建了一座城，就命名为郅支城。看看，多狂妄，多霸气。

可历史告诉我们，实力不足的狂妄就会沦为笑柄，因为乌孙请来的帮手是汉朝西域都护的甘延寿[1]、陈汤[2]。

甘延寿和陈汤一合计，要出兵必须得禀报长安的朝廷啊，这一来一回起码得几个月的时间，等长安的命令到了，黄花菜都凉了。军情十万火急，陈汤做出了一个大胆的决定——矫诏。意思就是伪造朝廷的诏书，先把事办了再说，回头再去请罪。

这是掉脑袋的事，甘延寿打死都不同意，可陈汤等不及了，他先绑了甘延寿，召集部队就开干。

公元前36年，汉军翻越帕米尔高原[3]直抵郅支城下。一番你来我往、拳打脚踢，汉军大获全胜。既然打了胜仗，那矫诏的事也该说清楚了。甘延寿、陈汤就向朝廷写了一份报告，即《上疏斩送郅支首》，他们绝口不提矫诏的事情，而是把自己干的事说得热血沸腾、感天动地。

臣闻天下之大义，当混为一，昔有唐[4]虞[5]，今有强汉。匈奴呼韩邪（yé）[6]单于已称北藩，唯郅支单于叛逆，未伏其辜，大夏[7]之西，以为强汉不能臣也。郅支单于惨毒行于民，大恶通于天，臣延寿、臣汤将义兵、行

❶（？—前25），西汉名将。元帝时任西域都护。

❷（？—约前6），西汉名将。元帝时任西域副校尉。

❸位于亚洲中部，中国新疆西南部、塔吉克斯坦东南部和阿富汗东北部，天山、昆仑山、喀喇昆仑山和兴都库什山等交汇于此。

❹即陶唐氏。传说中远古部落名。首领是尧。

❺即有虞氏。传说中远古部落名。首领是舜。

❻（？—前31），挛鞮氏，名稽侯珊。甘露二年（前52年）归附西汉，后与汉和亲，娶妻王昭君。在西汉的支持下，恢复对匈奴全境的统治。

❼中亚古国名。

天诛，赖陛下神灵，阴阳并应，天气精明，陷阵克敌，斩郅支首及名王以下。宜悬头稾（gǎo）街[1]蛮夷邸间，以示万里，明犯强汉者，虽远必诛。

[1]汉时街名。在长安城南门内。

稾街是外国大使馆在长安的聚集地，他们要朝廷把郅支的头挂在那里，明明白白地告诉外国：敢冒犯我，这就是下场。

一百年后的洛阳街头又有人回忆起张骞。那是个年轻的书生，正在一座小房子里抄抄写写，挣着当天的饭钱。写啊写，抄啊抄，直到手腕都酸了，还有一大半的任务没有完成。书生想想就来气：“每天做着固定的工作、不变的生活，什么时候才能实现人生理想啊？”他随手就把手中的笔一扔：“大丈夫无他志略，犹当效傅介子[2]、张骞立功异域，以取封侯，安能久事笔砚间乎？”

[2]（？—前65），西汉著名使臣。曾因楼兰等国杀汉臣之事出使楼兰，刺杀楼兰王，扶立新王，并改国名为鄯（shàn）善。

这个书生叫班超[3]，从此他以张骞为人生偶像，他要到西域去实现自己的梦想。经过几年的努力工作，他被任命为西域使节，传奇就此展开。

[3]（32—102），东汉名将。曾奉命出使西域，帮助西域各国摆脱匈奴的奴役、心向汉朝，重新打通丝绸之路。在西域奔走共三十一年，临终前才返回洛阳。

班超率领三十六个人，用了三十一年的时间，把早已不服管理的西域诸国重新纳入帝国的势力范围，而班超也被东汉朝廷封为“定远侯”。

张骞被人称为“张博望”，班超又被叫作“班定远”，时隔两百年，开创者和追随者都因西域而万古流芳。

六

如果没有张骞，我们的精神中将会缺少一种勇气。

总有人说："即便没有张骞，也会有别人去探索。"可我们翻开史册时就会发现，张骞之所以伟大，是因为他做了别人做不到的事。

在这支年轻的队伍刚走到陇西时，就被匈奴的大队骑兵俘虏，全部押往草原。俘虏的身份一当就是十年。在这十年里，一百多人的队伍死的死、散的散，到最后只剩下张骞和助手甘夫两人，甚至张骞都对人生不抱希望了，就在胡地娶妻生子，打算了此一生。

命运的大门在十年后的某一天打开缝隙，张骞瞅准机会逃出了看守所，来到匈奴人暂时顾不上的地方。

如果是你，这时会怎么办？好不容易有机会活着，还不赶紧回汉朝，反正带出来的人都死了，任务完不成也不怪我啊，毕竟难度太大了。可张骞做出的选择是继续完成任务，向着未知的前路出发。

这一刻，我仿佛看到张骞在苍茫的草原、无垠的沙漠中迈着蹒跚[1]的脚步，一步一步，离安全和稳定越来越远，离未知的恐惧越来越近。

都说时势造英雄，可在开创人类历史的关键时刻，只有英雄才能造时势。

[1] 形容腿脚不灵便，走路缓慢、摇摇摆摆。

七

放眼世界历史，能够以无上的勇气去探索人类认知边界的人并不多。英雄们用一生讲述的故事，其实只有三个字：走出去。

永远不要故步自封，永远不要自我满足，永远不要沉溺过往。大胆地走出去，用勇气去征服世界，用诚意去迎接未来。万里黄沙没有挡住张骞的脚步，滔天碧浪成为郑和[1]的星光大道。我们不能延伸生命的长度，却可以不断扩展生命的宽度。与其在旧世界里苟延残喘，何不轰轰烈烈地开创人生新纪元。即便倒在路上，也虽败犹荣。

[1]（1371或1375—1433或1435），明航海家。回族。永乐年间，奉明成祖朱棣之命，七下西洋，加强了中国与亚非各国的联系。

三 624年：创业黄金时代的终结

一

624年，是创业黄金时代终结的一年。杜伏威[1]暴卒于长安，辅公祏（shí）兵败江淮，天下再没有能与李唐相抗衡的力量。再往前推几年的话，画面会更精彩：窦建德、王世充[2]被李世民一朝击破；宇文化及、刘武周、罗艺[3]终究是在沙滩上裸泳；还有无数的英雄豪杰，成为时代的炮灰。

时代大潮风起云涌，无数创业者白手起家，纷纷"敲钟上市"，称王称帝。当风云急转直下，创富神话就露出马脚。真是"眼看他起朱楼，眼看他宴宾客，眼看他楼塌了"，"好一似食尽鸟投林，落了片白茫茫大地真干净[4]"。

时代造就英雄，也把草根创业的列车停在了624年。

二

611年，隋炀帝带领百万大军东征朝鲜[5]。我们

[1]（？—624），隋末江淮农民起义首领。后降唐，入朝留居长安。但不久其旧部辅公祏兵反唐，他被毒杀。

[2]皆是隋末起义军首领。窦建德据河北，王世充据河南。李世民围攻王世充时，窦建德率军驰援，兵败，双双被俘。

[3]皆是隋末反隋势力首领。宇文化及据江都（今江苏扬州），刘武周据山西北部，罗艺为幽州总管。

[4]出自《红楼梦》，大意为：就好像那鸟吃完了食就各自飞进树林，只留下一片白茫茫的干净大地。暗喻那些煊赫一时的大家族、大人物们，最终家业凋零、富贵成空。

[5]指隋炀帝征高句丽之事，前后共三次。

平时几十人的春游都会折腾得鸡飞狗跳，不是水壶没带就是干粮不够，更何况百万人的武装大游行。官员们为了拉人头、攒粮食、交任务，把无数农民兄弟折腾得倾家荡产。大家心里都憋着一把火。

旧的秩序松动，往往蕴藏着无限的可能。

山东人王薄是最早看到机会的人。他号称“知世郎[1]”，举起反抗朝廷的大旗，无意中拥抱时代，吃了第一只大螃蟹。紧接着是河南人翟（zhái）让[2]创建“瓦岗集团[3]”，河北人窦建德在高鸡泊（bó）[4]成立了“小作坊”。两年后，杜伏威和辅公祏也辍学创业。

在时代大潮的激荡下，没有人能抵挡得住诱惑。有能力的拉队伍当老大，能力不足的就瞅准机会加入一个有潜力的创业团队，争取拿到原始股，将来上市后好变现。这是最坏的时代，也是最好的时代。

三

开始的几年，流量很充足。和陈胜、吴广一样，王薄也没什么大本事，但就靠着风口的机遇和《无向辽东浪死歌[5]》的噱（xué）头概念，第二年，他的产品（地盘）就拥有数万付费用户（军队）。这在旧秩序时代是不可想象的奇迹。

发展最迅猛的是瓦岗集团，因为它的地理位

[1] 暗喻自己能看透天下局势，知道隋王朝必亡。

[2] （？—617），隋末瓦岗军创始人，后推李密为主，不久为李密所杀。

[3] 隋末河南农民起义军。最初在瓦岗（今河南滑县东南）起义，曾多次击败隋军主力。

[4] 古水泽名。在今河北故城西南。隋时芦苇丛生、宽广数百里。

[5] 去辽东战场白白战死的歌谣。

置实在是好。众所周知，河南人口众多，意味着流量充足。而驱动这些流量的，是一种全新的模式——社交。翟让、王伯当、单（shàn）雄信、徐世勣（jì）[1]等人，不是朋友就是老乡，瓦岗集团的成员也基本上都沾亲带故。其凝聚力显然不是其他团队可比的，瓦岗很快就一枝独秀。

[1]（594—669），隋末唐初名将。本姓徐，名世勣，字懋功。归唐后赐姓李。又避李世民讳，遂改名李勣。

“社交+流量”的模式，让“瓦岗”成为最响亮的品牌、最闪耀的团队，因此，常年霸占“创业”风云榜的第一名。

而窦建德和杜伏威走的是另一条路子。他们身处河北和江淮，人口红利不足，自己又出身贫苦，没有社交资源，怎么办呢？他们只有靠自己的不懈努力才能白手起家，所以在他们的思维里有一条定律：想要得到，唯有用力去拼。

于是，我们就看到了一些不同于其他创业者的画面：窦建德用宽宏大量的作风起步，杜伏威用亲自上阵来号召三军。他们的团队成员和用户基本没有社交关系，而是靠领袖魅力，硬生生闯出了一番天地。

当“创业者们”奔跑起来，两耳生风的时候，他们觉得世界都是属于他们的。

四

很多“创业者”的背后都有一个投资人——突厥。宁夏的白榆妄，山西的魏刀儿、刘武周、梁师

都，甘肃的薛举、李轨，东北的高开道，都是拿到突厥的“天使投资”才发展起步的。

在那个年头，“创业公司”如果没有得到突厥的投资，都不好意思出门跟人打招呼。一时间，北方遍布“突厥系”。

在这种形势下，那些站在风口浪尖的大哥也必须得到突厥的投资，最起码也要挂靠在突厥的名下，毕竟，背靠大树好乘凉嘛！

窦建德、王世充、李渊……他们都是本土的“创业者”，如果不加入“突厥系”的大家庭，就会面临腹背受敌。除了来自突厥的直接打击，还会遭到小弟的围攻。在强大的资本面前，本土的豪杰生存艰难。在那个大时代，谁都没有选择的权利，只能走一步，看一步。

五

618年前后，“创业者们”集中“上市”，收获的季节到了。窦建德的小作坊长大了，随着响亮的敲钟声，“大夏集团[1]挂牌上市”。眼看着“股票”走势上扬，“投资者”纷纷跟进。没多久，窦建德的身价就达到了几百亿。“瓦岗集团”稳坐第一把交椅，问鼎天下指日可待。杜伏威没有独立上市，而是“挂靠”在大隋的名下，被封为楚王。

曾经的泥腿子，赶上风口就上天了，短短几年时间，从一无所有走上人生巅峰。成功的欲望让无

[1] 指窦建德在唐武德元年（618年）称夏王，国号大夏。

数人蠢蠢欲动。

617年，太原的父子仨决定“创业”。这时候的天下，经过几年的风起云涌，红利基本被瓜分殆尽。不过，他们好像不太着急，毕竟他们有自己的独门秘籍。这父子仨就是李渊和李建成[1]、李世民。

五十年前，宇文泰[2]带着一帮老乡到关中“创业”，成功以后就设立了八个柱国大将军[3]，他们连同地方上的门阀一起垄断了所有资源。这就是陈寅恪[4]先生所说的“关陇集团”。

李渊的爷爷李虎，就是八柱国之一。他们相互联姻、交友、做官，几十年来他们都是亲戚套亲戚、朋友加朋友。现在，他们决定重出江湖，统一中国。这就是李渊父子的第一个背景——深度社交。

可如果只有社交的话，还不足以和瓦岗集团竞争，人家的新任“CEO”李密[5]也是“关陇集团”的人，凭什么听你的？

李渊的第二个绝活叫“线上+线下”。他经过实地考察和听取报告，发现了其他人的致命弱点：口号喊得震天响，可根本不能落到实处。

比如窦建德说“为农民谋福利”，可他常年处于战争状态，根本没有精力考虑农民兄弟。比如瓦岗集团，“社交+流量”的路子很顺利，却偏偏要打造名人效应，把贵公子李密推上前台。堂堂的“瓦岗集团”成了贵公子的独角戏，普通群众说一万句都不如人家一句响，心都凉透了。比如杜伏

[1]（589—626），唐高祖李渊长子，后被立为太子。

[2]（505或507—556），西魏权臣、北周奠基者。鲜卑族。掌权期间改革官制，颁行均田制，创立府兵制等，其制度影响了北周、隋、唐三朝。

[3]官名。北魏、西魏最高武官。北周增置上柱国大将军，隋沿用。唐以后逐渐演变为勋官。

[4]（1890—1969），中国近现代历史学家。

[5]（582—619），隋末瓦岗军首领。其父李宽是隋朝上柱国。

威在战场上很厉害，但格局小。

这样一看，问题就比较简单了。李渊出身高贵，手中掌握着大量优质的社交关系，加上摸清了时代脉搏，知道用户想要的是什么，要做的就是尽力满足他们。他还有个“撒手锏（jiǎn）[1]”——李世民，为他开拓市场。在别人看来红利消失的时候，创业者李渊却已经立于不败之地。

真正让李渊胜利的是第三个秘籍——买买买。

大家出来“创业”，都是为了混口饭吃，能和气生财，绝对不会打打杀杀。于是李渊开了一场发布会：“我们是统一天下的团队，大家快来加入啊。”于是，周文举、杨士林、王薄、周法明等起义军首领们都来投降了。对李渊来说，虽然他不认识这些人，但也不影响双方的交易。你信任我，我信任你，就可以达成共识。想要官职的，可以入朝也可以在地方；想要“股份”的，看实力给爵位。

在李氏“三板斧”的威力下，仅仅八年时间，大唐集团就一统天下。

六

624年，草莽英雄的时代结束了。

杜伏威投降后，坐上了大唐的第四把交椅，其地位仅在李元吉[2]之下。在他的心目中，三十五岁前“退休”的梦想实现了。偏偏此时他的好兄弟辅公祏在江淮扯旗造反。唐军派来讨伐辅公祏的是

[1] 形容绝招、看家本领。

[2] （603—626），唐高祖李渊第四子。后封齐王。

李靖。跟“托塔天王[1]”打架，你以为你是孙悟空啊？不到半年，辅公祏就被传首长安，杜伏威也被赐死。再加上几年前窦建德、王世充、刘武周兵败被杀，大唐基本一统天下。

草根创业时代的结束，首先来自流量红利的彻底消失。十年前随便跑马圈地，都会有大把的流量供创业者们挥霍。而各地的人们惊奇于时代的变革，对一切都充满好奇，于是一拍即合，全天下有几百支创业团队。经过十年的大浪淘沙，创业者们经过优胜劣汰，角逐出最适合人们的产品——大唐集团。

留下有留下的道理，消失有消失的理由，最重要的是，人口没有增长，也就意味着没有新的“流量”涌入。而现有“流量”全被大唐霸占，新的创业者就没有了开始的土壤。在这样的局面下，“投资人”——突厥集团，也束手无策。

创业时代结束了，但新的时代正在开启，机会的大门永远不会关闭，也许只差一个转身。

七

新的时代有新的玩法，不同的人做出不同的选择。

徐世勣是瓦岗集团的核心骨干，在瓦岗败落、大唐崛起的关键时刻，他投身到大唐的阵营中来。这个华丽的转身，让他拿到了原始股。从此以

[1] 中国神话传说中的人物，因手托降妖宝塔，故称。本是佛教四大天王之一，后因李靖战功赫赫，二者形象逐渐融合，遂有托塔天王李靖一说。

后，他就安心在大唐集团努力奋斗，最终成为“凌烟阁[1]二十四功臣”之一，被封为英国公，官拜宰相。因为功劳大而被赐李姓，后来也叫李勣。

那么不属于大唐朋友圈的人该怎么办呢？“五姓七家[2]”的选择是闭门读书。他们是关东的士族门阀，当初支持过窦建德，和大唐不是一个阵营的，现在索性就留在老家种田、读书、考科举，等待新的机会。

一百三十年后，“安史之乱”爆发。这时的大唐急于寻找新的合作者，于是经过百年积累的关东门阀就趁势而起，成为大唐新的支柱。此后的一百五十年，是属于“五姓七家”的时代。

“荥（xíng）阳郑氏”号称“郑半朝”，“清河崔氏”连出宰相，“赵郡李氏”也连出十几位宰相。

关东门阀的选择是等待机会。既然时代变化已成定局，那就只能调整自己的节奏来顺应时代。适者生存，要学会做个聪明人。

唯一不变的宗旨是活下去。只要活下去，就会有无限可能。每个时代都不缺少机会，缺的是发现机会的眼睛。

[1] 阁名。唐太宗为表彰开国功臣，为其画像并悬挂于长安太极宫凌烟阁。

[2] 指隋唐世家大族中最为尊崇的五支，其中李氏与崔氏各有两个郡望，即陇西（今甘肃陇西一带）李氏、赵郡（今河北赵县一带）李氏、博陵（今河北安平一带）崔氏、清河（今河北清河一带）崔氏、范阳（今北京至河北保定一带）卢氏、荥阳（今河南郑州一带）郑氏、太原（今山西太原一带）王氏。

玄武门之变："贞观之治"的开场

一

隋朝开皇初年，长安很热闹。杨坚[1]在生死线的边缘游走多年，终于把外孙一脚踹下了皇位，自己披上龙袍，统治万里江山。独孤伽罗[2]也庆幸自己没有选错人，跟着丈夫一起进步，达到女性的职业巅峰，和杨坚并称为"二圣"。

几家欢喜几家愁。神武郡公府中，一个十三四岁的小姑娘撅起小嘴说，恨不为男儿身，给舅舅家报仇雪恨。神武郡公窦毅赶紧捂住女儿的嘴："你个瓜娃子，这么说可是要杀头的呀。"

窦姑娘是北周武帝宇文邕[3]的外甥女。虽然年纪尚小，但是长得很漂亮，乌黑的长发能拖到地上，关键是小姑娘熟读史书，已经进行过政治启蒙。一名美少女，张口闭口就是打打杀杀，目标直指当朝皇帝。当真是个狠人。

小棉袄如此刚硬，窦毅也很满意，就像关二爷[4]说的："我家虎女，焉能配孙氏犬子。"那些来提亲的世家子弟，他统统看不上。于是，窦毅搞了一次比武招亲大会。

[1] 即隋文帝（541—604），隋王朝的建立者。初为北周隋国公，北周静帝宇文阐外公。后废静帝自立，建立隋朝，改元开皇。

[2] 隋文帝皇后，北周大臣独孤信之女。参与政事，对隋政局影响很大。

[3] 即周武帝（543—578），北周皇帝。宇文泰第四子。

[4] 即关羽。《三国演义》中，孙权曾为儿子求娶关羽女儿，遭拒。

他在大屏风上画了两只孔雀，然后对前来应聘的世家子弟说："站在一百步外，谁能射中孔雀眼睛，谁就是我的女婿。"我们都见过孔雀，庞大的身体上镶嵌着一对小眼睛，离远了看清楚都不容易，还得用弓箭射中，没点能耐还真做不到。能做到的，都不是一般人。

有人叹气而归，有人踌躇观望，十六岁的唐国公李渊拿起弓箭："来来来，各位都让让，我要表演才艺了。"唰唰两箭，正中孔雀的双目。这等功夫，放在军中都是万里挑一的好手。于是，窦姑娘和李渊结婚了，后来他们生了几个孩子：平阳公主[1]、李建成、李世民、李玄霸（早亡）和李元吉。

虽然窦姑娘为舅舅宇文邕报仇的愿望没有亲手实现，但她的老公和儿女们一手建立了大唐，也算是不辱使命。真是一家子狠人。

而吸收了父母优良基因的李世民不仅勇冠三军，更是心细如发、多谋善断，堪称狠人中的战斗机。

二

617年，天下大乱多年。彼时窦姑娘已经去世，李渊成为一枚光荣的"奶爸"，他带着孩子们到山西任职。

历来的史书都有这样一段描述：李渊要做隋朝的忠臣，可李世民想造反，于是他和裴寂[2]设局，并且让隋炀帝的妃子去作陪，他们犯了灭九族的大

[1]（？—623），唐高祖李渊之女。李渊起兵后，聚众七万组成"娘子军"，起兵响应。后率军与李世民军会师，共克长安。

[2]（570—629或573—632），唐初大臣。隋末在太原任晋阳宫副监，以宫中财务支持李渊，劝其起兵。

罪，没办法才起兵造反。给李渊安排得明明白白。但可信吗？

李渊可是少年英武的奇才，又经过多年宦海沉浮，早已修炼成人精，而李世民不过是个毛头小子，这件事很可能是父子二人在演双簧[1]。如果没有关陇集团的老牌成员李渊，李世民也很难拿到父辈的资源，更不用说后来的辉煌成就，所以李渊才是家族起兵的总指挥啊。

如果要类比的话，他其实就是刘邦的角色，利用人脉、资源组建团队和平台，然后让团队中的佼佼者出去攻城略地。而在战火中百炼成钢的，唯有李世民。

李世民太厉害了，从当将军的那天起，除了初出茅庐在甘肃被打败过一次外，其他时候都是一战定乾坤。灭刘武周时杀得鲜血灌满袖子，在洛阳又一战平定王世充、窦建德……

621年，李世民达到人生小高潮：天策上将、司徒、陕东道大行台。天策上将府可以设置官员，相当于小朝廷，而陕东道大行台是关东政务中枢。魏晋以来的恶性权力结构，再加上李世民的天纵奇才，终于酿出一杯毒酒摆在李渊面前，而那个地方叫玄武门[2]。

[1] 比喻两人相互配合。

[2] 唐长安太极宫北面正门，在今陕西西安市旧城北。

三

在李渊原本的计划中，他是不想让李世民一家

独大的。他培养过很多家族成员，比如李建成，太原起兵时他和李世民平起平坐，分别担任左右大都督，这也是李建成唯一拿得出手的军功。进入长安后，他就成为太子，坐在了当年杨勇[1]的位置上。如此一来，李建成的命运也和南北朝前辈们没什么区别。

没有军功就没有话语权，在乱世谁理你？比如李元吉，十五岁就留守太原，李渊希望小儿子能成大器，结果刘武周南下时李元吉扛不住，撒丫子跑回了长安。李渊无奈只能放弃培养小儿子。

比如李神通，他是李渊的堂弟，曾被派到河北坐镇，结果和李勣一起被窦建德俘虏，也没扛起大旗。

但凡有一个成器，李世民就不会无所顾忌。当李世民军功日隆后，李渊能做的其实只有制衡和勉强维持，他几次对李世民说："我最喜欢的其实是你，想做太子吗，千万不要放弃哟，加油。"

这是画大饼，先稳住再说，可儿子们闹矛盾时，他却总是站在李建成一边。而朝堂上的大臣不是李渊的亲朋故旧，就是隋朝时的老同事、老战友。至于疆场立功的文臣武将，基本没有出任要职的，连起义元勋刘文静[2]都被杀掉了。所以武德[3]年间的格局就是：李渊、李建成、李元吉和满朝大臣是执政党，他们占据着朝廷的资源和话语权。这些人被李渊聚拢在一起，维持着弱势的主场地位。

南征北战的大将、各路诸侯的降臣、关东各地的官员……基本都被李世民笼络在手，组成"在

[1] 隋文帝杨坚嫡长子、太子。后被废，二弟杨广被立为新太子。

[2] （568—619），唐初大臣。曾助李渊起兵，后因裴寂构陷，被杀。

[3] 唐高祖李渊年号。

野党”。按照南北朝以来的套路，他们迟早会有一战，明眼人都看得出来。既然天下已经平定，另起炉灶也不现实，那就在李渊和李世民之间做选择吧。李建成更像是李渊的附庸，他的资源根本不足以和弟弟对抗，只有依附于李渊，李建成才能勉强生存下去。

“玄武门之变”更像是李世民和李渊的战争。不幸的是，在尸山血海中杀出来的人都有一种敏锐的判断力，他们大部分人都选择了李世民，毕竟强者为尊嘛。李世民也很有手段，根据《资治通鉴》[1]等史料来看，只要追随过他的人，基本都对李世民保持绝对的忠心。

李世民让秦王府车骑将军张亮带一千人去洛阳结交山东豪杰以防不测，结果李元吉告密，张亮被抓进监狱。可不论怎么严刑拷打，他一个字都不说。

“玄武门之变”后，李世民把齐王府的不动产、存款、宅基地都赏赐给了尉迟敬德[2]，大方吧，要不怎么是千古一帝呢？

几百年乱世中的鲜血、权谋、生死，终于结出了李世民这朵奇葩，他更像是刘邦和项羽的合体，一方面战无不胜，扫平天下，另一方面又有驾驭群雄的权谋和手段。这样一个人，恐怕放眼天下也无人是其对手。

[1] 编年体通史。北宋司马光撰。

[2] 即尉迟恭（585—658），唐初大将。字敬德。玄武门之变中，射杀齐王李元吉，助李世民夺位。

四

没有任何事情是能靠杀人解决的，领袖只有合理分配利益才能凝聚人心。“玄武门之变”也是这样。

李世民杀人不是目的，何况杀的还是李建成、李元吉等二线人物。他代表着武将、功臣、关东官员的利益，而这些人虽然都有着巨大的功勋，但在朝堂上却没有话语权，而想要得到这些，只有皇帝才能做到，所以玄武门的行动目标直指李渊。

所有历史上的大事件不是一拍脑袋就决定的，而是一切布置好之后的结果。看一下“玄武门之变”前的各方反应。李世民其实早已做好准备，他让温大雅[1]坐镇洛阳，并且派张亮带着一千人去洛阳结交豪杰，“恐一朝有变，预出保之”。

[1] 唐初大臣。玄武门之变时，任陕东道大行台工部尚书，属李世民阵营。

万一在长安混不下去，就去洛阳割据。其他人不敢做的事，李世民有实力去做。李元吉就亲口说：“当年二哥打败王世充进入洛阳时就大肆发钱，树立自己的恩信。”那还是621年，距“玄武门之变”发生还有五年之久，可想而知，李世民在洛阳的根基有多深。

李渊也在找出路，或者说试探。他对李世民说：“打天下都是你的功劳，经常说立你做太子，可你太谦虚了，要不你就到洛阳去吧，做个二皇帝。”

李世民大哭，他当然知道，如果和汉朝的梁

王一样去洛阳当二皇帝，以后再想回长安夺皇位，就名不正言不顺了，而李建成、李元吉也不想让他去，他在洛阳和关东的根基太深了，一旦割据一方，关中和四川的朝廷怎么能抗衡呢？再加上李世民的军事能力，别开玩笑了。

正好突厥入塞，建成兄弟就想了一个办法。他推荐李元吉担任统帅，顺便把尉迟敬德、程知节[1]、秦叔宝[2]、段志玄[3]等秦王府大将带走，打算在路上坑杀，然后在饯行时以摔杯为号，斩杀李世民。

这一切，李渊可能是默许的，至少不反对。这种密室谋划李世民是怎么知道的呢？不好意思，是李建成的属下跑到秦王府去告的密。搞笑吗？堂堂太子，连贴身属下都抛弃他了。

而李元吉的心思更可能是螳螂捕蝉，黄雀在后——二哥死了，说不定我更有机会呢？

在生命危险和前程的压力下，秦王府的文臣武将赶紧怂恿李世民："动手吧，再不动手就来不及了，要不就散伙吧。"

好了，一切都水到渠成。李世民心想，父亲容不下我、兄弟要害我、王府官员都在怂恿我，我好难啊。那就干吧，我也是被逼无奈。

如果兵变成功，长安自然可以掌握在手，而洛阳大本营则可以弹压关东，李靖和李勣等军中大将也中立，这就不会有任何"后遗症"。如果不成功，秦王府君臣还可以退到洛阳，要么割据一方，要么发兵西进，至于史书怎么写，眼下已经管不

[1] 即程咬金（？—665），唐初名将。后改名程知节。

[2] （？—638），唐初名将。字叔宝。

[3] 唐初名将。

了了。

你看看，李世民早已安排得明明白白。表面上只是玄武门的一场小型突发战斗，实际上早就谋划得万无一失，只等放手一搏。

结局我们都知道了。李建成、李元吉身死族灭，三天后李世民被立为皇太子，三个月后登基称帝。

李渊能怎么办呢？当尉迟敬德带兵到后花园时，他和裴寂、陈叔达[1]、萧瑀（yǔ）[2]正在划船。这几位老臣也站在李世民一边："秦王赢了，老哥哥，你就从了吧。要不然的话，咱哥儿几个就没命啦。南北朝的教训，老哥你都忘记了？"

得嘞，那就顺水推舟吧。李渊说："世民干得好，这也是我一直想干的事，我们父子终究是一条心啊。"

一夜之间，两个儿子和十个孙子都死了，李渊满心的悲伤又能跟谁说呢？没人在乎他，因为大唐江山太平静了。

一个月后，房玄龄、杜如晦、长孙无忌、秦叔宝、程知节、尉迟敬德等文臣武将纷纷出任宰相、将军等要职，完成朝廷的洗牌和换血，这些都是史书记载的大人物，史书没有记载的中下级功臣，在贞观年间又有多少飞黄腾达的呢？

时也，势也。

[1] 唐初大臣、南朝陈宣帝之子。归唐后颇受重用，诏书、军令等多出其手。唐朝建立后，封江国公。

[2]（575—648），唐初大臣、南朝梁宗室后裔。归唐后总掌政务，深受唐高祖信任。

五

众所周知，“安史之乱”把唐朝分成了两段。

在继承北魏、北周、隋朝的改革成果后，唐朝在门阀士族、庶族、皇族之间达成平衡，开启了帝国的辉煌。但唐朝也不可避免地沾染了南北朝的遗风，比如皇子掌军、皇后强势这类北魏的传统，“玄武门之变”只是几百年遗风的回光返照，之后的李承乾[1]造反、太平公主[2]掌权、李隆基[3]夺位则是魏晋南北朝传统的尾声。

唐朝是有故事的。它不安分、不消停，不像明、清一样，几百年都处于同一个框架内，也正因为唐朝一直在变，才会碰撞出无数火花。

蒋勋说：唐朝为什么会带给我们感动？因为唐朝像汉文化的一次短暂的露营，而人不会永远露营，最后还是要安分地遵循农业理论。但回想起来，最美的那几天都是去露营和度假的日子。唐朝就是一次短暂的出走，而这场盛大的风花雪月，始于玄武门。

[1] 唐太宗长子。初为太子，后起兵造反，被废。

[2]（？—713），唐高宗和武则天之女。深受帝后宠爱，曾受封镇国太平公主，参与朝政，宰相多出自其门下，权势很大。

[3] 即唐玄宗（685—762），唐朝皇帝。也称唐明皇。又因排行第三，也称李三郎。曾与姑姑太平公主发动政变，诛杀韦皇后和安乐公主，拥立其父李旦为帝。

安史之乱：大唐盛世的一颗毒瘤

一

大唐天宝[1]三年（744年），天下太平无事。李白被唐玄宗取消关注，落寞地离开长安，然后在洛阳巧遇杜甫。两双温暖的大手紧紧握在一起，碰撞出一段佳话。他们一起在河南求仙访道，秋天又遇到了高适，三个人每天除了喝酒闲逛，就剩下作诗了。

为大唐工作五十年的贺知章[2]，也骑着小毛驴回浙江老家了。此时，离生命的最后时刻不过半年。

大明宫[3]中住着李隆基，太真观里有杨玉环[4]。一年后，他们将走完世界上最遥远的旅程，向天下宣布他们的爱情。杨玉环的哥哥杨国忠[5]仍然默默无闻，但后来他踩上了一条光彩大道，走向了自己也不清楚的未来。

右相李林甫[6]在朝堂只手遮天，每次发朋友圈都能收获上万点赞，然而，他都懒得看一眼。范阳的安禄山春风得意，他刚刚接替裴宽[7]担任范阳节度使，再加上已有的平卢节度使、河北采访使等职，大唐东北王即将加冕[8]。

❶唐玄宗后期年号。

❷（659—约744），唐诗人。

❸唐朝宫殿名。遗址位于陕西西安城北龙首原。

❹即杨贵妃（719—756），小字玉环，号太真。最初是玄宗之子寿王王妃。后在太真观出家，不久入宫为妃，深得玄宗宠爱。

❺（？—756），杨贵妃堂兄。李林甫死后任宰相，权倾朝野，结党营私。

❻（？—752），唐大臣、宗室。

❼唐大臣。天宝初年（755年）任范阳节度使，政绩卓著，深受百姓爱戴。

❽某些国家的君主即位时所举行的仪式，把皇冠戴在君主头上。

日后搅动风云的人物都已各就各位，只是他们都不知道，自己将要面临的是什么。

大唐天宝三年，天下太平无事，所有人都在挥洒自己的青春和汗水。他们坚信，如日中天的大唐将永远存在下去。然而，长安地下早已埋下了无数伏火雷，只等一丝火星。

二

天宝二年（743年），长安城外的广运潭热闹非凡。从渭河而来的三百多艘船在广运潭[1]一字排开，首尾连接数十里，每艘船上都写着大唐州郡的名称，还有各地的土特产。

[1] 唐朝禁苑望春楼下的人工水潭，与渭河相连，用以转运关中漕粮。

乍一看，仿佛是来长安赶集的。

唐玄宗在观礼台上就座后，三百多艘船依次从台前经过，接受皇帝的检阅。潭中心有一艘船突然锣鼓喧天，陕县县尉崔成甫扯开八十分贝的嗓门，唱着唐玄宗亲自写的《得宝歌》：

> 得宝弘农野，弘农得宝耶！
> 潭里船车闹，扬州铜器多。
> 三郎当殿坐，看唱《得宝歌》。

看看这词，多感人，多喜庆，一股“啊，五环，你比四环多一环”的画风，猝不及防地扑面而来。李隆基确实很开心，因为终于能吃饱饭了。

堂堂大唐皇帝不应该用金锄头种地吗？怎么会吃不饱饭？我跟你说，这都是真的。

开国初年，朝廷爱惜民力，再加上长安城人口少，一年只需要消耗二十万石粮食。可在太平岁月，人们总是向往首都生活，当年在长安找机会的人，和如今的北漂没什么区别。

人口多，粮食需求就大。而造福秦汉的水利灌溉系统早已残破，曾经接受灌溉的四万四千五百顷田，被缩减到只有六千顷。唐朝的关中，早已不是经济重心。

知道为什么唐高宗、武则天都喜欢去洛阳吗？人家不是去搞团建，也不是去旅游，只是单纯为了吃大米、烙饼、烩面、胡辣汤……没办法，长安实在是没粮食吃啊。

就在天宝二年，广运潭把之前修建的运河连通起来，江南的大米可以直抵长安，并且当年就运来四百万石粮食，李隆基能不高兴吗？

长安城解决了温饱，可大唐依然是烂摊子。《旧唐书[1]·玄宗纪》记载，天宝十三载[2]，户九百六十一万，三百八十八万不课，五百三十万课。口五千二百八十八万，四千五百二十一万不课，七百六十六万课。

然而，这串数字已经成为历史学界的一段公案。从字面上来看，大意是：唐朝的财政税收方式是租庸调制[3]，纳入这套税收系统的人口叫课口，有课口的家庭叫课户。

大唐登记在册的人口中，百分之四十是免税

[1] 纪传体唐代史。二十四史之一。修于五代时期，北宋中后期再修唐史，遂称此书为《旧唐书》。

[2] 古时纪年通常用“年”，744年，唐玄宗改“年”为“载”，称“天宝三载”，此后一直沿用，直到758年，唐肃宗才下令改回。

[3] 唐前期实行的主要赋役制度。以均田制为基础，规定凡是均田人户，均按人口数量交纳一定数量的田租、户调，并服一定的徭役。

的，剩余百分之六十人口交的税要用在朝廷开支、宫廷用度、洪涝旱灾上面，再加上在北、西、南三个方向同时开战，军费需求庞大。即便如此，正常的税收渠道都不一定通畅，往往需要朝廷派转运使之类的官员，去地方上临时疏通、压榨，才能把钱粮运往长安。

大唐盛世如繁花锦绣，可朝廷只有两个字：没钱。因为国有土地制度崩溃了。

三

时间回到三百年前，北魏。

“十六国”时代，北方混乱了一百多年，直至草原上的拓跋鲜卑南下，他们骑骏马、挎弯刀，很快就征服了黄河流域。虽然北方统一了，可是有个问题：北魏朝廷没有正规的税收渠道，官员也不发工资，大部分财政收入都来自抢劫、贿（huì）赂（lù）或高利贷。

北魏太武帝[1]年间，有一个朝廷官员到山西、河南一带出差，从大同出发时，只有一匹马，返程时却带了一百多辆车。这种行为我们叫吃、拿、卡、要。

484年，执掌北魏朝廷的冯太后[2]在开会时说：“各位，有一好一坏两个消息要告诉你们，好消息是，朝廷以后给你们发工资了；坏消息是，有工资以后，你们就不能随便抢劫了。”大臣们不知道该

[1] 即拓跋焘（408—452），北魏皇帝。一名佛（bì）狸（lí）。在位期间北魏统一了北方。

[2]（442—490），北魏文成帝皇后。其子献文帝、其孙孝文帝皆年幼即位，于是临朝称制，执政二十五年，推行汉化、改革吏治，实行均田制、三长制等，政绩卓著。

说什么了。

那么问题来了，朝廷也是靠抢劫为生的，仓库中没有余粮，拿什么给全体官员发工资？

不要急，有办法。从西晋的“八王之乱”开始，北方的战争就没有停止过。为了躲避战争，父老乡亲不得已到处流窜，这就有很多无主荒地和失业农民。冯太后把无主荒地全部收归国有，按照一定比例分给失业农民，他们每年向朝廷交税。这就是隋唐“均田制”的起源。

在这套系统下，门阀和贵族是免税户，只有接受国有土地分配的农民，才是国家的固定税基。那么，怎么才能管理好国有土地和农民呢？

486年，深受冯太后重用的李冲[1]建议：“可以在农村建立基层组织，一竿子捅到底。”于是，“三长制”华丽出炉。朝廷分五户为一邻，二十五户为一里，一百二十五户为一党，分别设立了邻长、里长、党长。这一套改革，历史书上叫“太和[2]改制”。

冯太后以国有土地为基础，安顿了流离失所的农民，国家有了稳定的税收，并且加强了基层组织的管理，在乱世中重新建立起一套新秩序。

五十年后，北魏早已分裂为东魏、西魏。西魏丞相宇文泰又在均田制的基础上建立了配套的“府兵制[3]”，让朝廷有了固定的兵员和军队。均田制、三长制、府兵制，就是接下来的隋唐帝国强盛的密码。

[1] 北魏大臣、改革家。

[2] 北魏孝文帝年号。

[3] 西魏、北周至隋、唐的兵制。其最大的特点就是兵农合一，府兵平时务农，农闲训练，战时从军。府兵可不再承担国家的赋税徭役，但要自备兵器、粮草等，因此朝廷军费开支很少。

四

这套制度有一个核心问题：朝廷必须持有大量土地用来分配。

我们且用初唐农民老王来举例。当老王年满十八岁时，就会有一百亩土地分配给他，其中二十亩是永业田，可以世代传承；八十亩是口分田，去世后要还给国家。接受这块土地，老王就是国家的纳税人了。

他一年四季勤恳劳作，然后按照“租庸调”的方式向国家纳税。每年交公粮两石，给官府干活二十天，还需要上交三丈布。这就是老王每年需要缴纳的全部赋税。

冬天到了，他也不能窝在炕头上喝烧酒、看雪花，而是必须去指定的军府参加集训，以防将来可能上战场。闲时为农，战时为兵，兵农合一。

过了几年，朝廷突然传来命令：“圣人[1]要和突厥开战啦，你们跟我走。”于是，老王自备马匹、刀枪等装备，为国打仗。如果立功授勋，朝廷用勋田奖励他；如果升官了，也有和级别匹配的职分田。

在这样的体制下，老王和所有农民一样，可以靠努力得到土地，朝廷可以用土地来调动百姓的积极性。

可在老王去世后土地要还给官府，能传给儿子的只有二十亩永业田，相当于下一代重新开始。拼

[1] 对帝王的一种尊称。

命一辈子，却什么都攒不下来，凭什么？

对土地的渴望和人心的私欲，让老王藏匿土地、注销户口、私下买卖……总而言之，有太多方法让他从国家纳税人变成套现之后的黑户。再加上皇室、贵族、官僚继续兼并土地，建立庄园别墅，所以有一天朝廷蓦然发现——账本上的土地不够用了，于是，问题出现了。

新生人口没有足够的土地可以分配，于是只能浪迹江湖或者到城市谋生。农民上战场打仗立功了，却没有土地奖励，只能用自残来逃避兵役，但是他们的户口落在本地，租庸调的赋税也不会放过他。

立功不奖励，没田还收税，农民会怎么做？他们纷纷远走他乡，私下买一块土地重新开始。因为只要不是国家分配的土地，就不会纳入府兵和租庸调的体系中。

当时的大唐有种怪现象：农民都在辛勤劳作，但是很多都不用交税，不用服兵役。天下富庶，朝廷却始终缺钱花。这种现象，在李世民时代就已经出现，在武则天时代成为社会的主流，直到李隆基时代，由于国家没有充足的土地用来分配，建立在“均田制”之上的社会秩序完全崩溃。

前面说，天宝十三年依然有百分之六十的人口是纳税户，但这是账面数字，实际上远远达不到。

国家没有稳定的税基，没有稳定的兵员，甚至连基层组织都混乱不堪，因为农民四处流窜，管理起来难度太大。这就是盛唐的隐忧。

五

❶唐玄宗前期年号。

713年，李隆基改年号为开元[1]。二十九岁的皇帝雄心勃勃，梦想建立起能和李世民媲美的功业。可现实给他浇了一盆冷水：国家税基不足，导致财政吃紧，立功后无田奖励，导致府兵逃亡。

❷古族名。也称回鹘（hú）。游牧于今鄂尔浑河和色楞格河流域。后曾助唐平定安史之乱。

与此同时，大唐的局势也不安稳。北方的突厥一直蠢蠢欲动，图谋恢复祖先的霸业和荣光。突厥被打压后，又冒出回纥（hé）[2]来骚扰。东北方有契丹在谋求地域霸权。青藏高原上的吐蕃也正值鼎盛时期，他们走下雪山，积极探索四川、新疆的新世界。

❸国家以雇佣方式招募兵士的制度。

为了守护疆土，大唐必须维持庞大的常备军。然而，崩溃的府兵早已不能为国争光，甚至连保卫长安都做不到，于是，延续两百年的府兵制被彻底抛弃，大唐实行募兵制[3]。这其中就有一个问题，府兵制下，装备需要士兵自己准备，国家是不管的，但是募兵制就不同了，国家需要准备好刀枪、马匹、粮食来供养士兵。

然而，唐朝可怜的财政收入，根本不足以维持庞大的常备军。怎么办？李隆基灵光一闪，想出一个办法：没有钱，我可以给政策啊！于是，他在开元、天宝年间，先后设立了十个节度使。节度使相当于军区司令，朝廷没有多余的军费，只能允许节度使在辖区内收税。为了保障军队的管理权和财政权，朝廷又把地方监察权赋予节度使。军权、

财权、监察权逐渐集于一身，节度使已经是土皇帝了。

后人都说李隆基老糊涂了，其实他也没办法。旧秩序已经崩溃，李隆基又没有能力建立新秩序，只能对破损的旧秩序修修补补，节度使就是一块大补丁。

要想让长安摆脱饥饿，就必须重新疏通水利，让江南的粮食运到关中，而这个无底洞需要很多钱。皇帝亲军、中原驻军虽然打仗不行，但也是一群“吞金兽”。李隆基和杨玉环长年累月的恩爱，不得要钱？再加上奢靡的宫廷、腐败的朝堂、纸醉金迷的社会，繁花似锦的盛世中总是飘荡着一股子霉味儿。而维持这一切的，只有日渐缩小的税基。

为什么李林甫能专权十九年？为什么杨国忠可以爬到宰相这样的高位？绝不仅仅是搞斗争和裙带关系换来的，只有一个原因：他们能从老百姓身上压榨到钱财。从这点来看，所有奸臣都是相似的。李林甫、杨国忠、严嵩（sōng）[1]、和珅[2]……都是在旧秩序崩坏时能用特殊手段解决燃眉之急的人。

有时候坏人不是骨子里坏，而是局势让他不得不坏。李林甫、杨国忠是如此，安禄山也是如此。

[1]（1480—1567），明权臣。专政二十余年。

[2]（1750—1799），清权臣。钮祜禄氏，满族。乾隆时，执政二十余年，官至文华殿大学士。

六

755年12月，安禄山起兵造反。他的父亲是西域胡人，母亲是突厥巫婆，父母给他起了一个

响亮的名字——轧（zhá）荦（luò）山，意思是“战斗”。

一直以来，安禄山都特别能战斗，他在幽州军中作战勇猛，仅用了十年就从一个新兵升到了平卢节度使，驻扎在辽宁。此时的安禄山，是大唐成功“菜鸟”的典范。按照一般剧本，他将成为大唐所有落魄青年的楷模，但是局势不允许他做一个好人。

大唐一直都有“出将入相”的传统。在外领兵的将军打了胜仗，一定会回到朝中担任宰相，如果再有战争，宰相也可以披挂上阵。

作为皇帝的影子，李林甫在朝中全心全意赚钱，如果有将军入朝为相，势必会分走他的权力。而严峻的财政压力，也让李隆基不能破坏现有的捞钱模式，于是君臣二人发明了一项潜规则：“将军尽量用没文化的胡人，这样一来，他们就不能入朝当宰相了。”

和其他将军不同，安禄山的情商很高。他不仅作战勇猛，还特别会来事儿[1]。搜刮的军费、战利品经常送入朝中，上至皇帝、宰相，下至中层官员，基本都收过安禄山的好处。

1 指会逢迎讨好、迎合别人的心意做事。

有能力、高情商，又有政策红利，安禄山成为“风口上的猪”。直到755年，安禄山已经是平卢、范阳、河东三镇节度使，全方位负责大唐东北方的战争。而大唐一共才十个节度使，也就是说，安禄山麾下有大唐三分之一的兵马。历史到这里已经很明朗了。

国有土地制度崩溃，导致国家财政体系永远不健康，兵役制度也涣散了。为了应付复杂的边境战争，李隆基不得不把军事、财政、监察权力赋予节度使，培养了一堆土皇帝。朝廷为了挽救财政危机，不得不让李林甫、杨国忠独掌相权，这样才能集中力量捞钱。

李隆基的本意是让宰相和节度使相互制衡，自己高高在上充当裁判。可这样的模式，崩盘是迟早的事儿，因为人一旦尝到权力的甜头，就很难放下。

李林甫死得早，算是得了善终。杨国忠就不一样了，他仅仅做了三年宰相，迫切需要建立功勋来证明自己，而安禄山就是块最大的肥肉。

安禄山坐拥东北，早已培养了嫡系小弟。李林甫手腕高超、资历深厚，足以让他感到恐惧。可杨国忠算什么东西，想拿我当垫脚石[1]？做梦呢！于是，安史之乱爆发了。

[1] 指杨国忠与安禄山争宠，多次向皇帝进言安禄山必反，后来安禄山发动安史之乱就是以“诛杨国忠”为名。

七

安史之乱，让那个后人只敢谈复兴、不敢说超越的大唐盛世永远留在历史的刻痕中，越来越梦幻。

千年来，杨玉环一直是替罪羊。还有人说，是因为李林甫奸诈、杨国忠误国、李隆基昏庸、安禄山狂妄……总之，把所有帽子都扣到一个人头上。

然而，时代的巨变哪里是一个人能决定的。

国有土地制度在北魏呱呱坠地，经过北周、北齐的发育，终于在隋唐大放光彩，然而又在天宝十四年寿终正寝。它成就了李世民，也埋葬了李隆基。

安史之乱，只是几百年社会矛盾的总爆发，用千万人民的血与泪，结成一朵妖艳的罂粟花。

▲唐玄宗李隆基像

王安石变法：农业和金融的碰撞

一

1068年，宋神宗[1]第一次见到王安石。早在当皇帝之前，他就经常听身边人说一些关于朝政、经济、社会的犀利观点，当他虚心求教时才知道，那些观点全部来自王安石。

彼时，王安石只是外地小官。二十二岁考中进士后，他没有争取留京指标，而是背起包袱走向地方，那是最接近泥土的第一线。二十六年来，王安石在基层努力工作，发现了很多帝国的病灶。

王安石给每一个病灶都开出了药方，而且都能药到病除。前人使用过的青苗法[2]、农田水利法[3]等，被他试验过无数次。于是，他向朝廷分享自己的经验和方法，建议在全国推广。当时的皇帝是宋仁宗，他被接班人的问题搞得焦头烂额，哪有心思管这些事情。

事情虽不成，王安石却已经名满东京。宋神宗登基几个月后，就把王安石召回朝廷，任命为翰林学士。

有一天散朝后，宋神宗把王安石单独留下私

[1] 即赵顼（1048—1085），北宋皇帝。在位时，任用王安石主持变法；对西夏用兵，取得祁连山南侧的河湟五州之地；改革官制。但死后，其新法被废。

[2] 北宋王安石变法中规定的一种农贷法。春夏两季青黄不接时，农户可到当地官府借贷现钱或粮谷，避免农民受豪强的高利贷盘剥。

[3] 北宋王安石变法中鼓励兴修水利、开垦荒地的措施。

聊。王安石说：“陛下，大宋有很多问题。士兵大多是无赖，官员尽是庸人，至于理财不说也罢。幸好周边国家也是半斤八两，要不然我们就危险了。”然后他斩钉截铁地抛出结论：“大有为之时，正在今日。”

不久后，在宋神宗的支持下，王安石变法正式拉开大幕。

二

宋朝穷，不是说宋朝经济已经到达了崩溃的边缘，而是朝廷需要花钱的地方很多，造成财政匮乏。

宋朝采取“与士大夫治天下”，优待官僚集团。在宋朝，只要一人当官，全家都能受益。从宰相到大夫，都有资格让子孙、亲戚做官。开国功臣曹彬（bīn）[1]去世，换来了二十多人做官的资格；李继隆[2]去世后，也荫庇了几十人。再加上科举扩招、卖官鬻（yù）[3]爵、商人授官，宋朝官员的数量急剧膨胀。

宋真宗年间的官员数量是九千七百多人，到宋仁宗[4]年间就涨到一万七千余人。这还只是有级别的正式官员，待岗、候补的更是不计其数。

更重要的是，朝廷给官员的工资都很高。据史书记载，宋朝工人、农民的平均月收入是一千八百钱，只够一家人糊口。而一名九品官的工资能达到

[1]（931—999），北宋初大将。

[2]北宋初大将。

[3]卖。

[4]即赵祯（1010—1063），北宋皇帝。真宗之子。在位期间“三冗”问题日益突出，虽曾起用范仲淹等进行改革，但终因保守派反对而失败。

一万二千钱，宰相就更夸张了，月工资是四十万钱，这还不算其他补贴、福利。都说宋朝是读书人的天堂，由此可见一斑。

相比冗官，冗兵也是大问题。

宋朝初年，边疆有辽国、西夏在闹事，朝廷不得不在边疆屯驻重兵，再加上中原无险可守，只能增加禁军数量来保卫东京。为了防止农民起义，每逢灾年，朝廷都会到灾区招兵。把青壮年都安抚好，想起义都找不到人。

宋朝逐渐形成辽国、西夏、东京三大重兵区。有多少人呢？一百多万。

宋太祖年间，全国士兵共有三十七万，其中禁军十九万。仅几十年后，这个数字就翻了几倍。宋仁宗年间，全国士兵共一百二十五万，其中禁军八十二万。一百二十五万士兵的粮草、后勤、补贴、装备在任何时代都是一只吞金兽，在农业社会足以拖垮整个国家的财政。

冗费则来自皇帝、官员的奢靡浪费。

皇帝嫁女儿、娶儿媳要气派吧？庆贺太平盛世要办舞会、酒宴吧？各部门要不要经常考察、旅游啊？除了正式官员以外，那些办事员、科员等“吏”是没工资的，但也得养家吧？只能靠贪污受贿了。

教科书上把“冗官（员）、冗兵、冗费”说得干巴巴的，可一旦设身处地地想想，真是不寒而栗[1]。宋朝经济再发达，也承担不起这么重的负担啊！

[1] 天气并不寒冷但却直发抖。形容极其恐惧。

三

宋朝的花费很大，可收入有限。

780年，宰相杨炎[1]建议唐德宗施行“两税法”，废除“租庸调制”，只根据土地占有量和财产多少来收取地税和户税。后来因为家庭财产根本没法统计，只能计算看得见的土地，所以“两税法”逐渐只征收地税。

[1]（727—781），唐大臣、理财家。

为了扩充财源，唐朝建立起盐铁专卖制度。进入五代十国，各个军阀为了筹措军费，把专卖制度更加发扬光大。而这一切都被宋朝继承了下来。

反正是按照土地收税，只要有人种地就能收到钱，也就没必要搞什么分田地之类的事了，这也是“不抑兼并”的国策由来。可问题是，有一帮人不需要交税啊。那几万名官员和亲戚、朋友占尽国家红利，却不用付出一点代价，而兼并土地的急先锋也是这帮人。

宋朝初年，交纳地税的自耕农占人口的一半左右，到宋仁宗末年只剩下三分之一，不用交纳地税的耕地占百分之七十。根据“与士大夫治天下”的原则，地税只能减少，绝对不会增长。

幸好还有专卖制度。除了盐、酒、茶等人民群众的刚需产品，朝廷把矾和香料也纳入了专卖体系，或直接垄断，或寻找代理商，反正能赚钱就行。垄断的利益是巨大的，宋朝把专卖制度发展到极致后，收入一度占到财政总收入的百分之六十到

百分之七十，地税只占一小部分。

宋朝的富裕和商业繁荣大抵来源于此，在那个没有产业升级和技术改造的时代，一旦把垄断做到极致，专卖的潜力也就挖尽了。

红利消失殆尽时，大致是宋仁宗末年。几年后，宋神宗继位称帝，面对的是一幅惨淡光景：地税早已枯竭，能维持下去已经不容易，均田免粮是想都不敢想的事情；专卖制度也没有增长点，红利到头了。可朝廷的开销在不断增长：官僚体系越来越庞大，朝廷越来越奢侈，军费开销有时占财政收入的百分之八十……所谓“百年之积，唯存空簿”是也。

这样的大宋朝，可真是穷到家了。

四

每一个封建王朝走到中期，都会面临一个选择：变法。

在地税枯竭、专卖无法增长的既有情况下，王安石另辟蹊径，提出“理财”的概念，想在既不增加地税伤害农民，又能增加财政收入中寻找新的平衡点和增长点，也就是“民不加赋而国用饶[1]”。

说起来复杂，其实也简单。方田均税法：清查土地占有情况，向既得利益集团开刀，让多占田者多纳税，少田、无田者减轻负担。

青苗法、市易法[2]、均输法：都是之前王朝用

[1]富裕、丰富。

[2]北宋王安石新法之一。规定由政府设立专门机构直接参与贸易，控制商品流通、市场物价等，避免豪强垄断和哄抬物价等。

过的办法，朝廷把仓库中的粮食和钱拿出来，直接参与市场经济，既便民，又生财。

保甲法、保马法：建立严密的基层组织，可在必要时征召庞大的民兵队伍，又把经营不善的国营马场下放给基层经营。

免役法（募役法）：出钱免除劳役，官府再雇人干活。

王安石希望用国家的力量来影响市场，最终达到民间和朝廷力量的再次平衡。虽然不像汉武帝一样搞得“中产之家皆破”，但足以为帝国续命。

变法铺开以后，“青苗法”每年能带来将近三百万贯收入，“免役法”也能带来将近四百万贯，各项变法收入加起来，最终积蓄了可供朝廷使用二十年的财富。但这也到此为止了。“王安石变法”触动了利益集团的表面，却远远没有触动灵魂。

五

《资本论》中有一段话：为了百分之百的利润，资本就敢践踏一切人间法律，有百分之三百的利润，资本就敢犯任何罪行，甚至冒绞首的危险。

有资本的，往往是既得利益集团。东方和西方不同，基本没有宗教战争，东方的变法和造反几乎都是为了重新分配利益。王安石自诩“理财”，其

实还是劫富济贫。在他的理想中，老百姓是不用加赋的。但财富总量是固定的，既然不从老百姓手里拿钱，那就只能从利益集团手里要钱。

在变法的过程中，迎接挑战、攻击是必然的，这时就需要有一个强大的人来支持王安石。很不幸，宋神宗不是一个好领导。

满朝文武和天下富人都是旧体制的受益者，现在突然冒出来一个王安石，怎能容你？于是所有人都反对变法。司马光[1]公开批评王安石，韩琦[2]上书否定变法，富弼[3]辞职，就连苏轼[4]都差点因为“乌台诗案”送命。

面对这样的攻击，宋神宗扛不住。站在宋神宗的角度上看，其实也能理解：所有朝堂重臣和一个王安石，到底该如何取舍，其实不难。不是所有人都有魄力用自己的牺牲来换取后代的幸福。如果有一个强力的君主支持，王安石就能成功吗？至少有一部分不行。

“王安石变法”的内容和商鞅、杨炎、刘晏[5]都不一样。他们或是砍掉既得利益阶层，或是重新建立财政来源，只要有强力君主支持，是可以办到的。而王安石是用市场来调节。根据现代商业的经验，要想完全市场化，就需要有完善的金融机构。存钱、贷款找银行，损失理赔有保险，对不对？

按照变法的内容，青苗法、市易法、均输法等法令，本质上是商业行为，应由专门的金融机构来执行，可宋朝毕竟是古代王朝，没有先进的金融机构，除了垄断专卖，也没有繁荣的工商业，因此只

[1]（1019—1086），北宋大臣、史学家。保守派首脑，坚定反对王安石变法，后主持国政，废除了大部分新法。

[2]（1008—1075），北宋大臣。保守派首脑。

[3]（1004—1083），北宋大臣。保守派首脑。

[4]（1037—1101），北宋文学家、书画家。因反对王安石新法而外放任官。后被弹劾作诗诽谤朝廷，下狱，史称“乌台诗案”。

[5]（718—780），唐理财家。主持理财达二十年，改革漕运和盐法等，收效显著。

能交给官吏来执行法令。

用行政命令直接指导商业行为，往往会产生腐败、粗暴、强制性摊派等问题。比如青苗法，官吏怎么能知道谁需要贷款呢？如果不是需要贷款的农民主动，即便他们一家一户查找，官吏也不会知道到底该把钱借给谁。由此造成指标摊派，随便找几个人算了。需要的人借不到钱，拿到钱的不需要，真是缺了大德了。

归根结底，是这部分法令太超前，宋朝的社会组织根本不兼容。就像一台二十世纪九十年代的电脑，都老掉牙了，你非要拿来玩最高配置的《王者荣耀》，能安装上才怪。

没有强力的君主支持，没有健全的金融机构来运营，不论是地税或理财，都没有成功的可能。王安石没错，他只是生错了时代。

六

变法，往往会引起党争。当司马光、韩琦、欧阳修等朝廷重臣都反对变法时，王安石只能找吕惠卿[1]、章惇[2]、曾布[3]等低阶官员寻求帮助。

两派人围绕变法斗得腥风血雨，有的人是理念不同，但大部分人只是单纯争夺利益。权力、地位、家产、土地……每一项都值得以命相搏，更何况他们各自身后都有庞大的追随者。

司马光经常批评王安石，其中有一条很搞笑：

[1]（1032—1111），北宋大臣。王安石变法前，任集贤院校勘，后得王安石推荐，参与制定青苗、均输等法，章奏多出其手。

[2]（1035—1105），北宋大臣。王安石变法前，多年在地方任职，后得王安石赏识，参与变法。

[3]（1036—1107），北宋大臣、曾巩之弟。初在地方任职，调入京城后不久就得到王安石推荐，参与制定新法。

“闽人狡险，楚人轻易[1]，今二相皆闽人，二参政皆楚人，必将援引乡党之士，充塞朝廷。风俗何以更得淳厚？”表面来看，地域歧视实在不符合司马光的修养，可如果把党争放到利益之争中，就明白了：只要把对方打倒，不惜一切代价。

日积月累，新旧党争形成了惯性。宋神宗去世后，高太后[2]启用司马光打击新党；高太后去世后，新党复辟，向太后[3]随即扶持旧党，宋徽宗[4]扶持新党蔡京[5]。

高层不稳，政策没有连续性，什么都干不成。宋朝在“新旧党争”中折腾，错过了最后的机会，再加上宋徽宗奢靡无度，就是神仙也没办法。

七

六十年前，王安石对宋神宗说：“国家能太平无事一百年，只是因为辽、西夏也好不到哪里去，大家都是半斤八两而已。”言犹在耳，但此时女真人已经崛起于白山黑水之间，之后起兵、灭辽、攻宋一气呵成，再也不是当年那个比烂的时代了。

1127年，开封城破。宋徽宗、宋钦宗、皇后、亲王、公主、驸马和满朝文武等几千人，全部被押送到北方的金国都城会宁府。徽钦二帝、宗室、后妃、公主全部袒露上身，披着羊皮，在完颜阿骨打[6]的庙前行牵羊礼[7]，有人因受不了侮辱而自杀。

❶随便、轻率。

❷（1032—1093），北宋英宗皇后、神宗之母。神宗死后，哲宗年幼即位，于是临朝听政，任用司马光等保守派，废除新法，史称“元祐更化”。

❸北宋神宗皇后、哲宗嫡母。哲宗死后，扶立徽宗即位。

❹即赵佶（1082—1135），北宋皇帝、书画家。宋哲宗之弟。哲宗死后无子，于是即位。

❺（1047—1126），北宋大臣、北宋末“六贼”之首。徽宗时，以恢复新法为名，排除异己，祸乱朝政。

❻即金太祖（1068—1123），金王朝的建立者。女真族。1115年称帝，国号“金”，建都会宁（今黑龙江哈尔滨市阿城区南）。

❼古代的一种受降仪式，要求俘虏赤裸上身，身披羊皮，脖子上系绳，像羊一样被人牵着，以示臣服。

千里之外的中原，享受一百七十年朝廷福利的士大夫们，也被金兵肆意屠戮，犹如砧板上的猪羊一般。没有胜利者，所有人都是失败者。

这一切在赵匡胤黄袍加身时就早已注定。但在六十年前，宋朝有一次改变命运的机会，所有人都没有珍惜。

站在三岔路口，天空依旧像往日一样沉闷，当时还以为只是漫长时光中的普通一天。回首看，命运已转弯。

蒙古帝国兴亡史：马背上的民族

一

秦始皇统一天下以后，中原和草原开始了相爱相杀的一千多年。不过草原有个不同的地方，就是从来没有稳定的主体民族，我们在历史书上看到的匈奴、鲜卑、柔然[1]、突厥等，都不能说是民族的称号，而是部落的称号。

实际上草原部落特别分散，每个部落都有世袭领袖，父子、兄弟之间互相继承。

部落的牧民也对领袖家族很认可，领袖说去哪里放羊，大家赶着羊群就跟着去了，也就是所谓的逐水草而居。这样几百个独立部落分散在草原，成为草原的基本部落。

他们经常为了争夺牧场打仗，最终角逐出一个最牛的部落，成为草原众多部落的总盟主。匈奴和突厥就是这样的角色。

虽然在征战的过程中，他们会吸纳很多牧民来壮大本部落，但总的来说，人口不是太多，他们只是把各个部落打服，让大家愿意听从号令而已。而其他部落往往是整体投降，从领袖到牧民统一投

[1] 古族名。北魏都城南迁到平城（今山西大同）后，柔然进入阴山一带。为防备柔然，北魏曾在边境设置北魏六镇，驻兵戍卫。

靠到新盟主的麾下，除了换一面旗子，其他都没有变。

草原总盟主不能直接调动其他部落的牛羊和人口，他只能和其他部落领袖商量，一旦违反他们的心意，分分钟造反给你看。

只要总盟主的直属兵力被吃掉，维系草原的联盟也就崩溃了，其他人会再重新角逐出一个大哥。比如突厥可汗想入主中原，很多部落领袖不愿意跟着走，可汗怎么说都调动不起来，反而李靖在阴山以北打赢一仗，整个突厥就算平定了。

所以一千多年以来，草原经历过匈奴、鲜卑、柔然、高车、突厥、回鹘、契丹的统治，从来没有一个能长久的。直到草原等来了铁木真[1]。

自从铁木真统一蒙古诸部，建立大蒙古国，此后八百年再也没有出现过其他名称，可能“蒙古”二字要用到海枯石烂、地老天荒了。原因很简单，铁木真对草原进行了改造。

他在征战的过程中把部落打散，重新把牧民编成九十五个千户，让功臣、贵戚们出任千户长，虽然可以世袭，但一定要经过大汗同意。也就是说，草原的诸侯被铲除，改用中央集权制了。那些领袖再也不能拥兵自重，铁木真可以随意调配整个草原的牛羊和兵力。

一道命令下来，让你去哪儿就去哪儿，根本没有讨价还价的余地。还敢和以前一样造反？做梦去吧。

集权才是战斗力的根本保证。为了团结各地

[1] 即元太祖成吉思汗（1162—1227），古代蒙古首领、军事家和政治家。

的贵族千户，铁木真组建怯薛军[1]，命令千户和贵族子弟到怯薛军服役，表面上是保护大汗的安全，其实就是人质。但铁木真又给怯薛军提供了上升通道，毕竟靠近大汗，怯薛军成员在服役的过程中有很大可能受到大汗赏识，参与国家的军政事务。

[1] 军队名称。驻在成吉思汗帐殿周围，仅在成吉思汗亲征时参加作战。“怯薛”是蒙古语音译，意为轮流值宿守卫。

如果是你，会选择在大汗身边做事，拼一个远大前程，还是回家继承几千头牛羊，做一个不求进取的土豪？很多蒙古二代感觉回家继承祖业太土气了，于是铁木真就通过身边的怯薛军成员和蒙古的千户贵族结成利益共同体，保护大汗就是保护自己，保护自己首先要保护大汗。一荣俱荣，一损俱损。

而且草原的特产是骑兵，这玩意儿就是古代的重型武装，农耕国家的步兵根本扛不住。你可以想象一下，一年到头吃不到肉的人，身体瘦得能看见骨头，就算你给他一把刀，战斗力也不会高到哪里去。

蒙古牧民骑着战马冲过来，威力相当于时速八十公里的摩托车，用身体怎么扛得住？这种仗根本没法打，总不能伸腿把战马绊倒吧？

铁木真用集权制度把战斗力特别强的骑兵组织起来，爆发出来的威力绝不是匈奴和突厥能想象的。匈奴和突厥只能来中原打劫，蒙古却能搬家到中原过日子，最根本的原因就在这里。

除非中原有一个特别强大的帝国，集中全国资源和铁木真拼消耗、拼后勤，否则很难抵抗铁木真的兵锋，但蒙古崛起的年代，放眼全世界都没有一

个特别强大的帝国。

二

当时的世界格局太散乱了。

先说中国。宋朝自立国起就很软弱，先是被辽国欺负，又被西夏揍得鼻青脸肿，后来金国崛起，直接攻入汴梁，宋朝君臣跑到临安[1]才算保住性命。

[1] 南宋都城。在今浙江杭州。

金国占领黄河流域后也迅速衰落，因为女真人口少，没有特别坚挺的文化传承，想统治黄河流域又必须用汉人，所以少部分女真人散落在汉人中间，就陷入人民战争的汪洋大海。金国无法建立稳固的权力体系。

西夏有能征善战的铁鹞（yào）子[2]，但甘肃、宁夏又是地广人稀的荒漠，人口和经济基本限制死了西夏的出路。西夏能撑二百多年，多亏邻居是软弱的宋朝，辽、金又对征服西夏有心无力，要是换了汉、唐任何一家，估计还没开始就结束了。

[2] 西夏最精锐的重装骑兵部队。兵士乘健马、穿重甲，用钩索贯于马上，虽死而不坠马。

当时的中国就是这种局面。别说能整合资源的大一统帝国了，连分裂出来的宋、金、夏都处于国力的下坡期，真是一个能打的都没有。

草原向西走是花剌（là）子模王朝[3]。花剌子模的国土面积很大，但是立国不久，人心不稳，还没有形成稳固的国家根基。而且皇帝摩柯末在外远征时，他的老妈居然另立朝廷，和亲生儿子唱起了对

[3] 中亚古国名。在今中亚阿姆河下游。1219年，成吉思汗因花剌子模杀蒙古商队，亲率大军远征。

台戏。

这样一个根基不稳的国家居然有两个朝廷，今天皇帝命令全体种地，明天太后命令全体放羊，大家都不知道该听谁的，导致政令特别混乱。这样的国家能有什么战斗力？

再往西就不用说了，统治阿拉伯的阿拔斯王朝[1]已经立国五百年，大家看这个数字就已经知道，阿拔斯王朝已经是奄奄一息的老人。更西边是碎成一地的欧洲，俄国小荷才露尖尖角，在工业革命之前，欧洲国家很难说有什么战斗力。

当时的世界就是这样。东亚、阿拉伯、欧洲没有一个强大的国家，不是已经衰落，就是在衰落的路上。蒙古在这个时候突然崛起，谁都免不了被蹂躏的命运。

蒙古厉害的另一个原因是落后。没错，就是落后。任何国家发展到一定程度只会越来越精细，而不是越来越粗放。

我们用宋朝来举例。朝廷每天一开张，除了考虑几千万人的生活问题，还要头疼国土上的各种麻烦，比如西方闹旱灾、东方有水患、北方敌人入侵、南方暴发瘟疫等，一堆琐事分散了朝廷的精力。

而宋朝社会已经比较发达了，市民除了吃饱喝足，还要讲究娱乐项目，比如到勾栏[2]瓦肆[3]里听曲，文人墨客相聚在一起填词，甚至不想出门还能点“外卖”。

技术装备方面也一样。秦汉时期的武器装备比较简单，士兵配一把刀、一套铠甲就能上阵杀敌，

[1]（750—1258），阿拉伯第二个封建王朝。中国史籍称其为“黑衣大食”。首都巴格达。1258年蒙古人攻占巴格达，王朝灭亡。

[2]宋、元时城市中的戏院。

[3]宋、元时城市中娱乐和买卖杂货的集中场所。也称瓦子、瓦舍。

发展到宋、明时期，除了武器，还要有各种标准的弓箭、铠甲、马匹等，成本指数级提高。

倒不是说宋、明王朝花里胡哨，实在是没办法，敌人在进步，你要是不进步的话，很难保持优势。这就是国家的精细病。上到朝廷大政，下到吃喝拉撒，都在分散朝廷有限的资源。越发达的国家越精细，朝廷也越难集中资源做大事。

秦汉时期，把监狱里的犯人放出来，随便武装一下就能东征西讨、攻灭敌国。秦国章邯[1]平叛，带的就是骊山[2]囚徒，汉朝李广利[3]征西域，带的也是囚徒，但是宋朝空有百万禁军，战斗力死活起不来，我们熟知的重文轻武是一个原因，另一个原因就是精细化的国家负担不起庞大的战备物资。

到了明朝，十几万军队就能把国家拖垮，再也不是随便武装一下犯人就能灭国的时代了。很不幸，和宋朝同一批的国家都相当精细，他们很难挤出大量资源来应对蒙古的入侵。

其实国家和机器一样，精细的反面就是脆弱，稍微有一点损伤，整个基本盘就废掉了，而粗放的国家反而更耐用。

蒙古是粗放的典型，它可以集中草原的有限资源，集中突破其中一个点，然后顺势扩大战果，再用占领区的资源武装自己，寻找下一个目标。这样一环套一环，形成生生不息的正循环，让蒙古滚雪球一样发展壮大，直到雄霸亚欧大陆。

一个帝国的命运当然要靠自我奋斗，但也要看历史的进程。

[1]（？—前205），秦末名将。秦二世时率骊山囚徒镇压各地起义军。后在巨鹿之战中败给项羽，投降。

[2]秦岭山脉支峰。在今陕西西安境内。秦时大量囚徒在此修筑秦始皇陵。

[3]（？—前88），西汉将领。因妹妹李夫人得宠而受汉武帝重用。曾率军攻打西域大宛国，军队中有大量囚徒。

三

当然，蒙古骑兵不是只会冲锋的铁憨憨，他们打仗有一个套路。每次攻城前他们都会告诉城里守军："千万别抵抗啊，不然城破之后是要屠城的。"很多人以为蒙古人只是说说而已，结果他们都被杀掉了。

这样就制造了一种恐慌心理。周围城市听到消息，原来蒙古人是真的要屠城，那他们来的时候还是早点投降吧，说不定还能保一条命呢。

我们之前说过，不论宋、金、夏或者阿拔斯，都是衰落期的精细化国家，国家空有庞大的兵力，不仅战斗力不行，还要分散在各大城市和关口，基本没有集中兵力和蒙古会战的可能。这就给了蒙古各个击破的机会。

蒙古用屠城制造恐慌心理，用最小的代价收服最多的城市。

进城以后，他们把降兵和青壮组织起来，作为"签军"使用。这些"签军"里有汉人、女真人、契丹人、党项[1]人、波斯[2]人……凡是占领的土地，都会有一批当地人进入蒙古军队服务。

你以为亚欧大陆是蒙古人亲自打下来的，其实主力部队全是各国人民组成的"杂牌军"，蒙古骑兵反而是督战队。

后来的满洲八旗也用这一套。他们入关后把投降的汉人编为绿营，每次打仗都是让数万绿营冲在

[1] 古族名。羌人的一支。其中也间杂鲜卑人。

[2] 古国名。即今伊朗。

前面当“炮灰”，数千八旗军队站在后边督战，一旦攻下城池，八旗军队率先进城抢钱、抢粮。

如果只靠蒙古和满洲的十几万人，打十年就消耗得差不多了，还统治哪门子江山，而且蒙古人征发签军以后，对有能力的军事将领很少防范打压，反而还会帮他们打开上升通道，只要打仗立功，官职、土地都有。

于是各族军事将领在前线打仗，不是给老板卖命的打工仔，而是给自己干，简直动力十足啊。中书丞相史天泽[1]、崖山[2]灭宋的张弘范[3]，就是这些人的突出代表。

另外，蒙古军队学习能力特别强。他们刚冲出草原的时候基本是清一色骑兵，但是用屠城和签军滚雪球壮大时，蒙古人在各个城市收罗了大批工匠，他们把工匠组织起来制造大炮、云梯、攻城车等军事装备。

随着征服的土地越来越多，蒙古收罗的工匠也越来越多，金国、西夏、宋朝、花剌子模等，哪里的工匠都有。也就是说，蒙古人用战争把亚欧大陆连成一片，顺便把亚欧大陆的技术汇聚到一起，凡是当时世界上有的技术，蒙古人都有。

当时世界的联系并不紧密，每个地方都有独特的技术和生态，东、西方人民基本没见过对方的技术。而蒙古人却把各种技术综合起来，运用到四面八方，简直是降维打击。

组织、屠城、签军、科技……让蒙古军队在全面衰落的世界纵横捭阖。

[1]（1202—1275），元大臣、将领。汉族，元朝唯一官至右丞相高位的汉人。

[2]南宋和元决战之地。在今广东江门。1279年，南宋抗元残余势力被逼至此地，战败后丞相陆秀夫背着幼帝赵昺（bǐng）沉海。

[3]（1238—1280），元大将。汉族，崖山之战元军将领。

铁木真死后窝阔台[1]继位，窝阔台组织了一次“长子西征[2]”。拔都[3]率领蒙古军队占领基辅[4]，然后进入波兰和匈牙利，最后跨过多瑙（nǎo）河[5]占领萨格勒布，也就是现在的克罗地亚首都，止步于亚得里亚海[6]岸，和意大利隔海相望。直到二十年后，蒙古军队在巴勒斯坦被埃及人击败，才停下征服的脚步。

①即元太宗（1186—1241），成吉思汗第三子。

②蒙古军队继成吉思汗西征后的第二次西征，此次将领主要是成吉思汗家族各房的长子长孙。

③（约1208—1256），钦察汗国（也称金帐汗国）建立者。蒙古成吉思汗之孙。

④欧洲东南部乌克兰首都。

⑤欧洲第二大河。

⑥地中海北部海域。东岸是克罗地亚，西岸是意大利。

四

蒙古最终还是衰败了。毕竟任何东西都是有极限的，人和国家都一样，内在实力一旦抵达最大边界，就再也无法前进一步。蒙古只有区区十几万兵马，却能扩张到亚欧大陆，导致本就不多的蒙古人分散到世界各地，再也不能形成合力。

蒙古人能够纵横天下，根本原因在于铁木真把蒙古组织起来，形成一股极其团结的力量，逐个击破亚欧大陆的国家。而当蒙古人占领多瑙河到日本海的地盘，这必然要把兵力分散到广大地区，往往几百个人中才有一个蒙古人。也就是说，成就蒙古事业的团结和组织力已经不存在了，所以他们没有实力进入西欧，又在巴勒斯坦战败不能进入埃及，在东边，忽必烈也没有打下日本和越南。

这就是蒙古人抵达实力边界了，而且蒙古人还吃了没文化的亏。蒙古人从草原走出来，虽然占领了万里江山，但并没有提供思想、文化、社会治

理、人文关怀的软实力，他们反而被亚欧大陆的文化震惊了。

再加上蒙古人分散在各地，不可避免地被当地文明同化，他们建立的国家也只能吸收当地文明才能顺利治理国家。于是金帐汗国[1]吸收了萨满教[2]和东正教[3]，察合台汗国和伊儿汗国是穆斯林[4]的主场，而统治中国的元朝皈依了儒家。

硬实力和软实力都没了，蒙古帝国还是原先的蒙古帝国吗？

察合台汗国活得最久，一直撑到了清朝康熙年间，金帐汗国在明朝中晚期被俄罗斯取代，伊儿汗国死得最早，连元朝都没活过。元朝政府则被朱元璋赶回草原，和明朝争斗了几百年，又和清朝结成盟友统治中国。

[1] 蒙古四大汗国之一，拔都所建。与察合台汗国、窝阔台汗国、伊儿汗国合称为蒙古四大汗国，四大汗国横跨亚欧大陆，初为元朝藩属，后分别走上独立发展之路。

[2] 一种原始宗教。流行于亚洲、欧洲的极北部等地区。中国古代北方少数民族如匈奴、乌桓、鲜卑、柔然、高车、突厥、契丹、女真等族都信奉过萨满教。

[3] 基督教三大教派之一。

[4] 伊斯兰教信仰者的通称。

五

以前在内蒙古的时候，和蒙古族同事聊天。我小心翼翼地说起这段历史，生怕他有什么忌讳。

结果是我想多了。他说起蒙古和成吉思汗，基本上是当作中国王朝和皇帝来说的。在他的概念中，元朝和汉、唐、宋、明没什么区别，也不存在特别固执的成吉思汗崇拜。

风风雨雨八百年，曾经怒目相视的两个族群成为相亲相爱的一家人。

1644年：千年国运的转折点

一

1528年，文征明[1]和王宠[2]同游楞（léng）伽（qié）山[3]。彼时，五十九岁的文征明早已辞官归隐，放弃了一生追求的功名利禄。而王宠依然挣扎于仕途不可自拔，二人读书之余一起游山玩水。

那一天，他们借宿在楞伽山的寺庙中。一杯清茶、一个蒲团、一张几案，窗外是漫天飞雪，师生二人品茗谈心。此情此景，颇有魏晋遗风。看着窗外美景，王宠拿出笔墨纸砚，让文征明帮他画下来，希望把难得的美景留存于纸上。文征明接过纸张，开始磨墨动笔。这一画，足足五年。

1532年，《关山积雪图》终于完成。画中冬日群山壮阔，虽白雪皑皑，但有青松点缀，别具一格。四百年后，这幅画被收藏于台北故宫博物院。国宝诞生，也有特殊机缘。

明朝正值小冰河时期[4]，气温骤降，从北京到广州，寒冷远甚如今，大雪压垮房屋也是常事。文征明作画的五年，恰好是小冰河时期的低谷，大寒大雪给了两位不得志的文人以灵感，因此留下了这

[1]（1470—1559），明书画家、文学家。与祝允明、唐寅、徐祯卿合称“吴中四才子”。

[2]（1494—1533），明书法家。与祝允明、文征明齐名。

[3]也称上方山。在江苏苏州境内。

[4]十七世纪到十八世纪，全球大部分地区出现了异常寒冷的气候，这段时期被称为“小冰河时期”。

幅传世之作。

崇祯[1]年间，小冰河进入极寒期，气温也降至历史的最低点。那些年，太湖也可以结出厚厚的冰层，苏州、无锡人可以驾着马车穿越湖面直达湖州，广州也不再四季如春，城内、城外的居民成百上千地被冻死。

[1] 明末代皇帝朱由检年号（1628—1644）。

大寒过后，往往是大旱。气温过低，天气又干燥不下雨，导致粮食减产，本来就收入不多的百姓面对官府的逼税，只能抛家弃田，到外地求活路。茫茫四海，哪有什么世外桃源。老百姓成群结队在中原大地游荡，犹如鬼魅。实在饿极了，只好举刀砍向身边人，人相食早已司空见惯。

大明江山，已是修罗场。

二

1629年，刑科给事中[2]刘懋（mào）上书，建议整顿全国驿站，这样一年下来能省几十万两银子。

[2] 官名。明时分设吏、户、礼、兵、刑、工六科给事中，职掌钞发章疏，监察六部，弹劾百官，权势较重。

说是整顿，其实是裁撤。得到崇祯皇帝的许可后，刘懋雷厉风行，很快就裁撤全国大部分的驿站，虽然每年可以节省六十八万两银子，却也砸了几十万人的饭碗。

砸人饭碗，犹如杀人父母，李自成就是失业大军中的一员。他失去了糊口的工作，而且没有任何失业补助。人才市场也人满为患，他连大门都挤

不进去。此时正好是小冰河的极寒期，饥荒开始在陕北蔓延。饥民成群结队地去挖野菜，野菜吃光就只有树皮、观音土，反正走投无路，他们只能自力更生。

李自成带着侄子李过到甘肃当兵，不求升官发财，只想混口饭吃。可他不知道，军队也没有余粮。卢象昇[1]当宣大总督[2]时给朝廷写报告："所辖之军，其饷银自去年十一二月到今，分毫未领也。各军兵虽复摆墙立队，乘马荷（hè）[3]戈，而但有人形，全无生趣……况时值隆冬，地居极寒，胡风朔雪，刺骨寒心，微臣马上重裘，犹然色战难忍，随巡员役，且有僵而堕马者。此辈经年戍守，身无挂体之裳，日鲜一餐之饱。夫独非圣明宇下苍生、臣等怀中赤子乎？铤而走险，所不忍言，立而视死，亦不忍见。一镇如此，三镇可知。"

意思是说，大同军队已经一年没有军饷了，为了养家糊口，武器装备都已经被卖了，即便如此，也没有多余的衣服御寒。大同的冬天经常是零下二十多摄氏度，这么冷的天气，卢象昇穿着裘皮大衣都冷得不行，何况那些穿着单衣又吃不饱饭的士兵？大同号称重镇都是如此，何况甘肃。

李自成所在的军队因为缺衣少食，不得已杀官造反。他们终究没有逃脱时代的宿命，从此以后，李自成加入农民起义军，从队长、闯将一直成为闯王。他们没有理想和目标，只是被时代的洪流推着向前，生或死，成与败，都不由自己做主。他们最初的动机，不过是想吃饱饭。

[1]（1600—1639），明末大将。

[2]总督名。全衔为"总督宣大山西等处军务兼理粮饷"。

[3]扛、背。

❶总督名。全衔为“总督陕西三边军务”。

❷（1606—1647），明末农民起义首领。

❸用安抚的方式以求平定。

❹即四个正面战场、六个隅（边角）战场，构筑成十面大网，各地明军相互配合，共同围剿农民军。隅，边角。

当然，崇祯皇帝也给过他们机会。1631年，三边总督[1]杨鹤对崇祯皇帝说：“饥民造反是因为没饭吃，只要拨款赈济，一定能平定叛乱。”他主张三分军事，七分政治。崇祯咬牙拿出十万两交给杨鹤用来招抚。不得不说，这一招效果很好。除了渡过黄河的李自成、张献忠[2]等人，留在陕西的起义军大部分都投降了，排队领到救济补助后，纷纷回老家安顿家人。

不过，有效期只有半年。半年后，他们的补助早已用完，但地里没有庄稼，再过一段时间还得交公粮，而崇祯再也拿不出钱了。怎么办？只有重操旧业。这是一个无解的死局。从此以后，农民军在中原纵横多年，犹如熊熊烈火，始终不灭。

杨鹤失败后，朝廷主剿派上场。他们极力攻击杨鹤的绥（suí）靖[3]政策，于是杨鹤被朝廷革职拿办。对于杨鹤的结局，他的儿子杨嗣昌很痛心。1637年，杨嗣昌出任兵部尚书，并在第二年进入内阁，成为皇帝的头号亲信。他提出“四正六隅（yú）、十面张网”[4]的策略，想把农民军一网打尽。

除了作战计划，杨嗣昌还有口号：“不做安安饿殍，犹效奋臂螳螂。”意思是说，农民不在家老老实实地饿死，还敢出来螳臂当车？！

可见，杨阁部真的不懂这个世界。

三

然而，不懂这个世界的，还有崇祯皇帝。

原本按照朱元璋的设计，明朝应该是武将、文臣、藩王相互制衡，这种权力结构可以保证皇帝大权独揽。可日后的历史走向，却出乎朱元璋意料。

藩王和武将都被废去了“武功”，只留皇帝和文臣相互博弈。为了寻找盟友，皇帝不得不培养太监。明朝的太监被人骂了很多年，可有一个不争的事实是：太监强势的时期，也是皇权鼎盛的年代，比如刘瑾[1]、魏忠贤[2]时期。崇祯皇帝不懂，他一出手就把魏忠贤废掉了，但是他又没有培养出自己的盟友，因为他相信，文臣都是正人君子，值得信赖。

从这一点来看，崇祯有点像王莽[3]。他抱着理想主义的心态去闯荡现实主义的世界，结果一定会头破血流。于是，他在十七年内更换了十八个内阁首辅，杀了好几任兵部尚书、巡抚、总督，却始终不能贯彻自己的意图。不论是财政还是作战，他孤身一人面对庞大的文臣豪绅。他可以轻松撤掉任何一个人，但对整体无能为力。

当然，崇祯的人品也有问题。1638年，卢象昇在河北和清军作战，但是大部分兵力被太监高起潜分走，最终力竭战死。最后高起潜投降清朝，依然过着好日子，卢象昇却被“八十天不准收尸”，连抚恤都不给。

[1]（1451—1510），明中期大宦官。

[2]（1568—1627），明后期大宦官。权势极大，自称“九千岁”。

[3]（前45—后23），新王朝建立者。西汉元帝皇后王政君之侄。以外戚之身篡汉自立，即位后大举实行改革，但因改革不合时宜，引发各地起义，最终被光武帝刘秀推翻。

1642年，松锦战役[1]失败，辽东门户大开。崇祯暗示兵部尚书陈新甲跟满清议和。陈新甲办事很利索，马上就准备签约了。恰好，陈家仆人在收拾书房时看到了议和的草案，转头就当作大新闻给说出去了。结果崇祯不承认有此事，一刀就把陈新甲给砍了。换作是你，遇到这样的老板你不辞职吗？

再说说“君王死社稷”。

1644年，李自成即将进入北京，江山马上就要易手。崇祯也想效仿宋高宗[2]，到江南建立流亡政府。但是他不自己说，好几次上朝，他都暗示大臣请他南巡，然后自己再批准。陈新甲的前车之鉴就在眼前，所有人都知道他的意思，但就是没人帮他。崇祯气得冲下去一人一脚。

南下渡江的计划在君臣的推诿中蹉跎了一个月，直到李自成兵临城下，他们依然没有做出决定。崇祯等不及了，他要自己行动。但他哪里还能走得了？各门的禁军都忠于职守，死活不让皇帝出宫，最后实在没办法，才去景山[3]自缢。

明朝灭亡，崇祯至少要负一半责任，另一半则是祖宗留下的烂摊子。

四

明朝的烂摊子，恰好清朝都能医治。努尔哈赤[4]的祖父觉昌安[5]是建州酋长，也是明军都指挥使，在李成梁[6]“养寇自重”的自保策略下，苟且

[1] 明崇祯年间，清军与明朝在辽西发生的重要战役之一，是明清之间历时最久、规模最大的一次战役。此战清胜明败，明朝元气大伤，东北最重要的防线——关宁锦防御体系崩溃，仅剩山海关和宁远孤城还在苦苦支撑。

[2] 即赵构（1107—1187），南宋建立者。北宋灭亡后，逃到南方，建立了南宋。

[3] 旧称“万岁山”。在北京市中心、故宫神武门对面。

[4] 即清太祖（1559—1626），后金创立者。统一女真各部后即汗位，建国后金。

[5] 明建州左卫首领，后归顺明朝。明朝在辽东地区女真部族聚居区共设置了三个地方军事行政机构，即建州、建州左、建州右三卫，以各部首领为指挥使，使其仍保持旧俗，各统其众。

[6]（1526—1615），明末辽东名将。镇守辽东三十年。

偷生于辽东。

1583年，李成梁攻打古勒城[1]。城主阿台是觉昌安的孙女婿。为了孙女的性命，觉昌安就和儿子塔克世入城劝降，结果明军突然攻城，父子俩都在城中被明军杀死。

为了给父祖报仇，努尔哈赤以十三副遗甲起兵，踏上创业开国的不归路。他创业成功的关键，是优秀的组织制度建设。女真人很原始，基本没有社会组织。于是，努尔哈赤就把部族人口全部组织起来，分别用正黄、镶黄等八旗命名，其下有甲喇（lā）[2]、牛录[3]等单位，分层级管理。在旗之上，努尔哈赤又让子侄分别担任旗主、贝勒[4]，家族成员牢牢掌握管理大权，这就是“八旗”制度。

八旗不仅是军队管理方式，还兼管女真的民政、司法、财政。换句话说，女真的所有社会资源，都被纳入了八旗中。有了八旗制度，女真虽然弱小，但也可以集中全部资源，用于战争，甚至开疆扩土。明朝虽然资源多，但是都分散在豪绅和藩王之手。明朝的军饷、人事、派系都十分散乱，就像一个虚弱的胖子，所以在局部战场上总是失败。

1619年的萨尔浒之战[5]，再次证明了这一点。一年前，努尔哈赤誓师讨伐明朝，接连攻破抚顺等地。万历皇帝[6]感觉事态很严重，于是决定派兵支援辽东。援兵从四川、甘肃、浙江、福建和朝鲜而来，不熟悉环境又没有充足的粮食和军饷，最重要的是，将帅都互相掣肘。这还怎么打？

努尔哈赤说：“凭你几路来，我只一路去。”

[1] 明时是建州右卫驻扎地。在今辽宁新宾满族自治县。

[2] 清八旗组织中层编制单位。满语。努尔哈赤编制八旗时，将五个牛录编为一个甲喇。

[3] 清八旗组织的基层单位。满语。努尔哈赤定三百人为一牛录，作为基本的户口和军事编制单位。

[4] 清朝的封爵名。1636年以前，位同亲王。此后则处于亲王、郡王之下。

[5] 明与后金在萨尔浒（今辽宁抚顺东浑河南岸）发生的一次重要战役。此战以明军战败为结局，明朝对辽东的统治开始动摇。

[6] 即明神宗朱翊钧（1563—1620），年号万历。

但这种战术的前提是集中。除了兵力，粮食、军饷、纪律都要统一，才能“集中力量办大事”。

明军兵败如山倒，女真崛起。此后，努尔哈赤的子孙以满洲为族名、清为国名，他们击败林丹汗[1]，横扫漠南蒙古，结成满蒙联盟。在1644年前，清朝已经是横跨内蒙古、东三省的巨无霸。而巨无霸的大本营虽然有时也闹矛盾，但在大方向上都很团结。

明朝和汉人，就是输在不团结。

[1]（1592—1634），明漠南蒙古左翼察哈尔部首领，蒙古末代大汗。

五

洪武十八年（1385年），朱元璋请茹太素[2]吃饭。赏赐了一杯御酒后，他突然说了一句文绉绉的话：“金杯共汝饮，白刃不相饶。”意思是：即便酒桌上的关系再好，但是该杀你全家还杀你全家。而茹太素的回答也挺有意思：“丹诚图报国，不避圣心焦。”我只求报效国家，你对我好不好都没关系。

一语成谶（chèn）[3]。朱元璋屡次掀起大案，诛杀无数官员，但明朝依然收获了无数刚烈、正气的大臣，比如于谦[4]、方孝孺、王阳明……皇帝动不动就在朝堂上把大臣的裤子扒开打屁股，依然不能阻止他们忠君爱国的小红心。但这一套在明末就不灵了。

1642年以后，李自成在河南、湖北接连取得大

[2]明初大臣，为人刚直不屈。

[3]指预言成真。

[4]（1398—1457），明大臣，曾在土木堡之变、明英宗被俘后拥立新帝，领导北京保卫战，挽救明朝于危难之中。后来明英宗复辟，被冤杀。

胜，一年后打败孙传庭[1]回到陕西，这时三分天下已有其一，改朝换代的局势已经很明朗了。文官和士绅开始投靠李自成，希望能保全自己的家业，也想在未来的新王朝中谋求有利的位置。

李自成宣布农民三年免税，但庞大的军队和政府也需要粮食和白银啊，于是，他的军队到什么地方，都要屠杀当地的宗室藩王，把藩王多年积攒的粮食和财富全部充为军费。

1644年农民军进入北京后，追赃助饷的范围已经不止于藩王，而是扩大到了勋贵和全部官员。中堂十万两、部院七万两、科道五万两、翰林三万两……至于累世公侯之家，务必要人财两尽。不到一个月，抄家就得到七千万两白银。这可是和全体官员为敌啊！

于是，当初把李自成比喻为“沛上亭长、太原公子[2]”的士大夫们，转身就骂他贼性不改，并且十分怀念明朝。同一时刻，远在辽东的吴三桂已经准备投降了，他甚至在卢龙县张贴告示：“我是来朝见新皇帝的，都是自己人，你们千万不要惊慌。”吴三桂和其他人一样，也希望在李自成的新王朝立足，况且他的爵位和实力足够高，很可能成为新王朝的新贵。

可是从北京传来的两个消息让吴三桂很是担忧：第一是陈圆圆[3]被刘宗敏[4]抢走了；第二是追赃部门要求吴襄吐出二十万两。吴襄是吴三桂之父，相比陈圆圆来说，他爸的事才是最重要的。

可以肯定的是，吴三桂从这件事就能知道，李

[1]（1593—1643），明末名将。

[2]指刘邦、李世民。

[3]（1624—约1683），明末山海关将领吴三桂妾室。

[4]（？—1645），明末农民起义军将领。随李自成起义、入京师。

自成和自己不是一路人。再加上追赃助饷的消息不断传来，吴三桂终于下定决心，他带着部队向东而去，攻破山海关[1]后立刻给清朝写信，请求摄政王多尔衮（gǔn）[2]出兵救援，并且拍着胸脯保证：“如果肯来的话，我带路。”

事实证明，清朝早已做好了准备。多尔衮收到信时，正好是动员八旗倾国而来向山海关进军的路上。

李自成得知吴三桂攻占山海关的消息后，立刻整顿兵马，带着吴襄和明朝太子北上平叛。双方一见面就打得天昏地暗，当天晚上吴三桂就撑不住了。

多尔衮没有出动，而是在欢喜岭[3]等待时机。他怕吴三桂是诈降，想看看李自成和吴三桂到底是什么关系。吴三桂没办法，只得亲自到欢喜岭求见多尔衮，请求八旗军队援助。这时多尔衮才相信他。为了和李自成的军队区分，他让吴军在肩膀上绑上白布，以免误杀，随后便带着军队进入山海关，和吴三桂并肩作战。

二打一，李自成根本扛不住，只好连夜撤退。正是这一天的战斗，多尔衮封吴三桂为平西王，相当于在爵位上连升三级。

事实证明，吴三桂不是一个人在战斗。多尔衮和吴三桂向北京前进时，李自成已经向西安撤兵。城中的官员传言：“吴大帅打败李自成，迎接太子回来登基了。”于是，朝中大员带着礼器到郊外迎接吴大帅，没想到，迎面走来的却是清朝的八旗军队。他们马上修改台词：“恭迎王师定鼎京师，万

[1] 关名。在河北省秦皇岛市东北。明初置关，因处山海之间而得名，是控扼东北通向华北的咽喉之地。

[2]（1612—1650），清初大臣、将领，努尔哈赤第十四子。顺治帝福临年幼即位时任摄政王，独揽大权。

[3] 山名。山海关外东门外不远处一座山岭，为燕山支脉。

岁万岁万万岁。”

他们也换来了丰厚的回报，多尔衮承诺明朝官员，只要归顺就可以官复原职，被农民军追讨的家产也物归原主。从此以后，中原各地冠冕[1]依旧。

[1] 代指做官的人。

李自成兵败如山倒，只带着少量兵力逃回北京，匆忙举行登基典礼后，又带着财物奔向西安。没有文官和士绅的支持，他已经无法在北京立足。

1644年，士绅有两张面孔：在李自成的占领下拼命造反，在清朝的占领下一腔热血地表忠心。矛盾吗？一点儿都不矛盾。他们很清楚谁是真正的朋友，谁是真正的敌人。至于国家危亡、民族大义什么的，他们已经顾不上了。

六

1644年，北京是一座大舞台。崇祯皇帝收拾好道具，放下话筒，结束了明朝二百七十六年的表演，向台下观众鞠躬致敬，走向了景山的歪脖子树；李自成立足未稳，被观众用臭鸡蛋、香蕉皮轰下舞台；多尔衮带着清军倾国而来，优雅的舞姿魅惑人心，最后获得了舞台的使用权。

有欢笑，也有泪水；有人离场，有人进场。无论舞台上有怎样的风云变幻，观众席始终是一样的人。唯一不变的是他们都保持统一的审美，一起鼓掌，一起愤怒。

台湾：郑成功的执念

一

1661年年初，郑成功很惆怅。他面临一个难题：怎样收复台湾？

在后人的理解中，这是一个不用想的问题。荷兰人占据了美丽的宝岛，让台湾人民生活在水深火热之中，郑成功责无旁贷。但事情没有这么简单。国民的支持、国际的影响、军队的素质，甚至海军的建设，每一环都会影响战争的成败。

说到底，收复台湾是一件必须要做的事，但何时做、以什么方式做，还是有很多讲究的。要不然也不会任由荷兰占据台湾三十八年。

可是1661年世界变了，形势逼得郑成功主动收复台湾。不管他愿不愿意，这都是唯一的路。

当时的郑成功正处于内外交困的人生低谷期。1659年，他和张煌言[1]约定攻取南京，抵抗强大的清朝。可惜理想很丰满，现实很残酷，在南京城下他们遭遇了重大挫折。非但没能割据江南，反而损兵折将。郑成功带领十万大军北伐，回来的不足五万，于是他只好退回厦门，休养生息。

[1]（1620—1664），清初抗清将领、南明大臣。多次率军北伐抗清。

可厦门周围的地盘都被清军占据，他们断绝了内外的一切交流，粮食、武器、布匹……这是要让郑成功穷死、饿死。这是一种屡试不爽的方法，包围、孤立、等待，直到郑成功坚持不下去，就是清军攻城之日。

怎样才能打破清军的围剿呢？只有走出去。可厦门的三面都被包围了，自己这点兵力很难打胜仗啊。咦？东方的海上不是有一块现成的地盘吗？

没错，这里就是台湾。只要收复台湾，就能打破清朝的贸易封锁。走出去，就是海阔天空。

对郑成功本人而言，也有收复台湾的动力。依靠父亲的家底[1]抗清多年，但成就基本不大，别说开拓进取，能保住厦门就已经不错了，说出来都无颜面对江东父老。如今又被清军封锁，郑成功陷入了人生低谷。

[1] 指郑成功的父亲郑芝龙在海上起兵，后来被明朝招抚，官至总兵。

首先是来自部下的质疑。你不是有能耐吗，拿着父亲的资源、扛着爱国的大旗，怎么带着我们混成这样？你到底行不行啊？然后是自己威望的损失。郑成功用来凝聚人心的口号是“反清”和“爱国”。可在失败面前，一切都成了镜花水月，口号又不能当饭吃。

再往深处想，没有足够的功勋，郑成功凭什么在将军的位置上继续坐下去？他最大的功勋是什么？驱除外夷，收复失地！这时收复台湾是最好的选择。用军事的胜利让部下闭嘴，证明自己没问题；用爱国的行动让民众拥护，证明跟着他没错。

就这样，三十八年都没有收复的台湾成了郑成

功眼中的一块肥肉。

二

台湾的命运自己说了不算。当时的台湾只有二十万人口，人丁稀少、土地荒芜、文化落后，台湾自己的军队依然停留在很简陋的阶段，不堪一击。只要郑成功想打，就一定能胜利。而真正决定台湾命运的，是荷兰。

十七世纪是荷兰的黄金岁月，号称“海上马车夫”。他们的海军和船队遍布世界，为荷兰带来源源不断的利益，也维护着他们“世界警察”的地位。在荷兰的诸多势力中，最大的势力是东印度公司[1]。它由商人组成，却被国家授予特殊使命，成为可以雇佣士兵、发行货币的海外独角兽公司，其主要职责是为国抢地盘。

[1] 十七世纪初荷兰从事东南亚对外殖民事业的组织。

1624年，东印度公司登陆中国台湾，在台湾实行了殖民统治。

首先，他们提供了工作机会。荷兰为了开垦土地，急需工人、农民，于是他们就派人到处招工。

然后，他们扶持了当地人领袖。荷兰人很聪明，他们不直接与台湾的少数民族接触，而是从中选择可靠的人，培养成傀儡领袖。不与底层人民接触，会少很多麻烦。自己闷声发大财，多美的事啊。

最后，他们输出自己的文化。荷兰人经常在台

湾当地人领袖之间吹嘘自己的文化优越性。是啊，造船技术好、军队强大、文明素质高，关键还特别有钱。这不就是上帝派来的天使吗？于是台湾地区部分少数民族的领袖们主动学习荷兰的语言、生活方式，没多久，他们就成了“假洋鬼子”。

如此一来，荷兰的地位便固若金汤。

三

郑成功想收复台湾，何斌就来了。他曾是郑成功父亲郑芝龙的下属。当年何斌在台湾做完一单生意后就坐船回福建，没想到在半路上被海盗给打劫了，眼看着同伴们都惨死在海盗的刀下，何斌赶紧把做生意赚的钱全部上缴，才侥幸保住一条性命，逃到了台湾。

而这时的台湾是荷兰的天下。要不怎么说何斌是人精呢，就在大家的脑子都转不过弯时，他就开始学习荷兰语、信荷兰的宗教，为荷兰人做事。

这是一个理想的“傀儡”。于是，在台湾地区少数民族对荷兰人的招工还犹豫的窗口期，何斌就成为荷兰人急需的“假洋鬼子”，被任命为通事[1]。但有意思的是，他表面上为荷兰人做事，背后却是郑成功的卧底。

1656年，何斌去厦门会见郑成功，希望两岸通商。荷兰人送到厦门白银五千两、箭十万支、硫黄[2]千担，作为通商的条件。而郑成功正准备进军

[1] 此处指翻译人员。

[2] 一种矿物质，火药的主要成分之一。

江南，不宜得罪荷兰人，双方一拍即合。

在会谈结束后，何斌邀请郑成功单独聊聊。这是一次饱含深情的会面。双方深情地怀念了老领导郑芝龙，又互诉多年离别的衷肠，最后，何斌从衣袖中拿出一沓材料："少东家，这是荷兰人的兵力部署和岛内详情。"

以后的日子里，何斌在台湾不断搜罗新情报，以备日后不时之需。直到三年后被荷兰人发觉，他才回到郑成功身边。而他的身上，还带着一份秘密情报。那就是鹿耳门水道[1]的详细描述，水文、气候、地形、礁石，甚至连荷兰炮台都标注得一清二楚。

多年的地下工作终于大功告成。此时的郑成功已是箭在弦上，不得不发。对于这场战争，不管荷兰会不会干预，他都只能一条道走下去。

先做了，再善后。

四

1661年3月，郑成功在金门"祭天""礼地""祭江"，正式誓师出征台湾。

他率领两万五千名将士、四百艘战船，从金门[2]出发，向东挺进。一路虽有小波折，但总体来说是从胜利走向胜利。

郑成功按照何斌的情报从鹿耳门突破，一路登陆禾寮（liáo）港[3]、迫降赤崁（kàn）城[4]、围

❶在今台湾地区台南市安平港北，为旧日海道出入口，内有浅水海湾，以水道迂回险阻著名。今已废弃。

❷即金门岛，在福建省东南部、厦门港口外台湾海峡中。

❸在今台湾地区台南市域内。

❹在今台湾地区台南市域内。

困台湾城，最终在1662年2月1日，荷兰驻台湾长官揆（kuí）一在停战协议上签了字，交出所有的城堡、武器、物资，并率领九百名荷兰军民乘船撤离台湾。

计划中与荷兰打国战的场面并没有出现。因为在荷兰人眼中，台湾的分量远远不够。他们的本土在欧洲，主要对手是西班牙，最大的工作是抢夺西班牙的殖民地。小小的台湾，经济不发达、地域未开发，还不值得荷兰投入大量的资源来到万里之外跟郑成功死磕，只好捏着鼻子认栽，拉倒吧。

签订停战条约的那天郑成功非常高兴，手下将士也很高兴，他知道："抗清事业将翻开新的一页。"至于那些荷兰人扶持的傀儡领袖，史书上并没有详细记载，但按照一贯的传统，估计也不会有好结果。

分离三十八年的台湾再一次回到祖国的怀抱，清朝想困死义军的幻想宣告破产，郑成功的地位再也没有人能挑战，最重要的是，他培养了年轻的接班人。

郑成功东征台湾时，长子郑经留守厦门。当时他麾下的全部军队不足五万人，除去随自己东征的两万五千人，还有船员、水手等，留在厦门的还有一万五千人左右。将三分之一的军队留给郑经，大大培养了儿子的实力。给予充分信任的同时，也给予部分实力，同时也向其他人宣告："如果我失败了，这就是我的接班人。"

郑成功的"接班人培养计划"还是挺成功的。

他在收复台湾后不足半年就暴毙而亡，留在他身边的是弟弟郑袭，他妄图夺走“延平郡王[1]”的爵位，自己占据台湾为王。

留在厦门的郑经就是靠着一万五千人的支持才赶到台湾杀掉郑袭，维护了郑氏家族代代相传的荣光。不论日后台湾归属明郑还是清朝，或者是日本，台南的延平郡王祠四百年香火不断。全世界的华人无论身在何方，只要提起“郑成功”三个字，都会竖起大拇指点赞：“是中国的英雄。”

[1] 爵位名。南明永历十二年（1658年），郑成功被桂王晋封为延平郡王，后由长子郑经嗣承。

第五章　王朝制度

疆土：中国地理和霸权

一

最早的人类文明是美索不达米亚[1]文明，它位于两河流域的苏美尔地区[2]，没错，就是如今炮火连天、战乱不休的伊拉克。苏美尔都繁荣两千年了，中国的三皇五帝才姗姗来迟。不过，好饭不怕晚。

在大航海时代来临之前，世界地图主要局限在亚欧大陆，最东边是中国，最西边是欧洲，而苏美尔地区恰好在正中间。于是文明技术逐渐向两边扩散，我们吃的小麦、猪、葡萄等日常食物，都是沿着这条路线传过来的，尤其是小麦，走了五千年才进入中国人的锅里。大家可能会有疑问，那年头走出周围十里都算见过世面了，怎么可能在亚欧大陆爆发技术和物种扩散?

其实也不复杂，亚欧大陆的中间地带大部分都是草原，而草原上的游牧民族不定居，哪里的水草茂盛就迁徙到哪里。那时的技术也不复杂，无非是粮食种子、犁、马车等等，只要勤学苦练，很快就能掌握。就这样不停地迁徙，说不定什么时候就溜

[1] 也称“两河流域”。西亚底格里斯和幼发拉底两河流域平原。是世界古文明发源地之一，巴比伦、亚述等古国曾在此建立。

[2] 位于古代两河流域南部。这里曾建立了两河流域最早的城市国家。

达到中国和欧洲了。

在这种大背景下，亚欧大陆最东边的中国享受了几千年的技术和物种扩散，再加上中国先民的发展创造，最终奠定天朝上国的根基。如果大家读过《史记》就会知道，很牛的部落都是从西边来的。

黄帝[1]部落据说来自昆仑山，属于古羌人[2]，他们带着中东的先进技术强势杀入中原，把统治中原多年的炎帝[3]部落打败，接管中原的统治权。周部落来自陕西，经过多年发展农业实力，一举推翻商王朝，建立起绵延八百年的周朝。来自东部的蚩尤[4]、商朝基本被打倒。

由于靠近技术和物种扩散的起源地，上古陕、甘相当于现代的江浙沪包邮地区。后来苏美尔衰落，中国进入强秦、大汉纵横四海的时代，欧洲开启希腊、罗马的黄金岁月。这就是历史的进程。

正因为上古文明是从中东发起的，以至于有人写了本书叫《外星人就在月球背面》，说外星人的宇宙飞船降落在中东，传播文明向四方扩散，然后因为外星人之间爆发战争就飞走了。他们的宇宙飞船就是月球……

尽管这本书是胡扯，但脑洞却非常大，我当初可是看得目瞪口呆。

说回主题。中国地缘还好在四面环境独特。向东是太平洋，向西是青藏高原，在工业革命来临之前，中国东西方向基本是人力不可逾越的天堑（qiàn）。向南是一堆东南亚小国，基本可以忽略。

中国唯一的外部威胁来自蒙古高原，翻遍史

[1] 传说中中原各族的共同祖先。姬姓，号轩辕氏、有熊氏。少典之子。

[2] 中国古代少数民族之一。

[3] 传说中上古姜姓部族首领。号烈山氏（亦作“厉山氏”）。相传与黄帝同为少典之子。也有说法炎帝即神农氏。

[4] 传说中东方九黎族首领。

书，中国除了草原骑兵以外，再无威胁。我们已经习以为常了，感觉不过如此嘛，但是看看其他文明古国就知道，习以为常的太平最可贵。

苏美尔周围都是平原，四周没有高山和大河，不论哪个方向都有侵略者强势介入，几千年历史就是一部磕头史。埃及和欧洲隔着地中海唱情歌，因为太近了，又没有山脉关口，一不小心就被欧洲国家抢回家蹂躏，很轻松就被灭国。这就是开局地图没选好，为别人做了嫁衣裳。

中国历代王朝不用担心东、南、西边，可以把主要精力都放在防守北方。中国用长城把燕山[1]、太行山[2]、祁连山[3]接通，并且在山口修建山海关、雁门关、嘉峪关[4]等关口，这样基本就能守住四百毫米等降水线[5]，甚至还能派骑兵杀入草原封狼居胥（xū）[6]。除非中国内部出现问题，否则草原骑兵只能打秋风，这就是老祖宗开局地图选得好。

而且草原骑兵被中国打败之后，往往不会停留在蒙古高原，他们必然会逐渐向西迁徙，到中亚大草原上混饭吃。因为蒙古高原的地缘不好，向东走是大海，向北走是寒冷的西伯利亚，撒泡尿都能冻成冰棍，根本不适合生存。对于草原民族来说，最好的出路是向南冲，打下中原的花花世界才能发家致富。

一旦南迁失败，留在蒙古高原的结果只能是内卷化，他们只有向西迁徙。匈奴饱受汉朝的铁拳之后一路向西进入中亚，在波斯和印度建立过王朝，几百年后又冲入罗马……他们的带头大哥就是上帝

❶山名。在河北平原北侧，由潮白河河谷直到山海关。东西走向。

❷山名。在山西高原与河北平原之间。东北—西南走向。北起北京，南至山西、河南边境的黄河沿岸。

❸河西走廊南面，甘肃省西部和青海省东北部边境山地的总称。西北—东南走向。

❹关名。在甘肃嘉峪关市西、嘉峪山西麓。明长城的终点。

❺我国一条重要的地理分界线，是我国半湿润与半干旱区分界线、农耕文明与游牧文明的分界线。大致沿“大兴安岭—张家口—兰州—拉萨—喜马拉雅山脉东端”一线分布。

❻狼居胥，今蒙古国境内的肯特山。西汉武帝时，霍去病曾在此筑坛祭天。

之鞭阿提拉[1]。

突厥没有在唐朝占到便宜，也向西迁徙，在中亚和印度留下了很多突厥子孙，最终定居土耳其。蒙古也一样，在伊朗建立伊儿汗国，在俄罗斯建立金帐汗国，完成第二次上帝之鞭的成就。

几千年来，发生在中国的蝴蝶效应直接影响了亚欧大陆的民族迁徙、王朝兴亡和历史变迁。但凡草原骑兵能占领中原，亚欧大陆就没那么多糟心事了。

但他们进不来。即便进来也会被迅速同化。

[1]（约406—453），欧洲匈奴帝国皇帝。在位时多次攻打东罗马，迫其纳贡求和，因此被称为“上帝之鞭”。

二

中国的地理特点是外围有高山和海洋，内部却遍布河流和平原，特别适合农业生产。我们都知道，想要发展生产力，一定要有平原、河流。居住在平原，才能大规模发展农业，而河流方便运输和贸易。一旦农业和运输贸易发展起来，便会产生货币和法律。一旦这些都齐活了，文明也就诞生了。

农业文明对集体的认可度特别高，因为个人力量很难抵抗灾害，只有集体才能团结无数人，保证农业生活的安全和延续。于是大平原诞生的农业文明选择了中央集权为国家制度。

中国不就是嘛。从三皇五帝到二十一世纪，从来没有选择过分权的小政府，即便是秦始皇统一中国以前，也有黄帝、尧、舜、禹、周天子等诸侯总

盟主。也就是说，一定要有一个说了算的人。只有中央集权的大政府才能迅速调配农业资源，用来发展生产、保护国家安全、维护社会稳定。

欧洲没有发展成大帝国，第一个原因就是地理环境不好。欧洲特别崇尚希腊文明[1]，比如民主选举、海外贸易、公民权利等等，但这些不是希腊主动选择的，实在是被逼无奈。希腊多山，铺开地图怎么看都找不到大平原，偶尔有点适合农业的地方，还被山脉分割成一块块的小地方。所以希腊很难成为大一统的集权国家，反而因为地理分割，搞了一连串城邦，大家各玩各的，只是都有“希腊”的名字而已。

[1] 发源于爱琴海地区，是欧洲文明的起源之一。

既然每个城邦都很小，那就有事大家商量着来，何况占人口大半的奴隶和女人没有选举权，有财产的自由人民不过只有一小撮。大家都差不多，凭什么要找一个爸爸管着？这就是民主选举的起源。

如果硬着头皮搞农业，希腊人早就被饿死了，他们为了生存只能出海贸易，顺便开辟殖民地，把希腊文明传播到地中海沿岸。小政府、选举、贸易、殖民地……是不是很像大航海时代的套路？

其实就是地缘格局决定国家方向。再放大一点，欧洲到处都是大山脉，很容易形成独立的地理单元，在交通基本靠走的年代，除了罗马再也没有大帝国，直到今天都是一堆小国家，好不容易拼凑成欧盟做门面。

欧洲没有发展成大帝国的第二个原因，在于没有占人口多数的主体民族。罗马倒是有机会发展主

体民族的，但是帝国末期涌进一帮蛮族，哥特人、汪达尔人、日耳曼人……这些蛮族利用地理格局把庞大的罗马分割成碎片，形成如今的欧洲格局。

在罗马人看来，这些蛮族都是一样的物种，可是蛮族之间不这么看，他们把彼此分得清清楚楚，一言不合就打仗。这种东西发展到现在，就是欧洲的民族国家。

地理环境决定中国必然是大一统的集权国家，欧洲必然是分散的小政府国家。大一统的集权国家可以调动庞大资源用于战争，抵抗北方草原骑兵的入侵，即便由于内部原因没抵抗住，也能利用占人口多数的主体民族把入侵的草原骑兵同化。

汉、唐赶跑的匈奴、突厥都向西迁徙了，闯进来的鲜卑和满洲就没有去欧洲，反而被同化得没有民族特性了。蒙古……那就是个例外。

总的来说，地理环境让中国发展农业，形成集权政府和主体民族，不论抵抗或者同化，都有实力面对北方的侵略。而欧洲小国在工业革命之前基本没有好日子过，不是在上帝之鞭面前瑟瑟发抖，就是被维京海盗[1]之类搞得鸡犬不宁。至于为什么工业革命没有发生在中国，我们后面再说。

[1] 维京，发祥于北欧的民族，后因环境恶劣被迫出海，以贸易、劫掠为生，因此有“维京海盗”之称。

三

说完地缘问题，再来说说土地上的物种。一个国家发展成什么样子，很大程度要看土地上有什

么东西，而土地上的东西基本限定了国家发展的天花板。

一般来说，农业国家必须要有大动物。这些大动物要有足够的体力干活，同时又不能太凶悍，要不然不好驯化，而且还要繁殖快、寿命长，条件苛刻得一塌糊涂。

恰好，中国有牛、马、驴。中国人用这些牲畜耕田，极大地节约了人力，让农民有能力开垦更多的土地，生产更多的粮食，保证生产力逐步提高。牛、马、驴还可以拉车，这就发展了交通运输业，货物可以自由流通，商业贸易可以持续繁荣，用驿站传递信息也很方便。这些都是国家生存发展的基础建设，没有大动物，国家就只能停留在自给自足的时代，永远不能发展成大帝国。

说到这里，大家肯定不以为然。不要紧，我们举例说明。美洲基本都是小动物，能够驯化的最大动物就是羊驼。这种动物耕地不行、拉车没力气，更不能骑着到处跑……让羊驼担负起国家命运，是不是有点太“强驼所难”了。

北美洲倒是有野牛，但那玩意儿太凶悍，农业时代基本没有驯化的可能，那两只尖角能轻松把人戳死。所以在哥伦布发现新大陆之前，美洲一直停留在极低的文明水平，印第安人[1]还处在原始社会。耕地、商贸、交通都没有发展起来，这就是动物对国运的制约。

[1] 美洲（北极地区除外）原住民。因美洲发现后被欧洲人误以为是印度而得名。

另一个极端的例子就是非洲。非洲是个好地方，可非洲的动物太凶悍，那些凶悍的狮子、豹

子、蟒蛇、河马基本都在非洲，它们每年还要定时搞环非洲大游行。这些动物根本无法驯化，所以非洲的农业根本发展不起来，几千年来一直停留在温饱线求生存，交通贸易更是没影儿的事，他们运东西只能用大筐顶在头上。连国家和文明的最低门槛都进不去，日后的命运就可想而知了。

文明是要一步步来的，没有地理环境就没有农业，没有农业就没有工业。美洲和非洲十万年来一直停留在低级阶段，而隔壁邻居在闷声大发财，进步一日千里，那么美洲和非洲的结局就是被屠杀和奴役。这么说，大家能理解牛、马、驴的重要性了吧。

而且中国有竹子，有竹子就有了纸张、筷子和扁担；有各种土，就有了陶器和瓷器；有蚕宝宝，就有了精美的丝绸；有铜矿和铁矿，就有了武器和生活工具……甚至二十世纪还发现了石油[1]，解决了中国工业的能源问题。凡是你能想到的资源，中国都有。

亚欧大陆的地缘格局保证了中国开局顺利，并且比其他国家更加安全，没有来自四面八方的侵略者，大部分时间都可以关起门过小日子。

适合农业的地理环境让中国建立起强大的国家制度以及庞大的国内市场，不论遇到什么困难都能迅速满血复活，迎接下一轮挑战。丰富的物种资源打破制约国家发展的天花板，让中国在两千年的时间里一直坐在世界第一强国的宝座上。正是这些平平无奇的东西，支撑起中国数千年繁荣和国运。

[1] 指地质学家李四光在东北发现大庆油田一事。

你以为得到的都是理所应当，其实是无数巧合让中国侥幸成为唯一生存下来的文明古国，而这种习以为常的巧合却是无数已经消失的民族梦寐以求的。

说一句中国好牛，没毛病吧？

四

中国的优势很明显，但到后期却成了制约工业发展的瓶颈。因为古代中国实在是太发达了，随便种点田就能活下去。没有冒着生命危险出海贸易的生存需求，大规模的商业社会就没有发展起来。

中国的土地又能养特别多的人口，便没有提高生产效率的欲望，搞工程和基建的时候，大不了用人口基数来凑，同样也能大力出奇迹。

既然生活美满，干吗要发展“奇技淫巧[1]”呢？这和集权国家打压工商没有太大关系，纯粹是现实不需要，不要把所有帽子都扣到制度和传统头上，我们要明白一个道理，永远是需求倒逼行动。

[1] 奇异的技艺，过甚的技巧。

比如一个人承包了一百万的工程，如果可以用一天一百元的工资招到一百个工人，一个月的人工费就是三十万，再加上十万购买设备，整个工程的成本就是四十万，工程结束可以赚六十万。

而且中国人口众多，根本不愁招不到工人，大概率是工人抢破头争取工作机会，心狠一点压压价，人工费还能更便宜，遇到不景气的时候，五十

块就能招到工人。那么这个人还会费尽心思升级设备吗？完全不需要，他甚至不会有提升设备效率的想法。

只有人口减少到一定程度，或者利润大到一定程度，人们才会花费巨大成本研究新技术，改善旧设备。但古代中国人口减少的时候往往是乱世和王朝初期，大家种田都忙不过来，哪有工夫研究技术、设备。

一旦进入盛世，适合发展商业贸易了，偏偏又遇到人口飙升和人均耕地减少的问题，也就是内卷化，工作机会极度紧缺，人工费特别便宜。毕竟人多工作少，再不做就饿死了。所以中国王朝一直在历史周期律[1]中转圈。

欧洲就不一样了，欧洲各国的农业都不太行，养活不了太多人口，更不用说生活质量，熬过漫长的中世纪以后，欧洲逐渐开始恢复海洋贸易。说是海洋贸易，其实是和海盗抢劫绑定在一起的，这玩意儿能不赚钱嘛？

于是越赚钱越来劲，越来劲越想搞贸易（抢劫），并且和希腊一样，西班牙、葡萄牙、荷兰等国家都喜欢建立殖民地，欧洲逐渐走上了不一样的道路。这就是需求倒逼行动的典型。

到了英国做老大的时候，这套手段已经很成熟了，英国海军带着货物满世界跑，赚钱赚疯了。有了利润的刺激，英国资本家开始搞圈地运动[2]，扩大羊毛产量和降低人工成本，他们还改进了技术，提升了效率，工业革命逐渐启动。

[1] 历史上政权兴亡更替的周期规律。

[2] 十四世纪至十五世纪，英国贵族曾用暴力赶走农民，将强占的土地圈起，形成私有的大牧场，被大量用于养羊，英国纺织业飞速发展。同时由于许多农民失去土地，来到大城市，加入新兴产业做工人，促进了英国工业的发展。

所以说，中国没有发展出工业革命是常态，欧洲发展出工业革命才是必然。地理优势让中国辉煌数千年，一直站在世界的最中心，但这种优势在特定条件下却变成劣势。没有大农业的欧洲不得已到海外求生存，一不小心就玩出了工业革命，顺便统治世界几百年。这么一想，还真有点说不清、道不明的意味。

而且中国和欧洲离得太远，等到英国完成工业革命，技术扩散到中国时，文明代差[1]已经形成，再想追赶就费劲了。这条路走到现在都没有完成，但是我们已经无限接近，并且在追赶的过程中，中国完成涅槃（pán）新生。

只能说，祸兮福所倚，福兮祸所伏。

[1] 指当时英国是工业文明，中国是农业文明，两者之间属于不同历史阶段的文明差异，落后的农业文明注定无法抗衡更加先进的工业文明。

五

写到此处，反倒不知道该如何收尾了，总有一种难以名状的东西萦绕在心头。这种感觉太虚幻，一点都摸不到头绪，却又是真实存在的，不知道你们看到这里有没有类似的感觉。

总的来说，中国的开局地图特别优秀，比世界上的任何国家都要优秀，谁不承认就是不客观。能和中国地缘格局媲美的，只有建国二百多年的美国。

几千年来，我们都是握着一手好牌，走得顺风顺水，从来没有给开疆拓土的祖先丢过脸。

意识形态：儒家思想

一

公元前134年，汉武帝下诏求贤良。四十六岁的董仲舒受到推荐，当面向汉武帝讲述了自己的主张。他们先后聊了三次，宾主尽欢。

这几次谈话的内容就是《举贤良[1]对策》。其中有一项政策很重要：罢黜百家，独尊儒术。从此以后，儒生走上帝国的舞台，开启他们的表演。

[1] 贤良文学的简称。汉朝选拔官吏的科目之一。始于汉武帝，不常设。

在汉武帝的计划中，儒生只是理论工作者。他们用文章为皇权加持，到地方去宣传朝廷的恩德，然后用儒学教化百姓，让大汉帝国呈现出一片和睦的气象就行。

可儒生们不是这么想的。他们觉得：周朝才是梦幻天堂，那时的一切都是大家共同所有，没有贫富差距，没有不公现象。

对于这种想法，军人和酷吏都嗤之以鼻。可儒家就是有市场，毕竟“鸡汤”最养人。在汉武帝去世后，大汉帝国的主线就是文法吏[2]和儒生的斗争史。文法吏与儒生一直争斗，直到王莽篡位，儒生大获全胜。

[2] 汉朝指文史法律之吏，也称文吏，与儒生相对。

二

儒家崛起，有很长的路要走。公元前81年，霍光[1]以汉昭帝[2]的名义召集了六十多名贤良文学士来长安，对汉武帝时期的政策进行了一次大讨论。

贤良文学士主张缩小政府的规模，放弃盐、铁等垄断行业，重农抑商，让利于民，再次实现文景盛世。但桑弘羊反对。他认为政府应该积极参与社会事务，用强制手段调节社会需求，最终达到富国强兵的目的。

双方互不相让，从二月争论到七月，最终，贤良文学士取得胜利。大汉帝国也因此废除了酒类专卖和关内铁官。第二年，桑弘羊也因谋反罪被霍光处死。

在六十多名贤良文学士中，有一位学者叫桓宽。他回家后，把会议的过程和结论整理成了一本书，起名叫《盐铁论》。不论是会议还是《盐铁论》，表面上讨论的是经济问题，但背后却是意识形态的争论。

桑弘羊是法家，贤良文学士是儒家。他们争论的焦点远不止眼前的政策，而是大汉帝国以后的指导权，理论、财富、权力、人事，一切都将取决于这次会议。

这场博弈太激烈了。最终法家失败，儒家取得空前的胜利。不过法家和文吏的传统势力很庞大，“盐铁之议”后儒家只是平分半壁江山，想要一统

[1]（？—前68），西汉大臣。霍去病异母弟。武帝死后，昭帝年幼即位，受遗诏辅政，昭帝死后，又迎立宣帝。前后执政二十年。

[2]即刘弗陵（前94—前74），西汉皇帝。武帝之子。

天下，还需要机遇。而他们的机遇来自几十年后的皇帝父子。

汉宣帝[1]其实是汉武帝、桑弘羊一脉，他重用酷吏，打击豪强，加强朝廷权威，缔造了大汉最后的辉煌时期。可太子却是标准的儒家学子。太子对汉宣帝说："老爸，你的做法太残酷了，不如用儒生吧，以仁义教化天下多好。"

[1]即刘询（前92—前49），西汉皇帝。武帝曾孙、戾太子刘据之孙。巫蛊之祸后，生长民间。后被霍光迎回，扶立为帝。

汉宣帝一听就生气了。汉朝的制度是霸王道杂之，也就是一手面包，一手钢刀，听话的吃面包，不听话的吃钢刀。他本来想废掉太子，但一想到曾经和皇后走过的艰苦岁月，还是下不了决心，听天由命吧。汉宣帝叹道："乱我家者，太子也。"

太子登基后，就是汉元帝[2]。在汉元帝的领导下，儒家取得压倒性的优势。儒生认为汉朝虽然强大，但不够完美。他们强调个人道德的力量，反对政府对社会的过度控制，他们希望把政府改造成周朝的模样。但是法家官吏的势力始终存在，他们从不谈理想，敢作敢为并且不在乎任何道德的束缚，只根据法律的标准做实事。

[2]即刘奭（前75—前33），西汉皇帝。

按道理说，儒生是很难和法家对抗的，毕竟没有武器嘛，可帝国的民间社会提供了最广阔的市场。那些年土地兼并严重，农民耕种的一点点田地，本来收成就不多，却要拿出一半来交税，再刨除来年的种子，就剩下一点粮食，肚子都很难吃饱。

而占据大片田地的豪族，却有很多办法偷税漏税。朝廷官员穷奢极欲，地方官员只知盘剥，外

戚、贵族没有前辈的本事，却依然霸占朝堂。学子如果不行贿、巴结，根本没有入仕的渠道。

除了既得利益集团，所有人都希望有一场变革来改变现有的一切。儒家即将一统天下，唯缺一个领袖。此时，王莽迎面走来。

三

王莽出身于帝国最有权势的家族。他的姑姑王政君是汉元帝的皇后，按照汉朝传统，皇太后将享有巨大权威。于是，王政君在汉元帝去世后，提拔哥哥王凤为大司马大将军，其他六个兄弟都被封侯，连同母异父的弟弟，也做了水衡都尉[1]。

[1] 官名。西汉武帝时始置，掌上林苑，兼保管皇室财物及铸钱。

王氏家族之富贵震动天下。虽然王莽的父亲去世早，没有赶上这一波红利，但出生在这个家族，本身就是巨大的胜利。更何况，他还是一个标准的儒士。

从小，王莽就跟随名师学习《论语》[2]，学术水平相当高。他的哥哥早逝，留下妻子和遗腹子。王莽谨记"兄友弟恭"的教训，坚持供养寡嫂和侄子，很快就成为青年道德楷模。

[2] 儒家经典。孔子弟子及其再传弟子整理，内容包括孔子谈话、答弟子问及弟子之间的相互谈论。

王莽到叔伯家做客时也恭敬有加，屁股只坐沙发的一半，喝酒碰杯也一定要放到最底下，出门会一直退出去。

不要以为做这些很容易。王莽明明有权有势，可以飞扬跋扈，他却偏偏用最严格的姿态要求自

己，这怎么能不让人产生好感？富家子弟稍微谦逊一点，就能博取很多人的好感，何况是大汉第一家族的王莽。

人穷的时候，自律不算什么，当他有资本时依然自律，才是最大的本事，也最让人崇拜。那些年，王莽是大汉的国民偶像。

王莽封侯之后，有了丰厚的收入，全家却依旧艰苦朴素，妻子连丝绸都舍不得穿，客人都以为她是家里的老妈子。

儿子失手杀死奴婢，在别人家不算什么。奴婢而已，只是私有财产，她的生死和人生都是主人一句话的事。大不了暗箱操作一下，给儿子洗白。王莽不行。他一定要逼儿子自杀，以第一家庭的名义，维护法律和道德的权威。

在那个年代，王莽不是沽名钓誉[1]的小人，而是时刻以儒家标准要求自己的君子，而这个君子年仅三十八岁就当了大司马。有权势、有信仰、有能力的儒家信徒，太符合帝国儒生的期望了。于是，新圣诞生了。

[1] 用某种不正当的手段获取名誉。

所以，当王莽官场受挫时，就会有无数人出来请愿，把他送回朝廷的权力中心，每次都是如此。

做皇帝之前，他基本没遇到过大困难。从朝廷、贵族到乡野，几乎所有人都支持他。虽然贵族和豪强的目的不纯，但儒家信徒是真的希望和王莽一起建设梦幻中的天国。

理论中的东西，王莽信吗？我觉得，他真的认为自己的信仰是真理，只要把理论落实，就一定能

实现人间天国。

四

公元8年，五十三岁的王莽代汉称帝。这不是他一个人的成就，而是天下儒生的胜利。他们用改朝换代的方式，彻底打败了法家这一宿敌，成功组建了纯儒家政府。百年恩怨，到此为止。

西汉末年是儒家最需要领袖的时候，而王莽恰好生在最有权势的家族，自己又是恪守道德的儒家信徒，可谓风云际会。

好了，一切都开始吧，向天国前进。

当皇帝的第二年，王莽就开始大刀阔斧地改革，理论依据则是儒家经典。首先是最核心的土地问题。

王莽规定，天下土地和奴婢全部收归国有，不允许私人买卖。八口之家的土地数量不能超过一井，多余的必须充公，由官府重新分配。

看看名字——井，明显的井田制复辟。王莽希望用实力让理想落地，从此再没有大富大贵的人家，每个人都能吃饱穿暖，最终达到大同世界[1]。

可问题来了：自己的土地凭什么无偿交给官府，还要免费分给别人？豪族用了几代人才积累下如今的家业，您老人家一句话就要拿走，连个招呼都不打，太欺负人了吧。再说了，没有土地怎么养活奴婢？

[1] 儒家在《礼记·礼运》中提出的一种理想社会。其特征为“天下为公”，即天下不是一人之天下，而是众人之天下，反对君主专制。表现在民众道德水平高，和睦相处，没有罪恶，社会安定。这种理想社会的思想对以后进步思想家、社会改革家有一定启发。

于是，地主豪强起来反抗王莽，甚至连大臣们也不理解。是啊，不是所有人都为了理想而活，他们追随王莽只是想多捞好处。土地公有制只会让既得利益者不满意。

两年后，王莽取消了土地和奴婢政策。这下连穷人都不满意了："说好的分田又反悔了，你是个骗子吧？"动了既得利益者的蛋糕，又失去了穷人的支持，王莽和儒生的理想在现实面前，撞得头破血流。

其次是实行政府专卖制度。

在"盐铁之议"上，儒家因反对官营而取得胜利，如今又在财政压力和大同理想的驱使下，恢复官营专卖制度。在这项改革中，王莽恢复了均输平准法。他在长安及五都[1]设五均官，负责征收交易税，顺便平抑物价，称为"五均"；又让政府垄断经营盐、铁、酒、山泽税、铸钱和"五均赊贷"六事，称为"六莞（guǎn）"。不出意外，这项改革也破产了。

[1] 指洛阳、邯郸、临淄、宛、成都五城。

在汉武帝和桑弘羊时代，朝廷用"以商制商"的策略来推行官营制度。拉拢一部分商人，让他们担任商业官员，打击另一批大商人。

商人懂得市场经营，也知道对手的软肋，再加上遍布朝野的酷吏，让汉武帝和桑弘羊取得极大成功。可王莽是君子，他没有这套手段。他只是单纯的发布命令，派遣官员去执行，结果就是官员腐败、商业萎靡。到头来，不仅朝廷没有得到财政收入，连所有商人都得罪了。

更要命的是货币改革。直接说吧，王莽的货币改革就是洗劫民间。当然，货币的形式也来自儒家经典：刀币、贝币、龟币、金币、银币、铜币……他先后发行了四套货币，每次发行新货币就会规定“可以兑换多少旧货币”，相当于一句话就把旧货币贬值几倍到几十倍。

假如一个人有一百旧钱，今天还能买一袋大米，可明天新货币发行后，按照规定的兑换率，只能买一个烧饼。缺德不缺德啊！

币制混乱造成严重的通货膨胀，当国民经济一片萧条时，王莽想洗牌财富的初衷也成为镜花水月。王莽、儒生、纯儒家政府的第一次理想实践，已经彻底失败。

五

有人说王莽是穿越者。其实这个说法最早的起源是胡适[1]：“王莽是中国第一位社会主义者”“竟没有人替他说一句公平的话。”

[1]（1891—1962），中国近现代学者、新文化运动领袖之一。长期从事文化、教育工作。

王莽不是穿越者，只是儒家信徒改革者。从汉朝开国起，儒生就谋求参与社会管理。他们在汉武帝时代获得阶段性进步，在经过盐铁之议、儒法争锋后，终于在西汉末年取得全胜。儒家风气养育了王莽，王莽又回报了儒家。王莽几乎没有阻力地登上皇位，除了儒生的支持，当然还有世家门阀的默许。

汉宣帝口中的“汉家制度”是霸王道杂之[1]，王道负责舆论和教化，霸道则是任用法家酷吏，血腥清理一切不安定因素。而地方的豪族、门阀首当其冲。

虽然汉宣帝以后再无雄主，可一旦再出一个生猛的皇帝，利用汉朝的权力结构和制度来收拾他们，也是非常迅速的事。在“汉家制度”的话语体系中，豪族没有丝毫安全感，想要保住自己的家业，最好的办法就是改朝换代。儒家正好是法家酷吏的死敌，支持儒家，是豪族门阀必然的选择。

所以啊，世界上从来没有无缘无故的爱，也没有无缘无故的恨，一切都是基于自身利益的选择，或是现实的，或是理想的。

王莽的改朝换代就处于纠结当中。豪族门阀希望支持王莽来保持现状，儒家希望支持王莽来改变世界。而王莽选择了后者，这本身就是一种悲剧。

儒家的理想太丰满，根本不切实际，可儒生和王莽死不回头。理想化的改革没有丝毫效果，却伤害了豪族的利益。于是，天下皆反。

有的豪族亲自起兵，而有的豪族则选择支持刘姓宗室，大家都在为未来拼命。最终，获得南阳和河北豪族支持的刘秀成为胜利者。

当初为王莽唱赞歌的儒生又聚集在刘秀麾下，歌颂新世界。他们当初的理想和反叛又有谁会记得，或者又有谁会提起？

当然，王莽被杀时依然有千余人追随，他们自愿和皇帝一起赴死，他们都是理想的殉道者[2]。

[1] 王道与霸道兼用。

[2] 为实现理想和维护道义而献身的人。

酷吏：战友、夜壶和替罪羊

一

在中国历史上，有种人叫作酷吏。所谓吏，是指有编制的官场人员。酷吏二字，不论是从字面意思、职业操守，还是背后逻辑来看，都可以称之为“官场打手”。但凡有点追求的帝王，如果身边没有几个酷吏，百年之后都不好意思和同行打招呼。甚至更小一点的单位和企业，老板也会豢养“缩小版”的酷吏。

但可悲的是，不论酷吏的职业生涯多么辉煌，绩效完成得多么优秀，他们的下场总是很凄惨。而重用酷吏的帝王，也总是会被舆论和史书狠狠地记上一笔，好大喜功[1]、不尊重朝臣等骂名都会和他们如影随形。

[1] 一意想做大事立大功。多用来形容浮夸的作风。

历史就是如此诡谲。帝王明明知道酷吏会招来骂名，酷吏也明明知道下场会很惨，但双方依然能够亲密无间地合作数千年。历代前任的悲惨结局都不能阻止甲方和乙方之间互抛橄榄枝，这种现象背后的逻辑，其实很值得深入思考。

二

一般来说，除了一些性情刚毅的狠人外，大部分酷吏都是穷苦人家的孩子。原生家庭的出身，决定了他们的人生选择，毕竟当打手是苦活、累活、脏活，但凡有点资本的孩子，都不会选择干这一行。吃力不讨好，何苦呢？

可对于有野心的穷苦孩子来说，有机会给帝王当打手，便是一条通天的路。就像汉朝酷吏宁成所说："仕不至二千石，贾不至千万，安可比人乎？"意思是：做官不到"省部级"，做生意不达到百亿，活着还有什么意思呢？

同样的话，主父偃也曾说过："丈夫生不五鼎食，死即五鼎烹耳！[1]吾日暮途远，故倒行暴施之。"这就是个人野心和追求。宁成当酷吏是为了做二千石高官，主父偃是年纪大了，已经没时间论资排辈了，他只能走捷径。

[1] 大意为：大丈夫如果不能高官厚禄、轰轰烈烈地生，就要轰轰烈烈地死。五鼎，比喻高官厚禄。

毕竟在正常情况下，穷孩子从小吏做起，能出头基本靠运气，实在是看不到希望。但投靠帝王，却是看得见的前程。因为帝王也有政敌，他们时刻都需要一把锋利的快刀，帮他做一些不能摆上台面的私事。

比如武则天。原本她只是李家的媳妇，她做唐高宗李治的代理人，大家都还能接受，可她最后竟然想当皇帝，大家就不肯支持她了。于是武则天扶持起了善于告密的来俊臣，并利用他来排除异

己，把不支持自己的李唐宗室、公卿贵族诛杀了几千家。

如此一来，武则天登基的障碍就被扫清了。而来俊臣原本只是个无赖，正常情况下是不可能出任重要职务的，可做了武则天的快刀后，他竟然官至太仆卿[1]。

[1] 职掌皇帝车驾和马政。因和皇帝关系密切而成为亲近之臣。

比如汉武帝。遍地的诸侯王势力极其强大，他急需一把快刀，斩掉掣肘自己的政敌。于是，一辈子不顺心的主父偃看准时机，给汉武帝写了一封信，寥寥几句话就说中了汉武帝的心思。

史书记载：汉武帝早上收到信，晚上就召见了主父偃，并且埋怨说，这么多年你都跑哪里去了，咱们可是相见恨晚啊。从此以后，主父偃就替汉武帝干脏活。

既然皇帝害怕遍地的诸侯王，那他就建议实行《推恩令》，逐步削减诸侯的实力。但《推恩令》收效实在太慢了，他就收集诸侯王犯法的证据，并且直接担任齐国的国相，名为辅佐，实际是抓小辫子。一旦他抓到犯罪证据，就马上报告汉武帝，然后光明正大地废除封国，把郡县收归朝廷。这种事主父偃接连做了两次。

用一人灭两国，汉武帝去哪找这么便宜的事。脏活干完了，主父偃的狠辣手段让大家感到害怕，说不定哪天就轮到自己头上了。汉武帝也觉得差不多该收摊了，于是，主父偃被诛三族……脏活已经办了，杀掉主父偃还能安抚人心，所谓杀一人而安天下，又是一件便宜事。

主父偃的人生路径，可以看作酷吏的缩影。刚开始的时候，帝王要找打手，酷吏想出头，于是君臣迅速结成亲密战友，并肩战斗，各取所取。事情办成以后，帝王要继续扮演救世主，所以酷吏就成为藏起来的夜壶，以便下次再用。如果实在是人心惶惶，为了安抚人心，酷吏不得不成为背黑锅的。

如果没有汉武帝的赏识，主父偃只会一辈子受人白眼，然后默默无闻地老死，根本没人知道他是谁。可当了酷吏，他实现了“权势富贵震天下”的野心，并且给看不起他的人一个大嘴巴子。

而对于汉武帝来说，酷吏只是一把打击政敌的快刀，刀坏了之后，再换一把新的就行。

三

对于朝廷来说，任何时候都需要酷吏。一个很残酷的历史经验就是，能够适当使用酷吏，往往是朝廷权威比较强盛的时候。

汉景帝时期，有一个酷吏叫郅（zhì）都。此人外号苍鹰[1]，性格极其强悍，敢在朝堂上当众和同事争辩，还不给人台阶下……满朝公卿都不敢正面看他一眼。

当时济南一个大家族族人有三百多家，他们依仗家族的势力，根本不把官府和法律放在眼里。堂堂太守，一介省部级干部都拿他们没办法。汉景帝派郅都去管理，说：“郅都啊，你办事，我放心。”

[1] 比喻执法严峻，如鹰击猎物一般迅猛。

郅都去了。刚调研清楚，他就把这个家族的首恶拖出来斩了，其他人一看，嚯，他真的敢杀人啊！谁能不怕死呢？大家都服气了。

郅都在济南当太守不到一年，就把济南治理得路不拾遗[1]，旁边十余郡都很害怕他，都把郅都当亲爹一样供着。

汉朝初年的一批酷吏更狠，他们不仅是皇帝打击政敌的快刀，也是朝廷整治地方豪强的利刃，动不动就把地方豪强灭族，搜捕数千家。

汉朝初期，地方豪强正在野蛮生长。正因为酷吏充当朝廷的打手，做了朝廷不方便做的脏活，才能维护朝廷脆弱的权威。西汉宣帝以后，汉朝更改路线，原本“霸王道杂之”的汉家制度，被改成纯正的儒家思想，酷吏的市场也就日渐缩小。而诸侯公卿又都出身于贵族、豪强，因而逐渐导致地方势力坐大，最终王莽篡位，实现不流血的改朝换代。

同样的例子，在明末又重演了一遍。万历皇帝多年不理朝政，朝廷接近瘫痪，地方大员和乡间豪强对朝廷的尊重也逐渐降低。除此之外，还冒出一个东林党[2]。他们在地方引导舆论，控制经济，在朝中又结党营私……不论东林党的道德学问多么高尚，对朝廷来说，这就是个小帮派。

于是，魏忠贤充当了酷吏的角色。他用了几年的时间来整合资源，把败于东林党的楚党、浙党和太监势力整合起来，组成一个强势的朝廷。

毫无疑问，魏忠贤一众的道德水平都极其低劣，甚至有不少人渣，丝毫不符合治国贤才的标

[1] 路上有失物也无人拾取，形容民风淳朴。

[2] 明末以江南士大夫为主的政治集团。万历年间，一批士人聚集在东林书院讲学，议论朝政，抨击权奸，被指为“东林党”。天启年间时宦官魏忠贤专权，捕杀、迫害东林党，至1627年崇祯帝即位才停止迫害。东林党与阉官余党的斗争延续至明亡。

准，但从另一个方面来看，魏忠贤扮演了强势酷吏的角色，通过残酷的政治斗争，严厉打击了尾大不掉的地方势力，让朝廷权威重回顶峰。

不管史书怎么评价，毫无疑问的是，魏忠贤专权的那些年，朝廷政令在各地都能通行无阻，并且得到不折不扣地执行，效率远胜于万历年间。而崇祯皇帝诛杀魏忠贤，却没有重新铸造另一把快刀，马上就失去了推行朝廷权威的利器。

那些年众正盈朝[1]，却政令不出皇宫。

[1] 形容在朝堂上主政的都是正人君子。此处的“众正”指东林党以及支持东林党的官员士大夫们。

酷吏和文官是国家政权的一体两面，一个代表狠辣刚猛的霸道，一个代表阳光温暖的仁义。只有仁义会缺少底气，只有霸道又不会长久。优秀的帝王，往往是仁义和霸道通吃。

对待老百姓和追随者，他们会露出仁慈的微笑，拿出糖果分给大家；对待政敌和朝廷的隐患，他们又会露出狰狞的獠牙。能做到“王霸”通吃的，都是狠角色。

四

古代的和平年代，国家重要的命脉是经济。具体到朝廷层面，则是保障税收的来源，保障国库充足和朝廷的开销。而属于朝廷的税收，往往会被地主截流，他们不仅不愿意交税，还会变成趴在国家身上吸血的寄生虫。

正常情况下，朝廷睁一只眼，闭一只眼就算

了。可一旦遇到特殊情况，国家开销巨大，来自自耕农的赋税不足以支撑时，朝廷就会对大地主动刀子，谁有钱就挣谁的。

这种特殊情况，读圣贤书的文官是干不了的。他们拉不下脸面，更不具备斗智斗勇的狠辣手段，只有酷吏才能解决特殊时期的危机。

汉武帝时期不断对外用兵，庞大的军备、马匹、后勤需要海量的财富支撑，再加上赏赐功臣、抚恤烈士，国库很快就耗空了。钱没了，但事情还得做。

公元前120年起，桑弘羊为汉武帝策划了一系列财政刺激计划：算缗告缗、均输平准、盐铁官营等经济政策。均输平准、盐铁官营是国家调控，用常规的手段来增加国库收入；算缗告缗则是汉朝的财产税，是从富商的钱袋子里掏钱。

如果商人老实交税还好，一旦偷税漏税，就会有老百姓举报告发。如果情况属实，此人的财产一半分给举报人，另一半则充国库。

汉武帝为了鼓励商人交税，特意树立榜样。他让主动交钱的洛阳商人卜式[1]在短短七八年间就升为关内侯，并出任御史大夫。不过，此举收效甚微，商人依然不愿意为了国家大业出钱，宁愿把财富都藏起来传给子孙后代。

[1] 西汉官员。因善养羊而致富，多次以家财接济贫弱和支援边关。

能够把政策推行下去的，依然是酷吏。公元前114年，汉武帝任命杨可主持告缗，经过三年的整治，朝廷获得上亿财富、数万奴隶，还有无数土地。当时的汉朝中产阶级几乎都破产了，朝廷财政

却得到了缓解。通过经营充公的土地，朝廷又能源源不断地获得收入。对朝廷而言，杨可和杜周等酷吏，实在是功不可没。

虽然汉武帝的初衷并不是用非常手段来打击商人，但当常规方法行不通时，财政危机只能逼他重用酷吏。这是一个无解的难题。

从朝廷的大局出发，只有酷吏才能用非常手段搜刮财富，帮助朝廷渡过财政危机的难关。此时，酷吏和朝廷是战友。当危机解决后，他们又成为被藏起来的夜壶，而在史家的笔下，他们又被描绘成历史的罪人。

看似脉络清晰，实际上并没有那么简单。当财政危机出现时，普通官吏并不能解决问题，事后他们却又站在道德的制高点，指点江山，激扬文字。但对朝廷而言，事到临头，危机是一定要解决的。

酷吏只不过契合了国家的需求，用自己的方式做了应该做的事。设身处地地想，其实他们的行为也无可厚非，具体还得看想问题的人，屁股坐在哪张椅子上。

五

读史书，酷吏总是让人又爱又恨。他们冷峻的面孔，像极了电影里冷酷的杀手，真正面对时，人们总是会不可避免地感到恐惧。

尽管酷吏们有时会表现得温文尔雅，但这并不

能打消人们的恐惧和疑虑，因为他们代表着一种强势的力量。换句话说，他们是暴力的执行者。

世人不喜欢酷吏，其实是对暴力的恐惧，害怕这种暴力什么时候会落到自己头上。同时，酷吏也是告密者。他们就像摄像头一样，紧紧盯着目标的一举一动，一旦发现可疑信息，马上向上级汇报，不知不觉中，当事人的命运就会发生改变。

利益和需要，是源源不断产生酷吏的土壤，他们从战友变成夜壶，最后成为替罪羊。

▲汉武帝刘彻像

门阀：帝国的豪门、阶层和分裂

一

227年，诸葛亮挥师北上，誓要一统中原。临行前他给刘禅写了封信，名叫《出师表》。其中有几句："亲贤臣，远小人，此先汉[1]所以兴隆也；亲小人，远贤臣，此后汉[2]所以倾颓也。先帝在时，每与臣论此事，未尝不叹息痛恨于桓、灵也。"

[1] 指西汉。

[2] 指东汉。

诸葛亮向西汉脱帽致敬，又向东汉吐口唾沫。他和刘备把东汉的灭亡归咎于"小人"，而给东汉准备好棺材板的，是桓、灵两位末代皇帝。一个千古名相，一个创业皇帝，真的这么想吗？恐怕未必吧。

东汉灭亡、三国兴起的秘密他们都了然于胸，只是诸葛亮、刘备都不敢说而已。有些事可以做，但绝对不能说出口。曹操、刘备互称对方为英雄，就是因为他们都知道东汉灭亡的秘密，从而掌握了拯救乱世的钥匙。

二

时间回到二百年前。东汉建武十五年（公元39年），光武帝刘秀在宫中来回踱步，盛夏的蝉鸣和燥热的空气也驱赶不走他心中的阴霾。复兴汉朝十五年，他终于要面对那个庞然大物。作为帝国皇帝，刘秀有一项重要工作——收税。税收主要来自土地和人口。经过多年的岗位锻炼，他突然发现："档案和真实情况不符合。"

帝国内的人口和土地是有限的，登记多少就能收多少税，可是在档案之外有很多黑户和黑田，游离在税收之外。种老刘家的地又不想交钱，世上哪有这等便宜事儿？刘秀一道诏书[1]发下，命令各地开展人口普查和土地普查，可他万万没想到，自己一刀下去竟把帝国的脓包捅破了。

[1] 此处指"度田令"。

天下各地闻诏而动，纷纷揭竿而起，对抗朝廷。到第二年九月，山东、河北、江苏、河南全乱了，仿佛又回到当年诸侯割据的乱世。

只不过普查人口而已，至于造反吗？还真的至于。

帝国境内遍布大大小小的豪族，他们占据广袤良田，却只登记一小部分，剩下的都是隐藏起来不用交税的黑田。老百姓为了免税，就把户口和土地都挂靠在豪族名下，然后租地耕种，这样每年能省不少钱。豪族和百姓都得了利，只是坑了朝廷。现在刘秀搞普查，要夺回自己的奶酪，却也动了天下

人的蛋糕。于是，就出现了“盛世造反”的奇观。

不久后，军队开赴各地，大肆镇压。刘秀依靠皇帝的权威赢得战争，暂时把普查开展得很成功，还增加了不少税收。可是又怎么样呢？豪族依旧占据万亩良田，百姓不管愿不愿意，都会向豪族麾下汇聚，而皇帝依然在繁花锦簇般的空中楼阁。

刘秀的命运不如刘邦。刘邦的江山虽然残破，但残酷的战争摧毁了大部分豪族，只要积蓄力量，汉武帝就可以轻易建立直接管理型国家[1]。而刘秀要面对庞大的豪族阶层。他们为了保住家业，可以让王莽当皇帝，当王莽不能满足他们的需求时再一脚踢开，转而扶持各路诸侯。光武帝刘秀，也不过是他们抬出来的代言人。

[1] 指朝廷直接管理人民，不必经过中间的阶层，比如豪族。

刘秀起兵三年就能称帝，并继承了祖宗的合法性、国号、领土和制度，但同时也继承了祖宗身体里的痼疾。

可以说，东汉帝国建立之初就是六十岁的老人。三国乱世，只不过是老人去世后的灵堂挽歌，司马懿家族也只是把尸体拿出来披在身上，假装复活。

三

东汉豪族，渊源已久。公元前134年，董仲舒上书汉武帝“罢黜百家，独尊儒术”，从此拉开了千年门阀的大幕。从那以后，汉人的个性签名改成“遗子千金，不如馈子一经[2]”，常用的表情包是

[2] 大意为：与其给子孙留下千金，不如赠其一卷经书。

苦读、加油、打气。什么意思呢？就是即便你富甲天下，也要给孩子最好的教育。只要儒经读得好，就有机会入朝做官，这样才能光耀门楣[1]、延续家业。

[1] 门框上的横木。代指门第、家世、家族声望和社会地位。

本来汉武帝的初心是好的，是给老百姓指明读书方向，好好学习，老实做人，然后在他的领导下好好干活。可“独尊儒术”还有一个小伙伴，俩人一搭伙，就出事了。

这位朋友叫“察举制”。朝廷让地方官员选拔人才送到朝廷做后备干部。那年头又没有考试制度，才华不好判断，而比才华隐藏更深的是品德。都是一个脑袋俩胳膊，谁知道你的人品好坏，于是评判标准就到了地方官手中。

制度实施之初，确实为朝廷选拔了不少人才。可渐渐地，情况就变了。既然是地方官说了算，那为什么不选拔自己人呢？我照顾了朋友的孩子，他将来也会照顾我的孩子。

于是，朝廷选才制度就成了官僚的玩物。百年间，他们早已盘根错节[2]，互相铺路，互相扶持。做官之后，家族又借其名望买良田，建豪宅，称霸地方，再加上军功侯爵、皇亲国戚，一个巨大的食利阶层横空出世。

[2] 树木的根枝盘旋交错。比喻事情纷繁复杂。

从朝廷到乡野，他们占据所有的空间，隔绝了朝廷和百姓。就像骨骼和皮肤之间，夹杂着一层厚厚的脂肪。他们支持王莽篡汉，是希望将利益合法化。当王莽的屠刀挥下后，他们又毫不犹豫地起兵造反，挥舞着“拥汉”大旗，寻找各地的刘姓

皇族。

刘秀称帝后，除了站队错误和乱世族灭的人，其他家族都凭借拥护刘秀的功绩，实现了利益合法化。

面对如此庞然大物，刘秀的一纸诏书又有什么用呢？他是开国皇帝，有威望、有手段、有能力，尚且只能维持局面，而他的子孙就只能拖着病弱躯体，走一步，算一步。

四

从吕太后起，汉帝国的女人就很强大。刘邦把权力分给妻子，让她来制衡功臣。从此以后，皇后家族就是帝国重要的政治力量。窦漪房[1]、卫子夫[2]、王政君……这些女人和自己的兄弟们，撑起了帝国的半边天。

百年后，刘秀抑制的外戚、后权，又被子孙捡起。大臣很凶悍，皇帝很弱小。汉章帝[3]死后，新继位的汉和帝[4]只有十岁，指望他摆弄朝政，还是算了吧。

可他有个舅舅，叫窦宪[5]。没错，就是“燕然勒功”的那位爷，他有个朋友叫班固[6]。窦宪不但是一代名将，还是东汉权势熏天的外戚。他妹妹是当朝太后，兄妹俩长年把持朝政。

窦宪有功劳、有爵位、有权势，自我感觉良好。他和王莽一样，做起了当皇帝的美梦。结果只

❶西汉文帝皇后。

❷西汉武帝皇后。

❸即刘炟（56—88），东汉皇帝。光武帝之孙、明帝之子，与其父一起开创了东汉的明章之治。

❹即刘肇（79—105），东汉皇帝。章帝之子。

❺（？—92），东汉名将。曾率兵追击北匈奴，出塞三千余里，至燕然山（今蒙古国杭爱山）刻石记功。

❻（32—92），东汉史学家、文学家。与其父班彪、其妹班昭共同编纂完成《汉书》。曾跟随窦宪追击北匈奴。

是黄粱一梦。公元92年，汉和帝联合太监封锁洛阳城门，羽林军四处抓捕窦宪党羽，又收其大将军印绶，窦宪被逼自杀。

此后汉帝国的权力中心发生转移。为对抗豪族，皇后培养外戚，皇帝则扶持太监，东汉的局面就此进入了“二人转”时代——皇帝幼小，太后扶持娘家人执政，外戚坐大；皇帝长大后联合太监，重新夺回政权，宦党得势；皇帝死后，年幼的新皇继位，再次重复外戚与宦党的循环。

豪族作为朝廷的捧哏（gén）[1]，大部分时间和双方都可以合作。

东汉帝国为什么会有外戚和太监掌权呢？因为豪族阶层太强大，脆弱的皇权必须寻找盟友和代理人，才能达到权力的平衡。外戚、太监、大臣，又是一个铁三角。此后百年，东汉就在脆弱的平衡中维持生命，直到历史中走来了袁绍和董卓，才结束这一切。可当这一切结束后，汉朝也完了。

五

好了，历史背景介绍完毕，下面开始讲道理。

整个东汉帝国，都是不正常的状态：庞大的豪族瓜分了帝国，大部分土地也都被他们收入囊中，朝廷官职也可以变相世袭。

袁绍、杨修[2]的“四世三公”之家，是帝国顶层豪族，他们可以利用家族财富、社会关系来影响

[1] 相声表演中配角用话或表情动作来配合主角，逗人发笑。

[2]（175—219）东汉末文学家。

帝国的运转。而在州、郡、县中，也都盘踞着缩小版的袁绍家族。

整个帝国的社会格局被割裂成碎片，每个碎片都是完整的个体，要想重新统一起来，必须把每个碎片都打破。这也是曹操一生都不能统一天下的原因。豪族们一旦得到司马懿共享利益的承诺，西晋很快统一了。

表面上是统一了，可实际上呢？豪族占据社会上游，老百姓就只能被压迫。之前挂靠的契约早已作废，他们的土地和身体都被豪族霸占，所有老百姓都成了豪族的奴隶。他们不能勤劳致富，不能读书做官，祖祖辈辈都看不到半点希望。有些不堪忍受的好汉啸聚[1]山林，然而最终还是难逃被剿灭。

[1] 互相招呼着聚集起来。多指盗匪结伙。

百姓难过，皇帝更难过。土地和人口都在豪族庄园内，这让朝廷没有足够的自耕农来保证税收，也没有足够的人口来征兵、选官。帝国有五千六百万人口，可属于皇帝的没多少。要人没人，要钱没钱，皇帝家也没余粮啊。

所以，诸葛亮痛骂卖官的“桓、灵二帝”，尤其是汉灵帝。他是古代有名的卖官皇帝，从三公到太守明码标价。如果不是朝廷没钱，谁愿意做这种缺德事？毕竟他们手中唯一的资源就是官职，能卖的也只有它了。东汉帝国走到这一步，神仙也没招。

184年，黄巾起义爆发，五年后，董卓进京，天下大乱。荒唐的世道逼皇帝卖官、逼百姓造反，只留下一帮豪族在乱世的舞台上，演绎着英雄的神话。

六

黄巾起义后，囚笼中的帝国终于露出一丝缝隙，阳光洒下，让心怀希望的人看到光明。曹操招募流民，耕种无主田地，开始“屯田”。他还扶持寒门出身的官员，比如张辽、徐晃[1]、满宠[2]。

刘备流浪多年，身边也都是寒门子弟。关羽、张飞、赵云、黄忠[3]……都没有强大的家族依仗。马超倒是西北豪族，可早已家破人亡，阶层掉落了好几个档次。

诸葛亮治蜀，法令极严。重用的也不是四川豪族，而是从荆州跟过来的外地人。可英雄付出一生心血，也只是让历史拐了一个弯。

晚年的曹操蓦然回首，亲手扶持的寒门子弟有了豪族化倾向，最终他也失去雄心壮志，留下“分香卖履[4]”的遗言。

夷陵[5]一把火，烧掉刘备的全部希望。而在五丈原[6]，诸葛亮只留下仰天长啸的背影，便匆匆撒手人寰（huán）。对面的司马懿，终将接过袁绍的梦想，让历史回到原本的位置。三国这场悲剧，却是几百年间唯一的暖色。曹操、刘备逆天改命的姿态，犹如向人间播种希望的盗火者，虽然火光渐渐熄灭，却留给世人一个冲锋的背影。

天下英雄谁敌手？曹、刘。

[1] 三国魏名将。

[2] 三国魏名将。

[3] （？—220）三国蜀汉名将。《三国演义》中，是蜀汉五虎将之一。

[4] 曹操《遗令》中的典故，曹操临死时担忧妻妾，于是把名香分给她们，叫她们学做鞋子卖钱。后比喻临死不忘妻妾。

[5] 古县名。治今湖北宜昌。三国时，吴蜀夷陵之战，吴大将陆逊火烧刘备四十余营，刘备狼狈逃到白帝城（今重庆奉节），不久病死。

[6] 古地名。在今陕西岐山南斜谷口西侧。三国时诸葛亮北伐，病卒于此。

人口：盛世危机

一

公元前121年，河西走廊弥漫着一股血腥味。

汉武帝让霍去病亲自挑选一万骑兵，分别在春、夏两次扫荡河西走廊，匈奴浑邪（yé）王和休屠王被打得丢盔弃甲。汉军奔袭千里，匈奴的祭天金人也被夺走。匈奴在战役中失败，总要有人背锅，伊稚邪单于命令浑邪王、休屠王回草原，想用他们的头颅安抚军心。两位王爷合计："竟然要杀我们，不如我们就投降汉朝吧。"

消息传来，长安震动。这是自"白登之围[1]"以来，第一次成建制的匈奴部落投降，为了表示郑重，汉武帝决定搞一个受降仪式，而仪式的主持人还是霍去病。虽然休屠王临时反悔，被浑邪王当场斩杀，霍去病又杀了八千名想要逃跑的士兵，受降仪式依然进行得有条不紊。

霍去病和浑邪王签订协议、握手……双方都表示，这是一次成功的合作，以后汉、匈两方都将互惠互利地走下去。而这份合约的有效期足足有几百年。

[1] 汉高祖刘邦被匈奴围困于白登山的历史事件。汉初，匈奴冒顿单于不断扰边，高祖亲自率军迎战，被围困于平城白登山（在今山西大同东北），达七日之久。后用陈平之计，重赂冒顿的阏氏（皇后）才得突围。

浑邪王被封为漯（tà）阴侯，食邑万户，如果论级别和地位的话，和卫青、霍去病都不相上下。他带来的四万人口也得到了安置，汉朝在陇西、北地、上郡、朔方、云中专门拨出土地用来安置匈奴人民，为了照顾情绪，仍允许他们依照旧习俗生活。什么是旧习俗？就是弟弟娶嫂子、儿子娶后妈、部落首领世袭、牧民是首领的财产……一切匈奴的风俗都被移植到了汉朝来。

换句话说，匈奴内迁只是听候调遣而已，他们的内里依旧是匈奴本色。然而匈奴居住的地方也很有意思。看看地图就会发现，从甘肃向东，沿着宁夏、陕北、河套直到大同，一条边疆线都布满了匈奴人。

有些事一旦开始，就很难停止。一粒渺小的种子在盛世播下，吸取四百年日月精华，终于在魏晋长成参天大树。

飓风起于青蘋（pín）[1]之末。公元48年，匈奴再次分裂为南北二部，为了争取生存权，南匈奴把王庭迁到了包头一带，依附于东汉。朝廷的意思是，能吵吵就尽量别动手。

光武帝设置了“使匈奴中郎将”，驻扎在南匈奴驻地周围。既是保护，也是监视，南匈奴就此在河套地区扎根。东汉末年他们已经逐渐南迁到黄河两岸，晋朝时西北、陕北已经遍布匈奴人的身影。

蔡文姬年轻时嫁到河东郡（今山西运城一带），丈夫去世后，因为受不了婆家的闲言碎语，就回家守

[1] 一种生于浅水中的草本植物。

寡。她家在陈留郡，相当于现在的开封。但蔡文姬依然被匈奴左贤王[1]掳走，后来还生了两个孩子，这说明匈奴已经具备随时进入中原的能力。

能去开封，那么离长安、洛阳也就不远了，此时匈奴已不是远方的敌人，而是心腹之患。

①匈奴官名。匈奴语称屠耆（qí）王，单于下的最高官职。左右屠耆王分领东西二部，以左为尊。“屠耆”汉语意为“贤”，汉人因此称左右屠耆王为“左右贤王”。

二

三国时代出现了人口危机。157年，朝廷进行了一次人口普查，得出的数据是五千六百万人口，分别属于一千万户。如此庞大的人口基数，足以称得上盛世。

仅仅三十年后，天下巨变。董卓焚毁洛阳城，周围二百里鸡犬不留，都城迁徙到长安后的几年，军阀混战让关中也变得残破不堪。再加上东汉和羌人的百年战争，潼关以西出现了大片人口真空，关中失去称霸条件。而原本活跃在西北的羌人纷纷东进。长年累月的战争也让中原人口大幅度减少，出现历史中罕见的“用工荒”。

214年，曹操彻底平定凉州，大将夏侯渊博得“虎步关右”的美名。问题也很明显，缺人。人口不足则耕地少，紧接着就是后备兵员不足、赋税困乏。潼关以西的人口和经济根本不足以支持国家的统治，而关西又有抵御刘备的重任。于是曹操把西北氐（dī）人[2]迁徙到汉中，和汉、羌人一起生活。或是无意，或是无奈，塞外民族在三国时代进

②古族名。汉魏后，长期与汉人杂居。两晋十六国间，曾建立仇池、前秦、后凉等政权。至隋多渐融合于汉族。

一步挺进中原。

除了曹操，蜀国和吴国也缺人。蜀国人口最多时只有一百万，要支撑国家建设和北伐中原，这点人口远远不足。诸葛亮北伐，每次都会把百姓带回四川。所谓“七擒孟获[1]”，除了让北伐没有后顾之忧外，还有一个重要的原因，那就是扩充治下人口。

[1]三国时期，蜀汉丞相诸葛亮采用攻心策略，七次生擒西南少数民族首领孟获，又七次放还，使之诚心归顺的历史事件。

汉人不足，只能招募外来人员。吴国名将贺齐常年驻守在浙江、福建一带，当时的东南尚未开发，只有遍布山野的越人，贺齐在这里干吗？当然是向南开疆拓土，然后抓越人当奴隶。

280年，司马炎灭吴。分裂百年的三国时代终于重新统一，只是晋朝统一得有点尴尬，汉人不占据绝对人口优势，因为一旦统治民族的人口不占优势，就很难说清楚究竟谁是主体民族。

三

299年，太子洗（xiǎn）马[2]江统发表《徙戎论》：“此等皆可申谕发遣，还其本域，慰彼羁旅怀土之思，释我华夏纤介之忧[3]。惠此中国，以绥四方，德施永世，于计为长也。”

[2]官名。东宫官属，辅佐太子，教太子政事、文理。

[3]细微忧虑。

江统的观点很简单，朝廷应该想办法让周边的游牧民族回到故土，一方面可以抚慰他们的思乡之苦，一方面也可以解除中原的忧虑。

彼时晋朝的人口危机已经很严重了，第一批迁

徙到关中的羌人、氐人只有几千户，但经过几百年的繁衍，早已枝繁叶茂，和汉人数量不相上下。山西大部分被匈奴、羯（jié）[1]人占据。至于河北，则是鲜卑人的地盘。慕容复[2]的祖先就盘踞在辽宁，北魏王朝[3]的祖先则在内蒙古。

[1]古族名。源于小月支。也有说法为西域胡与匈奴及其他杂胡融合而成。

[2]金庸小说《天龙八部》中的主角之一。属鲜卑族慕容氏。

[3]鲜卑族拓跋氏所建。

中原王朝的生存环境从未如此严峻，于是就诞生了江统的《徙戎论》，这篇文章也获得了无数名流的点赞，代表了民意。晋惠帝司马衷说：“得了吧，洗洗睡了。”司马衷的智商不高，从来不管事，可能拒绝江统的是其他人。不是不想办，实在是没能力办。

前面说了，匈奴人迁徙到内地是依旧俗，他们在王朝境内占据一块土地，但是不参加朝廷的户口，不算正式公民，所以不用承担任何社会义务，地方官府也管不了他们。纳税、服兵役是没有的，但犯罪是经常的。

你要举例？好。《汉书》[4]《三国志》上经常有某某胡屠戮、抢掠……都明目张胆出来抢劫、杀人了，还不算犯罪？朝廷管得了吗？管不了。匈奴、羌、氐的内部组织依然是部落制，世袭首领具有部落的一切权力，只要他愿意，牧民跨上马就是骑兵军队。他们不纳入朝廷的直接管理范围，只是以一种自治的模式存在，而他们的自治区又在逐渐扩大，到了西晋，黄河北岸已经出现了大量自治区。

[4]书名。中国第一部纪传体断代史。

汉人对胡人又有一种迷之优越。除了胡人贵族，很多下层牧民其实生活得很惨。他们有深眼窝

和高鼻梁，甚至连发色、肤色都和汉人不同，外貌特征很明显，走在大城市的街道上，他们饱受异样的目光。

他们找不到好工作，入仕、从军就更别指望了，官府根本就不会接受，他们只能找到出力多、赚钱少的工作，比如帮人种田、当杂役、给贵族当奴仆。即便如此，他们也会无故遭人打骂，贵族有时还会在宴会上让奴仆表演，以博取大家一笑。

无论胡汉，下层人民都活得像小丑。更缺德的是，当时的人口贩子专门抓下层胡人去卖。后赵开国皇帝石勒[1]曾经与人合伙贩卖人口，一不小心把自己给卖了。

[1]（274—333），十六国时期后赵的建立者。羯族。

西晋年间，中原大地就是火药桶。胡汉人口比例相差无几，北方是遍地不受管束的自治区，下层胡人生活在水深火热中。只需一丝火星，就会引爆。

四

290年，晋武帝司马炎去世，晋惠帝司马衷即位。预先拟定的遗诏是杨骏和汝南王司马亮共同辅政，他们代表了朝廷的两股势力：士族和皇族。杨骏出身弘农杨氏，汉朝“四世三公”之家，经过三国的发育，已经成为枝繁叶茂的老牌士族，再加上他是武帝皇后的父亲，地位超然。

司马懿夺取政权，门阀士族的支持至关重要，

如果失去他们的支持，再换一个皇帝也是弹指间的事。可如果不打压一下，换皇帝也是很快的事。

为了对抗门阀士族，司马炎扶持了皇族，他把司马家族的嫡系亲戚全部封了王、公、侯等爵位，又派家族成员镇守各地，希望他们能和士族抗衡。

皇族或士族，无论扶持哪一方，对于朝廷来说都是权力下放，权力一旦下放，要想收回来就很难，这往往又会造成争权夺利的战争。比如七国之乱、藩镇割据、三藩之乱[1]，当然还有八王之乱。

杨骏看到遗诏很不满意，于是伙同杨皇后、党羽修改遗诏，让自己一个人辅政。当修改好的遗诏放在司马炎床头时，他一点办法也没有，只有默默无语。

两天后司马炎去世，司马亮害怕杨骏杀人，跑了。皇后贾南风[2]不干了。她秘密联络司马亮、楚王司马玮，让他们带兵到洛阳讨伐杨骏，第二年，杨骏被灭三族、杨皇后被贬为庶民。士族和外戚势力大受打击。

有人认为“八王之乱”的起因是贾南风权力欲旺盛，而我始终有一个观点：一个人的力量再强也无法决定历史的走向，如果他改变了历史的走向，那一定是符合了某种特定的需求。贾南风就是如此。

她老公的智商不高，自己家族也不行，为了生存和前程，她能做的只有振兴皇权，此时她代表了司马氏的利益。贾南风除掉杨骏，又要手腕杀掉了司马玮和司马亮，然后在皇族和士族之间踩钢丝，

[1] 清初吴三桂、尚可喜、耿继茂三个割据势力的叛乱。

[2] （257—300），晋惠帝皇后。惠帝司马衷天生痴愚，不理政事，贾后则好权谋，与外戚杨骏争权，导致西晋政局动荡，最终引发八王之乱。

维持着一种脆弱的平衡，而这种平衡全靠贾南风的手段来支撑。

平心而论，司马炎去世后的西晋王朝最太平的时代，就是贾南风治理朝政的那十年。

然而踩钢丝毕竟是危险动作。贾南风振兴皇权对司马氏最有利，但她毕竟是女人和外人，这种畸形的地位让司马氏诸王看到了机会。

300年，贾南风废太子司马遹（yù）。她没有儿子，而太子又特别聪明，贾南风怕将来难以控制，于是想换一个好控制的皇子。

这可捅了大娄子，太子是储君，岂是想废就能废的，太子身上牵连了多少人的身家性命？第一个起兵反对的就是太子太傅、赵王司马伦[1]。当然，为太子报仇只是借口，司马伦真正的目的是夺权。

[1] 西晋宗室，司马懿第九子。以贾后杀太子之名捕杀贾后，诛杀张华等大臣，总揽朝政、囚禁惠帝，引得司马氏其他王兴兵讨伐。

平衡被打破，“八王之乱”进入皇族争权的阶段，此后江山残破，人民流离失所，而周边内迁的胡人也蠢蠢欲动。

其实“八王之乱”和胡人暴动的背后都有一个关键因素：寒门。

五

表面上看，“八王之乱”是司马氏诸王在争权，那他们怎么就能做到一呼百应呢？答案是社会结构。

西晋是门阀士族的黄金时代，他们用九品中正

制稳固了自己的社会地位，把持了职位、土地等大量优势资源，寒门是没有机会出头的，只有战争、政变等剧烈变化才能让严密的社会阶级裂开一条缝隙，让他们看到一丝未来的光明。

“八王之乱”中的司马氏诸王只是代表，他们背后其实是无数渴望出头的寒门，人心和欲望成了点燃炸药桶的火星。贾南风的得力助手张华，寒门；司马亮的军师孙秀，寒门；河间王司马颙（yóng）麾下大将张方，还是寒门。

在西晋的固有秩序之下，他们没有一丝机会，只有打破现有的秩序，才能得到想要的一切。寒门子弟懵懵懂懂地推动乱世的到来，门阀、士族又不可避免地卷入其中，最终埋葬了司马家族。

不仅是汉族寒门看到了机会，胡人也看到了机会。汉人江山大乱，胡人经过数百年的积累，人口早已和汉人不相上下，胡人贵族又具有相当强大的实力，让他们安分守己似乎很难。下层胡人忍受多年的白眼和辛酸，这让他们恨透了汉人和世道，只要有机会，他们不介意发泄自己的一腔怨气。

304年，氐人李雄攻入成都，建国成汉。李氏家族原本生活在汉中，在战乱中随难民流亡到四川，后来逐渐建立威信，直至能起兵开国，渐渐恢复了昔日蜀国的疆域。

同年，匈奴人刘渊[1]在山西称帝。早在司马炎时代，匈奴的驻地就把太原包围，并且控制了山西大部分地方，刘渊举起大旗，短短半个月就汇聚了五万人。

[1]（约251—310），十六国时期汉国的建立者。其子刘聪后来带兵入洛阳，灭西晋。

两年后，东海王司马越任命刘琨[1]为并州刺史，山西汉人纷纷汇聚到刘琨麾下，可他们马上又背叛刘琨和晋朝，跟着刘渊混，也是因为他们看到晋朝没有自己的出路。虽然刘琨写出“何意百炼钢，化为绕指柔[2]”的诗句，但是他真的没有办法改变这一切。

石勒的军师叫张宾[3]，是张良式的人物。在晋朝的体制内，张宾肯定是要被埋没的，任你智计百出也不会出头。一旦追随了石勒，终于青史留名。

士族、胡人奏响了一曲交响乐，寒门在中间来回穿梭，努力寻找自己的位置。士族南下后，寒门只能和胡人合作。

这一切能怪谁呢？似乎和任何人都没有关系，人们都在牢笼中挣扎，这是彼时他们的宿命和不得已。

六

一切都结束了。汉武帝和霍去病挥动蝴蝶的翅膀，漫不经心而小小的微风却越滚越大，在西晋成为席卷中原的飓风。中原政权内部出现裂痕，让胡族的人口优势成百倍放大，最终建立起十几个国家，分裂南北三百年，北方汉人的数量一度降到四百万至五百万。

虽然汉人能在胡人政权中出头，但那是有条件的，你必须能力过硬，如果是普通人，那就只有被

[1]（271—318），西晋将领、诗人。少与祖逖为友，夜同宿，闻鸡起舞，互相勉励，意图建功立业。

[2]大意为：怎么也不会想到经过千锤百炼的钢铁，如今变成可以在指头上缠绕的柔丝。暗喻自己经历家国破败，由刚硬变得柔弱，流露出一种英雄末路的悲哀。

[3]（？—323），十六国时后赵大臣。后赵立国制度多由其制定。

屠戮的命运。

追溯源头，其实早已埋下伏笔。当时的汉朝如日中天[1]，似乎给他们一点土地也没什么关系，可随着时间流逝，强弱关系也不是绝对的。谁又能想到，当年那一小撮匈奴人日后能成大器？

[1] 好像太阳正在天顶。比喻事物正发展到十分兴盛的阶段。

科举：门阀士族的调节器

一

纵横魏、晋、隋、唐的门阀士族到底是怎么消失的？很多人都说：因为有了科举制啊。其实不是。隋唐时期依然是正儿八经的士族社会，寒门能通过科举制出人头地的寥寥无几，即便是“漏网之鱼”也会被人看不起。

写“海上生明月，天涯共此时”的张九龄，早年间考中进士，在唐玄宗时官至宰相，文坛政界两开花，很成功吧？可有次唐玄宗和他聊天，他就把天聊死了。

唐玄宗和蔼可亲地问：“你什么家庭啊？”张九龄有点慌：“臣……臣的祖父是录事参军，父亲是县丞，也算殷实人家。”唐玄宗说：“嗨，不就是寒门嘛，你直说呀。”

然后又聊起亲戚、兄弟、朋友圈……张九龄被问得一句话都说不出来，出宫后是浑身冷汗、脸色煞白。为什么？虽然张九龄出生于中产阶级，但在皇帝和门阀士族眼中，他只是寒门。士族从骨子里就看不起他，他也自惭形秽[1]。

[1] 自觉自己不如别人而感到惭愧。

就算中了进士，你也进不了人家的圈子。维系士族门阀、上流社会和阶层的纽带就是社交关系，社交关系决定了他们的前途。

二

隋、唐的科举制度问题很多。隋文帝当皇帝后，发现“九品中正制”都被玩坏了。几百年来，朝廷官员基本是根据门第、关系来推荐的，鱼龙混杂。

于是，他对大臣们说：“你们推荐的人到底有没有本事，咱也不知道，那就通过考试来筛选吧。”这便是科举制的雏形。这和明、清的科举有很大的不同。此时的科举是先进行推荐，然后再通过考试来过滤，所以还是在小圈子里玩。唐朝时，科举的对象扩大到学校、地方，但也有一个漏洞：不糊名[1]。

我们考试会在卷子上填写考号、名字、班级等，唐朝是在卷子上写名字、住址、祖上官职……这样的话，阅卷老师一看就明白了：自己人当然录取，不认识的自然落榜。黄巢同学屡试不中一点儿都不冤，你一介私盐贩子，人家才不跟你一起玩儿呢。

为了进入考官的视野，唐朝人会在考试前去长安活动，把自己的诗集和家谱送给考官，以求关照。要不然，“干谒（yè）诗[2]”是怎么来的呢？

[1] 科举考试防止作弊的措施之一。即用浆糊将考生得到名字糊上，防止考官徇私舞弊。

[2] 古代文人为推销自己而写的一种诗歌，类似于现代的自荐信。

在这种体制下，科举只是门阀士族的调节器、筛选机，只能起到内部净化的作用，与广大人民群众是无缘的。

举个例子吧。“关陇八柱国”有一个叫于谨的人，和李世民、杨广的爷爷都是亲密战友。到了晚唐，他有一个后代叫于琮。于琮有能力、有志向，却一直得不到重用，每天都过得很郁闷。正好，唐宣宗要选女婿，秘书监[1]郑颢就说：“我知道你很棒，但是你得先进核心圈子啊。不如你先当个驸马如何？”于琮一口答应了下来。

[1] 官名。秘书省长官，掌图书著作等事。

于是，郑颢让他去参加科举，然后和考官打招呼：“他以后是驸马，多多关照啊，拜托了。”后来于琮（cóng）中进士、娶公主，最后官至大唐宰相。

科举制消灭门阀士族了吗？没有的事。他们在科举的帮助下，生活得更美好了。

三

朝廷用科举来选官，也迫使门阀士族更注重学业，毕竟诗文写不好，家世再牛也没用。彼时，优质教育资源基本集中在长安和洛阳。离长安、洛阳越近的地方，越能享受到名师、教材、学风的红利。如果出生在福建、辽东、广西之类的地方，读书就很吃亏了。而长安又是首都，更胜洛阳一筹。

在这样的环境下，大家族纷纷离开故地，来到

长安定居，一方面积极向权力中心靠拢，另一方面谋划子弟的学业前程。太学、国子监[1]、四门学[2]等名校都在长安，就算名额有限，能交个朋友也好啊。

而此地最有名的是“五姓七家。”赵郡李氏，乍一看还以为是河北人，其实他们从唐朝中期就举家搬到关中了，和河北赵郡没有半点儿关系。荥阳郑氏、清河与博陵崔氏、范阳卢氏的族人，但凡能做到高官的，也基本定居河洛地区[3]，留在家族故地的都是没出息的。

长安和洛阳汇聚了大半士族。“安史之乱”后，关东逐渐进入藩镇割据的模式。为了保护生命财产和学业前程，愈加促使门阀士族向河洛地区迁徙。到了晚唐，关东藩镇已是平民和军人的天下。

[1] 中国古代最高教育行政管理机构。

[2] 中国古代的中央官学。隋唐四门学为大学程度，隶国子（寺）监，性质与国子学、太学同，只是学生家庭官品较低。

[3] 唐朝的经济、政治和文化中心。“河”指黄河；“洛”指洛河。

四

门阀士族集中在长安有什么好处呢？他们早已放弃了地方的根基，把身家性命和朝廷命运捆绑在一起，让门阀士族和朝廷成为利益共同体。

地方则是平民和军人的乐园，所以在晚唐藩镇割据的岁月，只有藩镇兵变、平民造反，绝对没有门阀士族推举一个司马懿出来，分一杯羹。时代不同了，保护朝廷、保护长安，就是保护士族自己。

士族的朝廷、平民的藩镇，再加上统领禁军的太监，组成了晚唐的铁三角，让大唐在“安史之

乱”后继续生存了一百五十年。

在这一百五十年中，门阀士族反而迎来了第二春。而在盛唐前期，朝堂没有过他们的位置。

既然早已放弃了地方根基，门阀士族维持地位的唯一方式就是社交关系。这是保护伞，也是最后的遮羞布。在一个圈子里，大家互相提携、互相帮助，就算有困难也不要紧，打个招呼就能中进士，长安依然是他们的天下。只要社交关系在，他们就不会掉落阶层。

可如果他们的朋友圈不存在了呢？

五

唐朝的长安历经多次屠杀。“安史之乱”爆发，唐玄宗着急跑路，只带了和自己亲近的王爷、公主，留在长安的宗室，大多被叛军屠戮。皇家尚且如此，何况臣子。无数大臣、豪族都没有逃脱叛军的屠刀，门阀士族在这场战争中元气大伤。不过还好，剩下的幸存者依然可以把断裂的朋友圈重新连接，开启晚唐辉煌的大门。

然而真正的绝杀，来自黄巢之乱。看看《资治通鉴》的记载：“黄巢杀唐宗室在长安者无遗类……巢复入长安，怒民之助官军，纵兵屠杀，流血成川，谓之洗城。[1]”大唐宗室只要留在长安的，一个不留，满朝公卿和门阀士族也被杀得人丁大减。迎娶广德公主的于琮，就死在此时。

[1] 大意为：黄巢将留在长安的唐朝宗室全部杀光，一个不剩……黄巢再进入长安，对长安居民帮助官军感到极为愤怒，于是纵兵进行屠杀，长安城血流成河，称之为洗城。

这些事都被诗人韦庄[1]写在了《秦妇吟》中：

家家流血如泉沸，处处冤声声动地。
舞伎歌姬尽暗捐[2]，婴儿稚女皆生弃。
……
华轩绣毂（gǔ）皆销散，甲第朱门无一半。
含元殿[3]上狐兔行，花萼楼[4]前荆棘满。
昔时繁盛皆埋没，举目凄凉无故物。
内库烧为锦绣灰，天街踏尽公卿骨！
……

当维系社交关系的人都大半被杀之后，朋友圈也就散了。更重要的是，在一片大乱中，门阀士族的谱牒[5]也丢了。没有谱牒，活下来的人都成了个体。这个人到底是叔叔还是二大爷，大婶是哪家的，亲戚都有谁，完全搞不清楚。社交网络，断得一干二净。

从此以后，门阀士族的幸存者再也不能恢复社交网络，重新搭建起自己在长安的平台，只能维持生存。

905年，朱温在白马驿[6]杀死朝臣三十余人，并且投入黄河，幸存下来的门阀士族骨干也退出了历史舞台。

[1]（约836—910），唐末至五代前蜀诗人、词人。

[2]舍弃。

[3]宫殿名。唐代长安大明宫正殿。

[4]楼名。即唐玄宗于兴庆宫西南建花萼相辉之楼。

[5]古代记述氏族世系的书籍。

[6]在今河南滑县境内。

六

君以此兴，必以此亡，门阀士族依靠社交关系兴旺了九百年，最终又在时代的变迁中，因为社交网络断裂而消散。从表面上看，他们是败给了黄巢的屠刀，实际上，他们是败给了时代的进程。

门阀士族在晚唐的社交关系是寄生于朝廷的躯体之上，一荣俱荣，一损俱损。当社会秩序崩塌、平民崛起，他们再也不能像祖先一样，在乱世中重振家业。这就是历史的进程。

在唐朝立国时，他们的家族决定放弃故地、迁往长安时就已经决定了。而那时，他们还有别的选择吗？似乎没有。

太子：帝国备用君主

一

在中国历史上，太子是神圣的职业。他们一旦被册封为太子后，地位就仅次于皇帝，成为帝国的备用君主，而他的其他兄弟则依然是臣子。

不仅地位高，太子还拥有独立的官署，有朝廷大臣和学者做老师，还有一支小规模的军队，甚至在紧急情况下，太子还可以代理国政。放眼帝国，能有这种待遇的，除了皇帝，就是太子。

而太子的继承制度也很神圣。从周朝起，历代王朝都秉持“立嫡长子[1]”的原则，再不济也是有嫡立嫡、无嫡立长。什么意思呢？如果皇后生了儿子，那就一定要选年纪最大的做太子，不出意外的话，其他儿子是没有机会的。即便是司马衷这种地主家的傻儿子，也必须“赶鸭子上架”。

如果皇后没有儿子，或者都一一排除了，才能轮到皇帝的其他儿子。在“立嫡长子”的大原则下，一般情况可以保证皇位的顺利继承，但在原则之后，时刻有一股暗流汹涌的潜规则。

有时，潜规则才是决定性因素。

[1] 即正妻所生的长子。宗法社会称正妻为“嫡”。正妻所生子女为嫡生。

二

皇子们有共同的父亲，却有不同的母亲，如果想争太子位，各自的母亲就是重要的加分项。而母亲的背后则是家族势力。有没有母族势力的支持，往往可以改变太子宝座的归属。

“烽火戏诸侯”的周幽王[1]是周宣王的儿子，他的母亲是齐国的公主，而齐国的国君不是外公就是舅舅，因此有了强大的母族势力支持，他便顺利成为太子并继承王位。

可周幽王坐上王位之后忘记了初心。他的王后是申国公主，儿子姬宜臼（jiù）理应做太子，继承王位，这也是周朝的传统和国情。王后家族都等着将来沾光呢，周幽王却迷恋上美女褒姒。为了博取美人一笑，不惜玩了一把“烽火戏诸侯”，后来甚至废掉了王后和太子，册立褒姒和她的儿子。

申国国君一心想做天子的外公，族人也眼巴巴地盼着能分点红利，可如今都便宜了褒姒母子，竹篮打水一场空啊。不能忍，绝对不能忍。申国国君联合犬戎[2]一起攻入镐（hào）京[3]，在骊山脚下杀死周幽王，扶持外孙姬宜臼继承王位。从此开启了东周列国[4]的时代。

在帝制时代前期，君权尚未扩张到极致，诸侯依然拥有强大的实力。为了稳固政权，君王不得不和强大的诸侯进行捆绑。王后和太子正是其中重要的一环。这种潜规则在汉朝依然适用。

[1]（？—前771），西周末代国王。《史记》中记载，褒姒不爱笑，周幽王为引她发笑，就燃起烽火，召集各路诸侯前来救驾。褒姒看到诸侯们匆匆赶来被戏耍，感到很好笑，便大笑不止。后犬戎兵入侵，周幽王再燃烽火，诸侯也不来了，幽王于是被杀。

[2]古族名。游牧于今陕、甘一带，是殷周西边的劲敌。

[3]西周国都，在今陕西西安。

[4]（前770—前256），周平王东迁洛邑（今河南洛阳），建立的古代王朝。分为春秋、战国两个时期，后被秦所灭。

刘邦经常说："如意和我很类似，我想立如意做太子。"可刘如意真的能做太子吗？或者说能坐得稳吗？

刘如意的母亲是戚夫人，她只是一名普通的姬妾，没有家族势力。这对母子除了刘邦的宠爱，没有任何外力援助。想做皇后和太子，这些远远不够，因为他们的竞争对手是吕后和刘盈。

早在沛县，吕后就和萧何[1]、曹参[2]、夏侯婴[3]、周勃[4]等开国功臣关系匪浅，猛将樊哙（kuài）[5]更是她的亲妹夫。这些才是自己人。即便只论吕后的兄弟们，也都是位高权重的开国功臣，远远超过戚夫人的家族势力。如果刘如意做太子，继承皇位，将来势必要重用戚氏族人，打压吕氏和沛县功臣，毕竟一朝天子一朝臣。

史书上说，张良请来商山四皓[6]才保住刘盈。其实，刘邦不是怕商山四皓，因为他面对的是沛县功臣和吕氏的压力，这是他的基本盘，丝毫得罪不起。而这种局面，戚夫人又有什么资本去争？刘如意又有何资本做太子？

刘邦也不是在选太子，他是在两个儿子的母族势力之间做选择。其实根本不用考虑，他只能选择刘盈。这件事表面上说是嫡长子继位，其实是刘盈母族势力太强大。

直到三国时期，母族依然是太子宝座的决定性因素。《三国演义》中出现的刘琦、刘琮都是刘表[7]的原配所生。原配去世后，刘表才娶了荆州的蔡夫人。他能在荆州立足，和蔡氏家族这个地方大

[1]（？—前193），西汉初大臣。出身沛县小吏，秦末辅助刘邦起义，建立汉朝，封侯拜相。

[2]（？—前190），西汉初大臣。出身沛县狱吏。秦末随刘邦起义，屡立战功，后封侯拜相。

[3]（？—前172），西汉初大臣。出身沛县，秦末随刘邦起义，善以兵车冲锋陷阵，屡立战功，后封侯。

[4]（？—前169），西汉初大臣。出身沛县，秦末随刘邦起义，以军功封侯。

[5]（？—前189），西汉初将领。出身沛县，秦末随刘邦起义，后以功封侯。

[6]秦末汉初四位信奉黄老之学的博士：东园公唐秉、夏黄公崔广、绮里季吴实和甪（lù）里先生周术。后用来泛指有名望的隐士。

[7]（142—208），东汉末地方割据势力。汉献帝时为荆州牧，后曹操率军来攻，魏军未到，就病发身亡。

族的鼎力支持有莫大关系，迎娶蔡夫人也是为了加深利益捆绑。

刘琮很聪明，他娶了蔡夫人的侄女。这样一来，刘琮就成为蔡氏自己人，长子刘琦就是和蔡氏无关的外人。于是，刘表和蔡夫人、蔡氏家族一起立刘琮为接班人。刘琦呢，不得不向刘备和诸葛亮寻求帮助。

一直以来，刘表"废长立幼"都被看作败亡的征兆，可没有母族的支持，刘琦拿什么压服[1]蔡氏家族？用什么制衡荆州的其他士族呢？他手中根本没有几张牌。只有蔡氏支持的刘琮，才能坐稳大位。所谓的嫡子、长子都没什么用，关键时候还得有帮手才行。

[1]被迫服从；用强力制伏。

三

除了母族势力外，特殊时期的太子还要用实力说话。有些皇子离太子宝座十万八千里，却能依靠自身的实力让皇帝不得不立他做太子。这种事情在隋、唐比较盛行，比如李世民。

唐初政局，李渊的基本策略很简单，就是带着李建成、朝廷大臣和李世民相抗衡。虽然李建成和李世民是一母同胞，李渊也说过："老二啊，将来我一定会立你做太子，你要继续加油哦。"但那仅仅是口头承诺，李渊从来没有当真。

于是李世民憋足了劲，亲自打江山积累实力，

顺便收编了一大批谋臣武将。功勋只是夺取太子位的基本条件，苦心经营的势力才是决定性因素。

论地盘，李世民在洛阳收买人心很多年，洛阳早已是在野党的基本盘。李渊甚至说："不如去洛阳做二皇帝吧。"论人才，南征北战的大将、各路诸侯降臣、关东各地的官员基本上都被李世民笼络在手。论威望，无数官员都对李世民顶礼膜拜。

玄武门事变前，李世民让张亮带一千人去洛阳，结交山东豪杰以防不测，结果李元吉告密，张亮被抓到监狱了。可不管如何严刑拷打，张亮一个字都不说。

还有李建成、李元吉谋划暗杀李世民，东宫下属居然亲自跑到秦王府告密。这种局面下，李建成的太子位已经风雨飘摇了。

626年7月，李世民在玄武门狠心杀死兄弟。尉迟敬德冲进皇宫，名义上是保护李渊的安全，其实是在问："秦王想做太子，你愿意不愿意啊？"李渊还能怎么办呢？

李建成是名正言顺的皇位继承人，既是嫡子，又是长子，天下再也没有比他更符合规矩的太子了，可李世民硬生生走出一条血色登天路，可见名正言顺也需要手中有刀。如果不能保护自己，只能让位给持刀之人。当然，李世民并不孤单，他的曾孙李隆基同样不是嫡长子，照样凭借实力成为太子。

武则天去世后，大唐是一片乱糟糟的景象。继位的李显[1]没有治理国家的能力，反而是韦皇后[2]大

[1] 即唐中宗，唐朝皇帝。

[2] （？—710），李显皇后。

权在握。安乐公主[1]也想做皇太女，继承武则天的女权大业。这对母女居然把皇帝李显给毒杀了。可怜的李显，历史上著名的“六位帝皇丸[2]”，最终被一张大饼给毒死了。

乱世出英豪。冷眼旁观的李隆基以嫡系皇族的身份悄悄联络禁军将领，没多久就在禁军中组建了团队。710年，二十六岁的李隆基联合太平公主发动政变，诛杀韦皇后党羽，亲自扶持父亲李旦登上皇位。

李隆基在发动政变前，压根儿就没通知李旦，只是在事成之后才跟李旦说：“老爸，来当皇帝吧。”这种皇帝哪有什么地位，不是自己挣来的，终究不是自己的。李旦上朝时只有两句话：“太平公主是什么意见？三郎是什么意见？”如果二人没什么看法的话，照办就是。

按照嫡长子继承制，太子应该是李成器。可父亲的皇位都是弟弟夺回来的，自己只是沾了光，又有什么资格争抢太子位呢？于是，李成器自觉退出竞争。

李隆基理所当然地成为太子，三年后再次发动政变，把太平公主抓了起来。李旦央求儿子：“饶你姑姑一命吧，好不好？”李隆基大手一挥：“不。”太平公主卒。

明明只是皇族的边缘人物，却硬生生地在乱局中火中取栗，当太子、做皇帝，还能开创大唐盛世，太厉害了。这位皇帝啊，真是个狠人。

李世民和李隆基不靠母族势力，他们凭借能

[1]（684—710），李显与韦皇后之女。

[2]唐中宗的父亲是唐高宗李治，母亲是武则天，弟弟是唐睿宗李旦，儿子是唐殇帝李重茂，侄子是唐玄宗李隆基，因此被戏称为“六位帝皇丸”。

力积蓄实力，然后一举夺走太子宝座，最终登上皇位。这个过程的简略版[1]是隋炀帝杨广，增强版则是明成祖朱棣。朱棣这家伙已经不是争太子位了，而是直接发兵抢皇位。

但凡能在历史上完成此类壮举的，都是狠人，彼此在九泉之下相见，恐怕也会惺惺相惜，痛饮三大碗。

[1] 隋朝初期，隋文帝立长子杨勇为太子，但其喜奢靡、好色，渐渐不被文帝和独孤皇后所喜。加上次子杨广的刻意挑拨，最终文帝废长子，立次子杨广为太子。

四

当然，想做太子也不一定如此血腥，这个职业还有另一条潜规则——妥协。所谓妥协就是皇子竞争太激烈，皇帝不能偏袒某一方，只能选择一个朝野都能接受的第三者。而这个第三者属于躺赢，明明什么都没做，命运却决定让他做太子。唐高宗李治就是妥协的产物。

李世民的第一任太子是李承乾，他完全符合嫡长子的标准，况且母族势力也很强大，朝野上下都对李承乾寄予厚望。可李承乾的性格有点问题，俗话说就是不学好，在学校调皮捣蛋，回家也不听话，再加上腿不好，总觉得大家看不起他，心理有点问题。

642年，李承乾居然以父亲为榜样，勾结汉王李元昌、侯君集[2]等人夺权，想把李世民赶下台。这位仁兄真的傻，在李世民面前搞政变，纯属吃饱了撑的。幸运的是，虽然夺权计划失败，但他依然

[2]（？—643），唐初大将。

保住了性命，只是太子肯定是没法再做了。

此时的李世民最喜欢嫡次子李泰，这孩子文采风流、聪慧绝伦，年纪轻轻就主持编撰了《括地志》[1]，众皇子中他最得宠。李泰是个大胖子，可李世民担心的不是高血压、高血脂，而是这孩子上朝时不方便，于是送了他一顶轿子，这够溺爱了吧。

[1] 书名。唐地理著作。李泰主修，萧德言等撰。

李承乾被废后，李泰感觉机会来了，他对李世民说："如果让我做太子，我一定会杀掉儿子，把皇位传给李治。"他这么说是想传递兄友弟恭的信息，以此来安慰李世民的心灵创伤。可李世民是什么人？自己就是亲手杀死兄弟才上位的，对于兄弟、父子的感情顺序，没人比他体会得更明白。李泰说杀子传弟，骗鬼去吧。最宠爱的儿子，终究靠不住。

长孙皇后的三个儿子中，只剩下年纪最小的李治了。这孩子从来不争不抢，表现得最没有心机，要不就他吧。李治做太子，大家都能接受。

首先，他是李世民的嫡子，在法理上也能说得通，可以堵住天下人的悠悠之口。

其次，他是长孙无忌的外甥。长孙无忌不仅是母族势力，而且是开国功臣的代言人，只要得到他的认可，就能在朝堂上站稳脚跟。

最后是李世民能接受。他一辈子杀伐果决，又在玄武门杀兄逼父，一辈子打下万里江山，内心最缺乏的却是家族亲情。

李承乾发动政变谋反，李泰为了太子位不惜

诋毁兄弟，甚至还承诺杀掉儿子[1]，无疑是在李世民的伤口上再捅一刀。此时的李世民最需要的是温情和孝顺。虽然李治懦弱，但李世民没有更好的选择，只能册立李治为太子，将来继承大唐皇位。李承乾和李泰争斗多年，最终却便宜了李治。

[1] 指的是李泰为争取太子之位，向唐太宗李世民承诺杀掉自己的儿子，以后传位给弟弟。

五

在帝制时代，太子是利益争夺的焦点。除了表面上的嫡长子继承制，暗流汹涌下的潜规则其实也有迹可循。强大的母族、自身实力、妥协机会，这三项基本条件符合的条数越多，越有机会做太子，将来保住皇位的机会也越大。

姬宜臼、刘盈、刘琮只有母族势力，自身实力并不强，最终都沦为母族操控的玩物，结局都不太好。李世民则是三条尽占。他的母亲出身于关陇门阀的核心家族，这条关系对于获得关陇门阀的支持至关重要。自身实力就不必说了。至于妥协机会，李世民杀掉兄弟后，他还有其他竞争对手吗？没了。而李治、李隆基各只占了两条。

话说回来，太子其实是一个危险职业。能当上太子很难，想保住太子位更难。表现优秀的，皇帝不放心；表现不好的，能力不行，皇帝和大臣更不放心，这太难了。

这种事情其实也得看机缘，得到了就好好做，得不到也不强求。康熙皇帝的儿子们争了一辈子，

大部分都落得幽禁而死，荣华富贵如水东流。李成器知道争不过李隆基，果断放弃，反而终生荣宠不断，每年过生日时，李隆基都要亲自到府里庆贺；宫里有什么好东西，也总有一份给李成器。他不仅生前受封宁王，死后还得到“让皇帝”的谥号。这么一对比，还挺有意思。如人饮水，冷暖自知吧。

▲唐高祖李渊像

历史周期律：什么才是普通人最好的时代

一

后世称朱瞻基[1]为太平天子，“仁宣之治”也是堪比“文景之治”的治世。这时的明朝，外没有强大的敌人，内没有农民起义，经济发展也处于平稳的上升期，皇帝和大臣只须垂拱而治[2]，盛世就会如期到来。老百姓也没有太多糟心事，可以安心做一枚螺丝钉。

总体来说，朱瞻基的时代正处于上升期，不仅没有王朝草创时期的穷困，也没有王朝末期的绝望无助。由于经济和社会没有饱和，更没有盛世危机。这就是每个王朝最好的时代。

在历史周期律中，很多大一统的王朝都会出现这样的时期，比如汉朝的文景之治，唐朝的高宗、武则天时代，宋朝的真宗、仁宗时期，明朝朱瞻基的宣德年间。能生活在此时的人们，基本是老天爷赏饭吃，可遇而不可求。王朝起步和没落期，都是苦日子。

[1] 即明宣宗，明朝皇帝。明仁宗朱高炽之子，明成祖朱棣之孙。年号宣德。与父亲仁宗共同开创“仁宣之治”。

[2] 指无为而治。

二

在历史周期律中，每个王朝的初期都很艰苦。由于多年的战争破坏，中原大地几乎是一穷二白，开国君臣需要在一张白纸上动笔作画。虽然战争缓解了土地危机，形成人少地多的局面，朝廷和臣民的危机不是特别大，但是真的穷啊。

刘邦贵为皇帝，居然连颜色一样的马都凑不出来；萧何和曹参居然要坐牛车上朝，可想而知，民间有多苦。

李世民登基后南征北战，但是老百姓也很穷困，生活质量不如隋炀帝初年。明朝也一样。朱元璋接手的更是烂摊子，不仅臣民没有归属感，而且南、北都有强大的敌人时刻威胁明朝。朱元璋要做的事很多，击北元、平西南、定制度、发展教育、丈量土地、统计人口，到晚年还得操心太子的事，不得不再次掀起蓝玉案[1]。严峻的形势，硬生生把贫民朱元璋逼成了劳模。皇帝都累成这样，更别说老百姓了。

勤俭节约是王朝初期的特质，干什么都精打细算的，舍不得花钱，也不讲究吃穿，一切以积累为主。只有家家有余粮，账户上多几个零，才能形成大规模的商业繁荣，进一步刺激消费。缩小到个人，则是从吃饱到吃好，穿暖到穿得漂亮，然后奢侈品、房地产等才能逐渐兴起。

这种环境类似于我们的祖辈和父辈，平生没

[1] 明初三大案之一。蓝玉是明初开国名将，居功自傲，骄横跋扈，洪武二十六年（1393年），被明太祖朱元璋以借谋反罪诛杀，牵连甚广。

什么爱好，只喜欢存钱、存粮食、囤白菜，凡是能积累的东西，都要留一点。不是他们不懂得享受生活，实在是生存环境不允许，不存点东西，不知道什么时候就要喝西北风。

他们的使命就是积累和打基础。他们唯一的目标是过上好日子，可他们的好日子只能留给儿孙去完成，自己几乎看不到希望。

王朝初期是牛人的好时代，不是普通人的好时代。

三

那盛世也不好吗？好当然是好，只是烦恼也很多。唐朝的开元盛世[1]，人民的物质生活极大地丰富，上至皇帝，下至百姓，都生活得很好。他们心中极其骄傲，一股大国气象扑面而来。仅国内生活好是不够的，还得万国来朝、睥睨四方，才配得上无双盛世。

北宋没有唐朝的国际地位，但富裕程度远远超越唐朝，经过一百六十年的积累，宋徽宗时代达到“丰亨豫大[2]”的程度。可盛世正处于抛物线的顶端，辉煌之后必然是衰落。

安史之乱埋葬了长安的繁华，公卿贵戚流离失所，百姓惶惶如丧家之犬。靖康之变终结了北宋，人口百万的汴梁在金兵的屠刀下犹如人间地狱。遥远的北国，一场“牵羊礼”明确告诉徽、钦二帝：

[1] 即唐玄宗李隆基在位早期开创的治世局面。杜甫曾有诗描述这一时期的繁盛：“忆昔开元全盛日，小邑犹藏万家室。稻米流脂粟米白，公私仓廪俱丰实。”

[2] 出自《周易》，形容富足兴盛的太平安乐景象。

“你们都是失败者。”

汉朝的盛世虽然没有这么惨，但汉武帝晚年海内穷困，户口减半，当时百姓的生活也很凄惨。在明朝，盛世应该是英宗朱祁镇[1]到武宗朱厚照[2]之间。由于明朝没有大规模开疆拓土，所以盛世不太明显，从嘉靖帝[3]起就已经走上末路了。

所以相对于普通人来说，盛世也并不完美。

那些既得利益者已经形成规模，基本垄断了可见的资源。由于古代没有科技创新，平民百姓的上升渠道已经被堵死。一层天然的隔膜，让权贵、士绅、贫民成为老死不相见的群体。不出意外，阶层固化将永远存在下去。

土地兼并盛行，很多人连饭碗都保不住。存量市场[4]的激烈竞争，出现“笑贫不笑娼”的观念，纸醉金迷的奢侈风气盛行。很多男人为了发家致富而不择手段，很多女人为了嫁得好而费尽心机，大家都一致向钱看。

普通人建不起房、娶不起老婆的比比皆是。类似的场景，在杜甫手中化为不朽的诗句：“朱门酒肉臭，路有冻死骨。”盛世王朝已经处于两极分化初期，旱的旱死，涝的涝死。这条路径再往下走，便是乱世的到来。

[1]（1427—1464），明朝皇帝。曾在土木堡之变后被瓦剌俘虏，其弟朱祁钰即位，后平安返回，发动夺门之变，再次登基为帝。

[2]（1491—1521），明朝皇帝。年号正德。

[3]即明世宗朱厚熜（1507—1567），明朝皇帝。年号嘉靖。

[4]指已经被发现、被开发的市场。与“增量市场”相对，增量市场指尚未被抢占的市场。

四

上升期的时代为什么最好呢？因为有希望。经

过朱元璋的不懈努力，明朝的一系列制度基本定下基调，以后的君臣只要不出大错，江山保几百年没问题。

财政税收和地方管理方面，有统计土地和人口的鱼鳞册[1]和黄册[2]，保证税收源源不断地输入朝廷。军事有卫所制，平时种田，战时打仗，养兵百万而不用朝廷花一分钱。

有能力威胁朝廷的功臣早已被杀，只有最核心功臣的子孙，再加上靖难功臣作为皇权的基本盘。而地方官吏也经过整顿，效率出奇地高。

那外部呢？

朱棣五次出塞征讨蒙古，强大的蒙古帝国终于退化成游牧部落，再也不能形成强大的战斗力。郑和下西洋，把大明朝的威名远播海外，万国来朝也出现了。再加上疏通河道、编撰《永乐大典》……大仗都被祖宗打了，小仗有文武打手，君臣按时打卡上班，做点力所能及的事就好，朱瞻基躺着就赢了。

同样的道理，唐高宗李治、宋仁宗赵祯、清高宗乾隆都是这样的。

最重要的是，国家发展依然处于增量。此时距离开国不远，土地还没有被瓜分干净，人口增长也没有达到承载极限，每年都能看到经济指标向上涨，所有人都能上车分果子。这时，开国雄主的余威还在，官吏不敢过分踩踏红线，社会风气也有勤俭节约的意思，纯粹的纸醉金迷还没有普及。

虽然沙场老将凋零，但军队的战斗力保存了下

[1] 中国古代为征派赋役而编造的土地登记簿册。因所绘田亩挨次排列，状如鱼鳞而得名。

[2] 明清为征派赋役编造的户口簿册。

来，一些微小的边境冲突，派些军队就足以搞定。老百姓的生活也很好。他们可以真实感受到，好日子已经来临了，并且每天都在变得更好，抬头看未来，一片光明，他们挥舞锄头更用力了。

在王朝的上升期，所有人都胸怀盛世梦，齐心协力地向前奔去。他们坚信日子会越来越好。虽然老百姓也能感受到上升通道在收缩，偶尔也会焦虑，但他们不会绝望，因为留下的狭窄缝隙足以让一大批人通过。实在不行就开荒种地，希望还是有的。

此时的大明朝，没有人觉得要完，只会越来越好，越来越强大，不久后，它将位于抛物线的顶端。所以我觉得，这样的时代才是最好的。好就好在留有余地。虽然没有处于盛世，但也算摸到盛世的边了，同时还保留了开国初期的质朴与刚健。

不多不少，刚刚好。

八旗：清朝兴亡的密码

一

电视剧《走向共和》中有句台词：“我大清自有国情在此。”后来，这句话也被玩坏了，什么东西都往里套，成了任人打扮的小姑娘。

其实，清朝最大的国情就是八旗。1601年，努尔哈赤的造反事业已经小有成就。为了管理麾下的众多人口，努尔哈赤参照祖先的猛安谋克制[1]，以三百人为一牛录，五牛录为一甲喇，五甲喇为一固山，把满人整编起来。

[1] 金朝女真族部落与军事组织制度。

固山就是旗，分别以黄、红、蓝、白为标志。每个旗都是政治、经济、军事的结合体，平时组织人民群众生产物资，战时抽调男丁出征。旗主都是努尔哈赤的亲戚。

1615年，努尔哈赤的事业大幅度扩张，麾下军队已经有五六万，人口也有数十万，原本的四旗正式扩编为八旗，四个纯色旗，四个镶边旗。几乎所有的满洲人口、军队、财富都被八旗囊括。也就是说，八旗相当于满洲的国家制度，和中原的郡县制差不多。

努尔哈赤颇有民主精神，他怕子孙不够英明神武，会利用强大的领袖权力祸国殃民，于是就把权力分给八旗主。

比如选举：每个接班人都必须从旗主中选举产生，一旦不能让大家满意，八个人开会投票就能把大汗选下去。

比如财富：每当有战利品缴获，都会平均分成八份，每个旗主各领一份，回去以后再分给手下人。国家需要用钱时，也是八旗分摊。

努尔哈赤的八旗其实就是分封制。每个旗主都有绝对的权力，旗内的军队、官员也把旗主视为君王。他们首先忠于旗主，然后追随旗主效忠大汗或皇帝，一旦旗主想煽动政变，旗员也只能追随……

不过，努尔哈赤的美好幻想一天都没有实现过。从他去世起，旗主就开始争夺大位。他的八子皇太极[1]征战多年，身兼两黄旗的主子，依靠强大的实力把其他人制得服服帖帖。等他去世后，多尔衮、多铎[2]、豪格[3]、济尔哈郎[4]等人又来抢位子。直到1644年，多尔衮带着八旗入关争天下，巨大的成就和名望让他的正白旗实力大涨，成为八旗中的大哥。他把正蓝旗降入下五旗，升正白旗入上三旗。后来多尔衮去世，顺治皇帝[5]夺走“上三旗”的统治权，而我们熟悉的八旗也基本定型。

[1] 即清太宗（1592—1643），清朝皇帝。努尔哈赤死后，继承后金汗位。

[2] 努尔哈赤第十五子。正白旗主。

[3] 皇太极长子。正蓝旗主。

[4] 努尔哈赤之侄。镶蓝旗主。顺治帝即位后与多尔衮一起辅政。

[5] 即爱新觉罗·福临（1638—1661），清朝皇帝。皇太极第九子。年号顺治。

二

清朝能够定鼎江山，几乎都是八旗的功劳。八旗的组织方式，远远超过草率的明末各路诸侯。那些最早投降的汉人，可以编入汉军旗。这样一来，清朝可以把投降的汉人消化在内部。通过编牛录、赏爵位等方式，逐渐把所有力量凝聚在一起。因为八旗的组织方式可以聚集一切资源，多尔衮才能“空国而来”，在山海关迎战李自成。

汉人太多，消化不完怎么办？简单。清朝额外设立绿色旗帜，授予大规模投降的汉人军队，统称为“绿营”。八旗和绿营就是清朝的支柱。这种对资源的组织、调配方式，李自成怎么能比得了？至于南明的江北四镇[1]和左良玉[2]之流，都是纯粹的军阀，更没法比。清朝能统一江山，真不是偶然。

那么满洲人口少，汉人为什么要投降呢？不是汉人骨头软，是真的打不过啊。汉军旗和绿营都是独立的个体，除了八旗，没有组织能够把他们凝聚起来。一旦汉人“反清复明”，就变成小个体面对整个八旗，而且朝廷可以对汉军旗进行分化瓦解，让他们联合不起来。内外敌人，都被八旗的车轮碾压。

在和李定国[3]、郑成功打仗时，八旗都不需要亲自上阵，冲锋在前的往往是汉军旗和绿营，满洲八旗的任务是督战。用团结的八旗坐镇大营，一方面督促汉军出战，另一方面防止汉军造反，这种方

[1] 南明弘光政权（福王朱由崧为帝，都南京，年号弘光）在长江以北建立的四个军区。

[2] （1599—1645），明末将领。起初在辽东抗清，后手中军队扩大，于是拥兵自重，卷入了南明东林党和阉党的党争中。

[3] （1621—1662），明清之际农民起义军将领。为张献忠义子，明亡后转入广西、云南等地，一直坚持抗清。

式和蒙古人如出一辙，再加上军阀“能捞钱就不打仗”的本色，清朝迅速坐拥天下。

三

八旗在清朝是什么地位？国中之国。

清朝初年，朝廷派八旗到省会、要害处驻防，形成一股遍布天下的监督力量。他们在城市中划出一块地方，不允许汉人出入，专供满人居住，叫作“满城”。再加上“跑马圈地[1]”和抢劫杀戮，八旗迅速建起赫赫凶名，还顺便积累了大量的土地和财富。

八旗是政治、经济、军事合一的组织，那么全国的满城、旗人、土地、财富的分配权，最终都集中在了旗主之手，然后再集中于皇帝。

而满洲传统又有奴隶制的余温。理论上来说，所有满人都是皇帝的奴隶，皇帝对八旗内的一切都有处置权，于是就形成了这样一种局面：皇帝通过对八旗的改造树立绝对权力，然后又把中原的财富、土地、人口纳入八旗之中，让其无限地膨胀，最后皇帝通过八旗来统治全国。

涣散的汉人在八旗面前无能为力，但同时又让满洲八旗充满危机感。满汉互相制约，达成一种微妙的平衡。强大的八旗也给予皇帝登峰造极的权力。于是，满洲旗人匍匐在皇帝脚下口称奴才，汉人大臣在朝堂战战兢兢两百年，文字狱也搞得热火

[1] 清初满族统治阶级用强制手段掠夺土地的一种方式。统治者为解决入关的八旗官兵生计，下圈地令，八旗官兵往往骑马携绳在荒原上奔跑，跑过的地方便由皇帝赏赐给他们。

朝天。

明朝的正德皇帝出北京都要被骂，万历皇帝更是一辈子蜗居在皇宫。在清朝，这些都是不存在的。康熙爷带着军队全国跑，经常微服私访。乾隆爷六下江南，花费了无数银子，赏了大明湖[1]畔的旖旎风光，非但没有留下骂名，还莫名其妙地成了无数小吃的代言人。这些事放在其他王朝，想都不敢想。

[1] 在山东省济南市市区。

在清朝前两年里，皇帝是八旗的主子，然后才是君王；清朝是满洲的天下，然后才是中原的王朝，所以，清朝的结构相当于把八旗的模板镶嵌在了中原的框架内。

四

康熙末年的“九子夺嫡[2]”让八旗元气大伤。雍正[3]胜出后，曾经的伤心往事让他心有余悸。为什么皇子能迅速集结起小团体？原因依然在于八旗的祖制。努尔哈赤留下的分封制，让八旗旗主共同治国，也让旗内各级官员拥有巨大的权力。皇太极能做的，只是用武力制服其他人，顺便把旗主替换为儿子和亲信，于是旗主世袭制被打破了。

[2] 康熙晚年九位皇子参与争夺储位，互相攻讦，骨肉相残的历史事件。

[3] 即爱新觉罗·胤禛（1678—1735），清朝皇帝。康熙皇帝第四子。年号雍正。

到顺治、康熙时期，皇帝逐渐拥有旗主和官员的任命权，但也只是任命而已，祖制的惯例依旧。在旗人的潜意识中，旗主依然是主子，为主子卖命是天经地义的事情。

旗主往往由皇族担任。康熙的皇子中，有的是亲自担任旗主，有的是旗内官员投靠，他们纷纷组建团队争夺皇位，闹得沸沸扬扬。

雍正上位后发动改革。他发布一系列命令，断绝旗员和旗主之间的隶属关系，并把八旗人事大权收为己有，然后以中原儒学为理论，对抗满洲传统。从此以后，八旗不再拥有独立势力，而是成为管理满人的八个部门。也就是说，分封制进化成了郡县制。

可能是当年受伤很深，雍正对八旗有了一点抵触心理，于是他又提升了汉臣在朝中的地位，用汉臣来制衡满洲八旗。汉臣领袖张廷玉[1]，曾经被许诺可以配享太庙。

[1]（1672—1755），清朝大臣，汉族。康雍乾三朝老臣，深受信重。

在雍正年间，汉臣的地位大幅度提高，可这也伤害了八旗的利益。江山是八旗的，汉臣凭什么分蛋糕？所以，乾隆一辈子都在号召旗人：“不要忘记传统啊，要保持旗人的独立性啊，不要和汉人同流合污啊。”他的目的，就是维持八旗国中之国的地位。

可一旦大力号召某件事，恰恰说明这也是目前最缺乏的。

八旗的力量来源于独立和团结。独立可以聚集资源，团结则可以碾压分散的敌人。而清朝历代皇帝对八旗的改革，集大成于雍正之手。没有武力和财力的支持，旗主的独立性被废除，余下的只是一个部门官职而已。唯一具有独立性的，只有皇帝和上三旗。这也是乾隆时代君权强大的根源。

可八旗一旦失去独立性，成为满洲的八个部门，这和汉人的三省六部又有什么区别呢？从人口和质量来说，八旗没有丝毫竞争力，被汉人吞噬只是迟早的事。乾隆盛世，已经是八旗没落的余晖。

五

1851年，洪秀全在金田起义。由于广西穷困又有土客之争，太平军不能立足，于是他一路转战湖南、安徽，两年后攻破南京，建立太平天国。

此时，八旗入关已经两百多年。多年的养尊处优，让八旗子弟早已丧失战斗力。可以聚集优势资源的八旗制度，也在改革中丧失了活力。八旗已经不能灵活地调动人口和财富，也没有多余的空间去招降纳叛。军队腐化，使之完全没有实力充当督战队。历史的惯性，终于让他们迎来当头棒喝。

在太平军的刀锋之下，八旗和绿营纷纷落荒而逃。朝廷不得不下放权力，让大臣和士绅组建团练[1]，对抗太平军。

1853年，曾国藩在湖南组建湘军，拉开近代军阀的大幕，也为清朝灭亡吹响号角。十一年后，湘军攻破南京，太平天国灭亡。

虽然在慈禧太后的压迫下，曾国藩把大部分湘军解散，但依然培养出了李鸿章、左宗棠、郭嵩焘[2]、彭玉麟[3]等一大批名臣。他们出任总督、巡抚，足足有四十多人。这些名臣成为晚清舞台上的

[1] 旧时地方官绅编练的武装。

[2] （1818—1891），清末外交官。

[3] （1816—1890），清末湘军将领。

主角。而由湘军分化出来的淮军、楚军以及北洋新军，成为清朝的正规军，也是朝廷统治的支柱。

曾经的八旗呢？他们早已放下屠刀，立地成佛，在街头提笼架鸟，享受美好人生。八旗的国中之国依然盘踞，但它和清朝一样，已经残破得千疮百孔，只需要一阵风，就会散落一地。

国中之国以外，新秩序正在建立。

曾国藩、李鸿章兴起洋务运动，借用外国的机器和科技，在晚清积累了庞大的财富，也成为汉臣的聚宝盆。后来，出国留学也风起云涌，汉人学子漂洋过海，到德国、英国、美国等发达国家，学习陆军、海军、工商等新技能，汉族人才库日益强壮，他们不断蚕食八旗领地，逐渐组建了新王国。

1867年，曾国藩和幕僚赵烈文聊天。曾国藩说："现在京城中治安很差，明火执仗[1]的抢劫案件经常发生，遍地都是乞丐，民穷财尽，可能有大事发生啊。"赵烈文淡定地分析："天下合久必分，但清朝皇权极重……我估计，将来肯定是中枢先烂，然后各地无主，形成军阀割据的局面。"

辛亥革命[2]之后可不就是如此嘛。清朝依靠八旗得天下，八旗被阉割后，清朝的根基也就丧失殆尽。可八旗的强势威胁到皇权时，皇太极、雍正的改革也势在必行，因为他们都没有选择。

[1] 比喻公开抢劫或毫无顾忌地干坏事。

[2] 1911年爆发的反帝反封建的资产阶级民主主义革命运动。1911年10月10日，孙中山建立的同盟会在湖北武昌发动起义，成立湖北军政府，各省迅速响应，宣布独立，清政府早中国的统治瓦解。1912年2月，清帝下诏退位，清朝统治结束，中国两千年的封建君主制度至此终结。

秦始皇：为什么焚书坑儒

一

公元前221年，秦统一全国。面对亘古未有的大一统江山，秦始皇建立了全新的制度。

为了体现宏伟的功业，他以“皇帝”取代“秦王”，自称“始皇帝”，并且废除谥（shì）法[1]，不允许后人评论皇帝，后世子孙以二世、三世为皇帝称号。

五德[2]轮回中，秦国属于水德，水属黑，数字六属水，因而秦始皇让所有官员都穿黑色衣服，城墙上悬挂黑色旗帜，物品规格以“六”为标准——六寸冠、六尺道路、六匹马拉车。一切都是新的，一切都需要和旧时代切割。

其他人没有如此宏大的气魄，他们觉得某些旧时代的东西有必要保留。丞相王绾说：“燕、齐、楚国太远了，不如分封藩王吧。”王绾的建议得到了很多人的附和。因为秦国实在太特别了，一点儿都不符合成功学的标准，从来没有人这么做过，到底能不能成功，他们心里也没底。

秦始皇的本意是不分封，但是大臣的意见如此

[1] 中国古代帝、后及大臣死后，按其生平事迹评定称号（谥号）的制度。始于周代，秦代废，汉代复行，历代因袭至清。帝王之谥由礼官议上，臣下之谥由朝廷赐予。谥分美恶，每字皆有一定含义。

[2] 古代阴阳家把金、木、水、火、土五行看成五德，认为历代王朝各代表一德，按照五行相克或相生的顺序，交互更替，周而复始。

统一，自己总不能亲自下场和官员对骂吧，就让大臣讨论一下。大臣们纷纷称赞王绾，只有一个人例外，他就是廷尉李斯[1]。

李斯说："周朝倒是分封子弟，可是血脉关系疏远后照样打仗，也没什么用。如今好不容易统一，要不就算了吧。"

秦始皇等的就是这句话，于是，他马上站出来说："李斯说得对，我们不要分封。"一锤定音。

这件事表面上看起来很简单，似乎只是君臣之间的一次开会讨论。实际上，这件事透露出一个问题：很多大臣不认同以法家为主导的新制度，反而认同旧时代的旧制度。换句话说，他们并不认同秦始皇的变革。

这个问题看起来并不严重，秦始皇和李斯已经摆平了。可平静的湖面之下依然暗流汹涌，并且在某种程度上，秦帝国也因此而分裂。其实后面的很多事情，都与此有关。

[1]（？—前208），秦大臣。对秦始皇统一六国起了较大作用，秦统一后任丞相。秦始皇死后，他与赵高合谋篡改遗诏，迫令秦始皇长子扶苏自杀，立少子胡亥为二世皇帝。后为赵高所陷害，被腰斩于市。著有《谏逐客书》。

二

公元前213年，暗流涌现。秦始皇在咸阳宫大摆宴席，请朝廷大臣吃饭。大家吃好喝好，玩得很开心。仆射（yè）[2]周青臣称赞道："秦国当年又穷又弱，还是陛下厉害，带领我们打败关东诸侯，才有了富强的秦国，为陛下庆贺。"

秦始皇仰天长笑，脸上的皱纹掩饰不住内心的

[2]官名。起于秦代，依所领职事为称号，意为其首长。东汉后职权渐重，同丞相、宰相。

得意。博士[1]淳于越却出来唱反调："当年的周朝有诸侯国作为帮手，陛下的儿子却是匹夫，如果有大臣谋反，该怎么办呢？"

还是开国时的议题，大家都没有忘记，只要有机会，他们就会谋求表达自己的主张。那么，秦始皇对这个议题是什么心理呢？

我们不妨分析一下。自从商鞅变法之后，秦国就没有实封[2]的说法，而是力求大权集中于朝廷，充分调动资源来兼并诸侯。这是一种法家思潮，有存在的基础和必要。秦始皇就是朝廷集权的支持者，他想把这套模式运用到天下，建立一个与众不同的新帝国。

新帝国不仅统一土地，也统一了文字、度量衡[3]、道路，让天下的文化、贸易、交流都没有任何障碍。软件和硬件都得到统一，才叫大一统。而且没有诸侯国的存在，连百年后的潜在隐患都消除了。

这么好的事情，为什么很多人不理解？秦始皇想不通。那时他已经四十七岁了，在那个年代属于快要正常死亡的年龄，眼看时间不多了，自己毕生理想却依然不能实现。如果把收尾工程交给下一代，他们能行吗？秦始皇不由得有些焦虑。他想在有生之年让理想落地，再不济也得打好基础，让下一代沿着他的道路前进。如果重新回到旧时代的老路上，他认为自己就是历史罪人。

秦始皇的格局很大，他已经看清了时代的走向。他知道以后是大一统的时代，过去的分封已经

[1] 官名。秦及汉初，博士的职责主要是掌管图书，通古今，以备顾问。西汉武帝后专掌经学传授。

[2] 受封者可以实际占有土地和人口的封爵制度。周朝分封制下各诸侯国皆为实封，秦以后历代虽也有分封，但大多为虚封，只享有封号、俸禄和特权，而无土地和人口。

[3] 计量长短、容积、轻重的统称。度是计量长短，量是计量容积，衡是计量轻重。

落伍。在地广人稀的周朝，诸侯国可以安分几百年，可人口繁盛的秦帝国，他们又能安分几年？

更何况，希望分封的人有私心。他们要求分封只是借口，是用来撕开法家大一统铁幕[1]的借口，其真实目的是通过分封制引入儒家，重新改造秦帝国。而经过改造的秦帝国，只会是周朝的翻版。什么变法、耕战、统一……全部都将成为镜花水月，春秋战国的一切探索，都将变得毫无意义，秦国战士的鲜血也白流了。

所以分封事小，背后的图谋甚大。这是两条路线的斗争。或许淳于越、王绾根本没有这种心思，他们只是觉得新物种太陌生，想遵循历史惯性而已。可秦始皇推断出日后的变化，他绝不允许有人开历史倒车。那就趁自己的身体还可以，用最后的时间做最后的搏斗吧。

三

和秦始皇一起战斗的依然是李斯。那时，他已经成为丞相。他站出来反驳淳于越，说陛下创建大业不是你们能理解的，再说三皇五帝是很多年前的事了，根本没有可比性。时移世易，什么年代做什么事。如今的学者都喜欢厚古薄今，让老百姓无所适从，一定要禁止，不能让他们妄议朝政。我建议，除了《秦记》[2]，其他诸侯国的史书都烧掉，不是专门的学者，也绝不允许私藏诗书，只留下医

[1] 比喻政治上的严密控制和独裁统治。

[2] 记录秦国历史的书。

学和种地、植树等的技术类书籍。

秦始皇说："照办。"这就是焚书事件。

皇帝和丞相亲自下场，进行了一场文化清理运动，他们希望在文化领域也能实现大一统。

他们只留下秦国史书，其他的诸子百家和诗书，只能在咸阳图书馆存一套，民间好好生产就行。站在秦始皇和李斯的立场，可以理解。

如果不消除人们心中分裂的种子，大一统始终流于表面，只要有合适的机会，帝国就将重新面临分裂的危险。而学者妄议朝政，则会消解朝廷的声音。民间百姓的文化水平不高，不可能看清时代的转折点，他们只关心自己的一亩三分地。但是一旦学者用利益煽风点火，百姓很可能就会站在朝廷的对立面。

为了朝廷大计，他们只能让学者闭嘴。不仅不允许乱说话，连书都不能看，这样一来就彻底消除了文化界的不安定因素，等下一代人成长起来，帝国的新制度就落地了。

如果百姓想学习法令，也要以吏为师[1]。他们学习法令之后，可以帮助官府治理地方，也可以成为干部队伍的后备军，大大扩充帝国的执政基础。

[1] 以官吏为老师学习法令。

这些就是秦始皇和李斯的想法。谈不上好，也谈不上坏，只是在特定的历史进程中，他们做出的选择。

当然，天下的书也不是都烧了。所有经典书籍都在咸阳有备份，只是随着项羽焚烧咸阳，那些书籍也全部付之一炬。“大火三月不熄”，空气中飘荡着一股竹简味儿。

四

在帝制国家中，有一个特点是家国一体，朕即天下，天下即朕。

由于权力集中于皇帝，导致皇帝的一举一动都会对帝国产生影响，不论歌颂或者批评，凡是涉及皇帝，就会涉及全国。

周朝不是这样的。周朝是分封制，诸侯国之下又有拥有城池的士大夫。如果百姓不满意，只会反对士大夫，根本不会找国君的麻烦。士大夫有意见，才会向国君申诉。这样的层级管理，让周天子高高坐在王座上，既不用管天下事，天下也没人理他。“我的附庸的附庸，不是我的附庸[1]”，所有的麻烦，都在士大夫的层级消化。

[1] 大意为：上级只管辖自己的下级，但不需要管辖自己下级的下级。下级只认定自己的直接上级，和自己上级的上级没有上下级关系。

可秦帝国不一样。所有的官员都是秦始皇派出去的，那么闯祸之后，当然是秦始皇来扛。

如果秦始皇做错事情，直接受批评的也是他。但皇帝不能被批评。由于大权在握，皇帝就是国家的形象代言人，如果皇帝受到批评，岂不是国家也有问题？

家国一体，需要皇帝成为圣人。秦始皇是圣人，也是人。他希望能够长生不死，于是就让术士炼仙丹、找仙药，为此耗费了大量人力、物力。可找了很多年，依然没有找到。

这件事本来就不可信，术士只是编故事向秦始皇骗取财富和地位，眼看谎言要被戳破，有两个术士就跑了。他们在逃跑之前还吐槽："始皇帝太过分了，大权独揽不给别人机会，这样的人怎么配长生呢？"这就属于不但骗秦始皇的钱，还骂秦始皇是傻子。

事情传到秦始皇的耳中，他顿时感觉自己被人羞辱了。他说了一句话："今乃诽谤我，以重吾不德也。[1]"这句话才是秦始皇的心声，你仔细品。他心疼的不是钱，而是被术士诽谤，让自己的名声受损。皇帝无德，那秦帝国算什么？时间久了，人心就会动摇。

于是，秦始皇派人审核咸阳的"诸生"，包括术士、学者、学生等，最后查出诽谤过皇帝的有四百六十多人。为了惩戒后世，他们被坑杀于咸阳。所谓的"坑儒"不是坑杀儒生，而是诽谤秦始皇的人，其内核则是家国一体的帝制禁脔（luán）[2]，焚书坑儒是秦始皇维护大一统的手段。

[1] 大意为：如今诽谤我，企图以此加重我的无德。

[2] 晋元帝即位前，镇守建业，当时财用不足，每得一猪，视为珍膳。猪的项上肉味美，部下于是把这部分肉献给晋元帝，不敢自吃，称为"禁脔"。后比喻不许别人染指的独占物。

五

秦始皇怎么都不会想到，寄予厚望的长子扶苏，居然也是另一条路线的人。本来希望下一代能够坚定地走下去，等到成长于新时代的年轻人成为主流，也就没有人会怀念战国诸侯的年代。可接班人被“和平演变”了。扶苏说：“诸生都是孔子的门徒，陛下却严惩，天下人怎么会安心呢？”

扶苏不知道老父亲要干什么，于是他被派往上郡，做蒙恬的监军。从此以后，扶苏就不再是帝国的接班人，而是失去宠爱的皇子。

新的接班人在两年后出现。那年，五十岁的秦始皇出巡，丞相李斯陪同，少子胡亥[1]也想出去见见世面，秦始皇答应了。

既然可以跟随在父亲身边，可能平时也颇受宠爱，不然的话，也不可能在秦始皇面前撒娇。

胡亥希望跟着父亲见见世面，或许秦始皇也在刻意培养胡亥。他有那么多儿子，为什么宠爱胡亥？因为胡亥的学历和专业。胡亥是跟随赵高[2]学习狱法的，相当于法律专业中的监狱法，属于秦国最根正苗红的专业。

一般来说，学生不会违反本专业的知识。即便别人再怎么吐槽，那也是自己的“亲娘”，只能自己骂，不能别人说。而且胡亥是年轻人，具备可塑性。他还没有成熟定性的世界观，也没有被分封的旧思想污染，秦始皇完全可以按照自己的意愿来塑造。或许在他心中，胡亥才是合适的接班人。

最终秦始皇死在沙丘，再也没回到咸阳。李斯和赵高替他写下遗诏，立胡亥为太子，并赐死蒙恬和扶苏。这里又有一个疑问：官场沉浮多年的李斯是老油条，怎么可能被资历尚浅的赵高欺骗呢？答案只能是，李斯也看中了胡亥。

李斯和秦始皇都希望法律专业出身的胡亥能坚

[1]（前230—前207），即秦二世。秦始皇十八子。即位不久即爆发陈胜、吴广领导的农民大起义，后为赵高逼迫自杀。

[2]（？—前207），本为赵国人，后入秦宫，任中车府令，兼掌皇帝符玺，精通秦法。

守法家，把大一统的宏大事业进行到底。但他们都不会想到，年轻的胡亥居然不成器。

世事如此诡异。秦始皇希望大一统要坚持，法家不能输，胡亥要成器，结果什么都没有得到。李斯心心念念的功成名就，也没有圆满的结局，一把鬼头刀斩断了他的所有幻想，只能看着黄狗和故乡逐渐远去。

赵高想要的权势滔天，却输给了子婴的伪装。子婴多么渴望重振江山，却不得不亲眼看着刘邦兵临城下。他只能带着玉玺素服跪迎，宣告江山易主。

这真是一场活脱脱的悲剧。

刘邦：年少只知项羽勇，中年方懂刘邦难

一

小时候的课外阅读中，有一篇叫《高祖还乡》的元曲[1]作品。作者借用熟悉刘邦底细的乡民口吻，从头到尾把汉高祖刘邦调侃了一遍。其中有这么两句：

> 你本身做亭长耽[2]几盏酒，你丈人[3]教村学读几卷书。曾在俺庄东住，也曾与我喂牛切草，拽坝扶锄[4]。
>
> ……
>
> 只道刘三，谁肯把你揪捽（zuó）住[5]？白甚么[6]改了姓、更了名，唤作汉高祖。

堂堂的汉朝开国皇帝，被戏谑（xuè）得体无完肤，哪有一个君临四海的帝王之相。相比之下，他的竞争对手项羽就英武、伟岸多了。《史记》中是这么说的："籍长八尺余，力能扛鼎，才气过人。"

项羽不仅长得帅气，还有一身的神力。更重要

[1] 元杂剧和散曲的合称，同唐诗、宋词并称。元曲作家中成就最为卓著的有关汉卿、马致远、郑光祖、白朴四人，被后人合称为"元曲四大家"。

[2] 沉迷、酷嗜。

[3] 岳父。

[4] 泛指平整土地之类的农活。

[5] 揪住，抓住。

[6] 凭什么。

的是，人家爷爷[1]是楚国的大将军，亲叔叔[2]是反秦起义军的带头大哥，彻彻底底的官宦世家。

①指项燕（？—前224）。

②指项梁（？—前208）。

而项羽也很快在秦末乱世崭露头角。二十四岁，项羽刚参加工作就做了项梁起义军的副将，起点极高。经过两年的艰苦磨炼，项梁牺牲后，他在前线军营里发动了一次兵变，从此掌握了数万大军的指挥权。

二十六岁，项羽以主将的身份指挥了影响天下局势的“巨鹿之战[3]”，并且在第二年成为威震天下的西楚霸王。青春年华时，项羽已经“醒掌天下权，醉卧美人膝”了，简直是人生赢家。

③秦末起义军摧毁秦军主力的战役。以地点为巨鹿（今河北平乡西南）得名，是中国历史上著名的以少胜多的战役之一。

英勇霸气的项羽，已经成为后世无数人心中的偶像。

二

可是，官宦世家、长得帅、才华高，并且年纪轻轻就功成名就的，世间能有几人？我们大部分人都是在社会底层挣扎的普通人，没有世代做官的祖辈，没有高起点的工作，甚至没有巨大的力气，面对项羽这种老天爷赏饭吃的骄子，我们只能抬头仰望。

在历经世事艰难后，我却越来越能体会到刘邦的难处。刘邦开始创业时已经四十八岁了，已然人生过半。虽然快到退休的年龄，但他还在混基层，丝毫没有创出伟大事业的预兆。不过，他的前半辈子也没闲着。

那年，刘邦十八岁了。他扛起背包，告别父母，千里跋涉来到魏国，想到信陵君门下做一名门客。都怪那时通信不发达，懵懵懂懂的刘邦来到魏国时，发现信陵君已经去世好几年了。这时，有个叫张耳的人对他说：“走吧，跟我去外黄[1]，包吃包住。”刘邦的命运就此发生逆转。

在那个闭塞的年代，增长一段阅历，多读一本书，多认识一个朋友，就足以在人生的赛道上超过很多人。这个道理现在也同样适用。

凭借着去魏国游学的经历，回到沛县的刘邦被任命为一名“基层干部”——泗水亭[2]长，主要工作是维持乡村治安。有陌生人来到属地走亲戚，他得去登记姓名；张家大妈丢了一只锅，他得帮忙去找锅；李家大爷被人偷了五毛钱，他还得负责抓贼。干过基层工作的人都知道，这些工作有多烦琐。

刘邦就这么干下去，并利用工作关系结交了萧何、曹参、樊哙、周勃等朋友。这些人有多重要，不用多说了吧。

日子一天天过去，刘邦也很烦躁。他已经不再年轻了，做游侠纵横四海的理想，早已被藏在心底的某个角落，烦琐而无趣的工作，什么时候是个头？在曹寡妇[3]的酒店里，他经常喝得酩酊大醉。也许只有在醉梦里，他才会成为那个如风般奔跑的少年。人到中年，最怕的就是在日复一日的琐碎工作中消磨掉仅有的激情。可是只要咬牙熬过最苦的那段日子，付出的努力，命运才会慢慢回报给你。

[1] 古县名，治今河南民权西北。

[2] 古亭名，在今江苏沛县东。

[3] 为刘邦称帝前的外室，《史记索隐》作曹姬，《汉书·高五王传》称之为曹夫人。生子刘肥为刘邦庶长子，刘肥后被封为齐王。

三

公元前209年，陈胜、吴广在大泽乡起义。中原大地一呼百应，大家纷纷起来造反。有实力的人就拉起一帮人马占山为王；没实力的人就加入别人的创业团队，拿到原始股份。

刘邦在沛县也拉起了三千子弟兵，投靠了附近最大的创业团队——项梁和楚怀王。也许是命运的奖励，也许是刘邦眼光的独特，这个决定直接导致他得到了人生中最大的机遇。

楚怀王跟大家约定“先入关中者为王”，但他把先入关中的机会送给了“宽厚长者”刘邦，项羽却被派到河北，营救被秦军围困的赵国。一年后，刘邦带着从沛县出来的兄弟，站在了咸阳的皇宫里。他很开心：“我们先入关中，灭了秦国，从此以后，这片土地就是我们的了。”

然而，在这个世界上，一切都要靠实力说话。在河北地区的项羽率军破釜沉舟[1]、九战九捷，打败了不可一世的秦军，也缔造了楚军神话。当他站在胜利的战场上转头西望，看到的却是刘邦占领了咸阳。

义军诸侯们也愤怒了：“岂有此理！我们在这里血流成河，他们却轻轻松松占据了咸阳，等着那唾手可得的王位。”刘邦占据了关中，就意味着他们的灭秦大功被稀释。大家都是出来混饭吃的，凭什么刘邦独吞功劳？

[1] 出自《史记·项羽本纪》，后比喻下定决心拼到底，决不后退。

于是，十几路诸侯组成的四十万大军，在项羽的率领下浩浩荡荡开进关中，要请刘邦“吃饭”，并且要好好谈一谈。他们还选了一个好地方——鸿门。如果你是刘邦，你是奋起一搏，还是忍辱装乖？

我想，大部分人都会像刘邦一样，进门就跪下磕头，装孙子装到底。其实都不用装，在利益不均衡、实力不对等的情况下，刘邦就是孙子。都说刘邦脸皮厚，可如果不是生死存亡关头，谁又愿意给人下跪磕头呢？磕下去的是头，抬起来的是命啊。

结果，饭还没吃完，刘邦就偷偷溜了。随身带来的礼品都不敢亲自送给项羽，因为他怕项羽不让他走。人生在世，谁又能活得潇潇洒洒？在现实的困境面前，人人都得忍。

四

公元前202年，定陶县，刘邦坐在皇位上俯瞰天下。八年征战，终于换来今日的万人瞩目。就在不久前，他终于打败了项羽，成为天下的半个主人。为什么是半个？因为他的盟友们也要享受胜利果实，分走了大片的土地，并且时刻威胁长安朝廷的安全：“大家都有军队，凭什么都听你的？”

都说皇帝享受三宫六院、吃着山珍海味，可到了刘邦这里，他仍然要在平叛的道路上奔波。公元前196年，当各大诸侯逐渐被平定后，淮南王英布害怕了。他索性扯大旗造反，理由很简单："想当皇帝。"

多年的征战、平叛，早已耗尽了刘邦的精力，他只想休息一下，享受皇帝的生活。所以，刘邦想让太子刘盈带兵前去平叛，顺便锻炼一下接班人。

可刘盈才十五岁，让他带兵打仗纯属开玩笑。吕雉哭哭啼啼地去求刘邦："英布是天下猛将，用兵很厉害。让太子率领桀（jié）骜（ào）不驯的武将们，肯定是打不过的。"然后，吕雉说了一句让人心酸的话："上虽苦，强为妻子计。"意思是说，皇上虽然不容易，但是为了老婆孩子，还是要辛苦你一下。

刘邦还能怎么办？他身边没有一个信得过的人，自己留下的烂摊子，得自己收拾。他骂骂咧咧地回了一句："吾惟之，竖子[1]固不足遣，乃公自行耳。"意思是说，我就知道这熊孩子靠不住，还是我自己去吧。

[1] 小子，鄙称。

刘邦拖着带病的身体，疲惫地趴在车上，就这么硬撑着来到前线，打败了一生中最后的敌人。人到中年，上有白发苍苍的父母，下有少不更事的孩子，身边还有日渐憔悴的妻子，而自己，是他们唯一的依靠。除了日渐疲惫的身体属于自己，其他的都属于别人。

生活太艰难，唯有拼命去做，才能寻找到出路。

五

人生在世，如项羽那样璀璨的人生，毕竟是凤毛麟角，大多数人都是在社会的泥潭里艰难地挣扎。奋斗、努力、低头、认、拼命，最后仍然留有遗憾，这就是一生的宿命。

仰不愧对天，俯不愧对地，照顾好身边的人，善良地对待这个世界。就像刘邦回乡后，跟父老乡亲喝酒时唱起的那首歌："大风起兮云飞扬，威加海内兮归故乡，安得猛士兮守四方。[1]"歌中有胜利的欢喜，有游子归故乡的荣耀，也有事业未尽的遗憾。

如此，足矣。

[1] 刘邦所作《大风歌》。

▲汉高祖刘邦像

刘备：你最该喝下的鸡汤

一

在汉末三国的大乱世中，有一个很有趣的现象——从头到尾都是一帮官宦子弟在争奇斗艳。

袁绍张口闭口就是：“我家四世三公。”袁术还因为跟他争身份闹得分道扬镳。曹操的父亲[1]是汉朝的“国防部部长[2]”，虽说是用钱买的官职，但家族地位确实也跻身一流豪门。其他如孙坚、公孙瓒（zàn）[3]、刘表、马腾[4]等，祖上三代无不是吃着汉朝的皇粮，最差的也是地方豪族。

与其他人相比，刘备既没有高官父亲，也没有豪门亲戚，可谓贫寒。虽然他自称中山靖王[5]之后，但这时家道中落，跟普通百姓没什么区别。

他从小家里穷得念不起书，不得不靠练摊卖草鞋为生，还是亲戚们凑钱帮他完成了读书识字的基础教育。靠着低起点，刘备硬是在豪门遍地的汉末三国打破了森严的阶级壁垒，成为坐拥万里江山的帝王。

❶即曹嵩，东汉宦官曹腾之养子。

❷曹嵩买官太尉一职，为东汉全国军政首脑，与司徒、司空并称“三公”。

❸（？—199），东汉末地方割据势力，据有幽州（治今北京城西南）。

❹（？—212），东汉末地方割据势力，与韩遂割据凉州。

❺即刘胜（？—前113年），汉景帝刘启之子，汉武帝刘彻异母兄，受封中山王，谥号靖。与其妻窦绾的合葬墓中曾出土长信宫灯、金缕玉衣等著名文物。

二

184年，幽州涿郡，在一片桃园中，刘备跟关羽、张飞正在商量创业计划。当时黄巾军到处抢占地盘，幽州也不能幸免。如果打败他们，就能拿到汉朝的“事业编制”。虽然级别不高，但起码捧上了铁饭碗。

大家都是贫寒子弟，想要出人头地，就必须拿命去拼。经过一番“创业路演”，他们融了一笔小钱就招兵买马，开始了一生的征程。

一番浴血奋战，刘备不仅在战火中活了下来，还得到了安喜县[1]尉的职位。还没等哥仨庆功，朝廷就下达了命令：“凡是凭军功当官的，一律免除。”啥意思？用完就卸磨杀驴？刘备默默地说：“天下不太平，到处都有盗贼，总有我们的用武之地。”

他们没有靠山，唯有手中的拳头和心中的勇气。

三

刘备这一辈子，实在是太背了。他带着关羽、张飞离开涿郡后，半路加入了一支剿（jiǎo）匪队伍，就这么莫名其妙地被拉到徐州[2]。又是一番血战，挣到了下密县[3]丞的官职。

一个外来的年轻小伙，带着两个小弟就想当过江龙？想多了。没多久，刘备就被本地土豪给轰走

[1] 在今河北定州。

[2] 西汉武帝所置十三刺史部之一。辖境相当于今江苏长江以北和山东东南部地区。

[3] 西汉治今山东省昌邑市东，属胶东国。东汉初废，安帝复置，属北海国。

了。随后几年，他一直奔波在剿匪、当官、离职的路上。

创业屡次失败，一般人早就崩溃了。而刘备只是默默地擦干眼泪，站起来再出发。平原县[1]令就是他当过的最大官职，而这时的曹操、袁绍早已是坐拥数座城池的诸侯了。可这又有什么关系呢？丰富的经验、广阔的阅历、不屈的意志才是事业成功的基本素质。经过十年历练，刘备早已超越了无数的同龄人。

194年，刘备跟随青州[2]刺史田楷救援徐州。一见面，徐州刺史陶谦[3]就觉得这个年轻人不一般。他说："我的两个儿子都不行，只有刘备才能安定徐州。"

第二年，陶谦去世。因为有他的遗嘱，再加上陈登[4]和孔融的支持，刘备接任了徐州刺史。一个"基层干部"突然成了一方诸侯，刘备没有任何不适应。工作的方法论他早已在基层时就学会了，现在不过是套用在更大的地方而已。

这一次，刘备、关羽、张飞仍然没有开心多久，因为吕布反了。原本出于好心，刘备收留了无家可归的吕布，谁知道他却恩将仇报。吕布号称"当世虎将"，在战场上还没怕过谁。根基不牢的刘备只要在战场上失败一次，就没有翻盘的机会。好不容易事业有了起色，却再一次成为镜花水月。

创业十五年，每当有所成就时就会遭受更大的失败。如果是其他人，也许早就认命了："算了吧，我就没有成功的运气，还折腾什么？"可刘备

[1] 今山东平原县，东汉末属青州。

[2] 西汉武帝所置十三刺史部之一。辖境约相当于今山东东部、北部和河北吴桥县地。

[3]（132—194），东汉末地方割据势力。后为曹操所败。

[4] 陶谦帐下官员。

说："人生嘛，醒着就要拼。"

几年后，刘备更加落魄，落魄到只能跑到荆州刘表那里混饭吃。

有一次，他跟刘表坐在一起聊天，旁边还有吕布的谋士许汜（sì）。许汜就吐槽当年的那些破事："陈登是个江湖人士，一点儿都不懂尊重别人。当初我路过他家时，他竟然酒都没给我喝一口。这也就算了，他居然自己睡在'豪华别墅'里，却把我安排到'招待所'，真是岂有此理！"

刘备一听就火了："如今天下大乱，你身为谋士却不思救国，成天想着买房赚钱，谁看得起你？要是我的话，就自己睡到百尺高楼上，把你扔到地上去。"

"以天下为己任"，短短六个字，说着容易，做起来难啊。只有胸怀大志者，才能忍受眼前的失败，百折不挠，在困境中寻找光明。

刘备为什么屡战屡败，却能屡败屡战？因为他求的从来都不是自己的荣华富贵，而是"天下太平，道义永存"的宏伟抱负。他的一腔热血不仅感染了当世的无数英豪，更被一千年后的辛弃疾[1]化作笔下的八个字："怕应羞见，刘郎才气。[2]"

[1]（1140—1207），南宋词人，与苏轼并称为"苏辛"。一生坚决主张抗金，其词抒写力图恢复国家统一的爱国热情，倾诉壮志难酬的悲愤，对当时执政者的屈辱求和颇多谴责，也有不少吟咏祖国河山的作品。

[2]出自《水龙吟·登建康赏心亭》，大意为：（我不会像许汜那样只知求田买房），以至羞于去见有才华、有气魄的刘备。

四

当你认清了生活的残酷真相后，还能否对这个世界抱有最大的善意？

刘备真的做到了。他还在平原县当县令时，就埋头苦干，为大汉“基层建设”添砖加瓦。在他的治理下，平原县不仅摆脱了贫困，仓库里还堆满了粮食。而平原县的“人文建设”更是一绝。刘备不仅允许平民百姓随意参观县令“办公室”，还要把他们带到县衙“食堂”里，陪着吃饭拉家常。

有才能的人，总是会被人嫉恨。

有个叫刘平的人，是平原县抬杠[1]成瘾的人。他就瞧不上刘备这套“假仁假义”的模样，于是撺掇了一个刺客混进县衙，想把刘备给杀了。刘备根本不知道来的人是刺客，仍然客客气气地招待他，陪他吃喝聊天。

[1] 也作“抬杠子”，争辩。

不管在哪个年代，当刺客的肯定不是富贵人家出身。一个县令能够放下身段对待老百姓，顿时就把刺客感动哭了。他流着眼泪对刘备说：“我是奉命来杀您的刺客，差点儿因为私人恩怨坏了您的天下大计，我错了。”然后毫不犹豫拔剑自刎。刘备敬佩这刺客的侠义，让人好生安葬了他。

如果你闯荡江湖多年，留下了无数的传说，还能否对年轻人表现出足够的人格尊重？刘备又做到了。

208年，在荆州混了八年的刘备，听说有个人叫诸葛亮。大家都夸他是个人才，如果能得到他的辅佐，将来一定能成就大事业。

那年诸葛亮才二十八岁，而刘备已经四十八岁了。面对这个年龄能当自己儿子的年轻人，刘备不是让“人力资源部”去“招工”，而是亲自跋山涉水登门拜访。他带着关羽、张飞去了两次，都吃了闭门羹。

大家都以为他是在做姿态，想收到“千金市骨[1]”的效果。但刘备用第三次拜访[2]告诉别人：“我不是做姿态，我是真的很欣赏诸葛亮，我希望他能够帮我。”

这一次，诸葛亮在家，但他在睡午觉。刘备、关羽、张飞就在门外等着，直到诸葛亮睡醒了他们才进去，该喝茶喝茶，该说话说话。

那天，诸葛亮被感动了。直到多年后，他还反复回味这一幕：“先帝不以臣卑鄙，猥自枉屈，三顾臣于草庐之中，咨臣以当世之事，由是感激，遂许先帝以驱驰。[3]”这个世界上总有一种情感，能够超越时间的流逝而越发厚重。因为你的真心，会让人倍感温暖。

如果你半生奋斗却事业无成，生活安逸却离死亡的日子越来越近，你是否还有勇气再奋起一搏？刘备又做到了。

那一天刘表做东，请刘备吃饭。大概是上了年纪，又喝了点酒，刘备想到当年烈马奔驰，如今却寄人篱下，安定天下的大业仍然看不到希望，自己的人生却已然走过大半。刘备不禁问自己：“刘玄德，你的人生就是个悲剧吗？”他太委屈了，委屈得让一个厮杀半生的汉子，哭得像个孩子。

二十五年的颠沛流离，刘备都熬了过来，可什么时候是个头啊？

208年，刘备迎来了人生中最大的机遇。曹操

[1] 出自《战国策》。燕昭王欲招贤纳士，谋士郭隗给他讲了一个故事：古代有一国君想用千金购宝马，三年未得，侍臣请求去寻，寻得发现马已死，便用五百金买下马头复命。国君知道后认为浪费钱财，但侍臣说如果让天下人知道国君愿以五百金买死马，必会认为国君识货而自愿献上宝马。果然不到一年便买到三匹宝马。讲罢郭隗以马自比，劝说燕昭王重用他，这样才干胜过他郭隗的人也会自愿前来。此典故后用于比喻求贤若渴。

[2] 出自西晋陈寿《三国志·蜀志·诸葛亮传》，后也称为“三顾茅庐”，比喻诚心诚意邀请人。

[3] 出自《出师表》，是诸葛亮北伐中原之前给后主刘禅上书的表文。

率领大军南下，想要一统江山，如果让他成功了，江南的英雄豪杰都要去许都[1]朝拜新主。大部分的人都觉得无所谓，不过是"换个老板"而已。只有刘备、孙权、诸葛亮、周瑜觉得："自己的命运，要自己做主。"

事情的结果我们现在都知道了，曹操在赤壁折戟沉沙[2]，孙权保住了东南半壁[3]，而刘备在乱局里火中取栗[4]，从此蛟龙入海，以荆州为跳板，拿下了号称"天府之国"的益州。从此，汉末乱世形成三足鼎立的局面。

这个世界上总有一种信念，能够支撑起一个人生命的价值。因为你的热血，终会爆发出最强大的战斗力。

❶古都名。河南许昌的别称，曹操在此"挟天子以令诸侯"。

❷折断了的戟沉埋在沙土里，形容作战中惨遭失败。

❸长江中下游及其以东、以南的半边江山。

❹比喻为别人冒险，徒然吃苦而得不到好处。

五

我们印象中经常哭哭啼啼的刘备，丝毫没有男子汉大丈夫的气概，可那何尝不是中年男人面对挫折的发泄。

难过了，他不能向关羽和张飞吐槽；委屈了，他不能和老婆诉苦；受伤了，他必须假装坚强，只能在心里憋着。实在憋不住了，就放声大哭一场。哭过之后，该走的路还是得继续往前走。

靠着一股不服输的韧劲，刘备从一个毫无政治资源的寒门子弟，最终成为名留青史的汉昭烈皇帝。

曹操：带着一身烟火乐在人间

一

李白在《侠客行》中有过一段热血沸腾的描述：

> 赵客缦（màn）胡缨（yīng），吴钩霜雪明。
> 银鞍照白马，飒（sà）沓（tà）如流星。
> 十步杀一人，千里不留行。
> 事了（liǎo）拂衣去，深藏身与名。[1]

然而，在李白写诗的六百年前，"大侠"曹操就过着这样的生活。

曹操从小就不喜欢读书，从早到晚就知道舞刀弄棒，跟小伙伴袁绍呼啸闾（lǘ）里[2]，看见垃圾桶都恨不得上去踢两脚。他不努力的样子让关心他的人恨得牙痒痒。身边的人经常告诉他："你将来是不会有任何出息的。"曹操听后也一笑置之，丝毫不以为意，依旧没心没肺地混着。

那年，洛阳街头锣鼓喧天，大红的马车穿街而

[1] 大意为：燕赵侠客颔下系着没有花纹的冠带，佩着的弯刀似霜雪般闪亮。骑着银鞍白马，迅疾如流星。武艺盖世，十步可斩杀一人，千里之行无人可挡。做完大事后拂袖而去，将功劳和美名深深隐藏起来。

[2] 乡里，民间。

过。藏在路边树下的曹操和袁绍眼珠子一转，顿时想出了一个坏主意——劫新娘。他们偷偷跑到新娘的洞房门口，大喊一声“捉贼啊”，全家人都朝着袁绍手指的方向追去。

说时迟，那时快，曹操冲进房间，扛起新娘就跑，脸上还露出坏笑。没想到新娘家人发现上当后立马追了过来。在逃跑的路上，袁绍掉进了路边的坑里。眼看就要被抓住，曹操指着袁绍大喊一声：“贼在这儿呢！”估计那时袁绍的心里正在骂他。

曹操不仅偷新娘，还敢搞刺杀。他听说大太监张让[1]坏事干尽，就在怀里揣了两把手戟，翻墙潜进张让家。或许是因为他身材敦实，所以走路的脚步声比较重，惊动了张让家的保镖。保镖一看：“哪里来的土行孙，都杀到家门口了，这还了得？”赶紧拉响了“警报”。

曹操的刺杀行动宣告失败，他抡起两柄手戟杀出一条血路，朝原路翻墙跳了出去。劫后余生，曹操终于找到了走向人生巅峰的方法：“剑一人敌，不足学，学万人敌。[2]”

[1]（？—189），东汉宦官，深受汉灵帝宠信。

[2] 出自司马迁《史记·项羽本纪》，大意为：剑只能抵敌一人，不值得学，要学能抵抗万人的。

二

对曹操来说，这辈子最重要的转折点就是找到自己喜欢的事情，并且持之以恒地做下去。

长久的江湖生涯，刀光剑影带给他的快感在逐渐消退，于是在练习格斗之余，他竟然开始读书了。《孙子兵法》《司马法》《六韬》《三略》[1]，还有《诗经》《尚书》《周易》[2]，他一本也不放过，一本接着一本地读下去。曹操甚至在读书时，还会把自己带入将军的角色中，在沙盘[3]上论证兵书中的理论和古代战例。不论输赢，结束后他都要乘兴作两首诗，一抒胸中块垒[4]。

看到曹操的改变，旁人就在背后议论："好好的一个人，怎么说疯就疯了呢？"他们特别不愿意相信，一个不学无术的人突然就能改邪归正。其实不是曹操改邪归正了，只是很多人一辈子都不知道自己喜欢什么，甚至不知道自己要追求的是什么。

电视剧《士兵突击》里有这样一句台词："他每做一件小事的时候，都好像抓住一根救命稻草，到最后你才发现，他抱住的已经是一棵参天大树了。"曹操不知道这句话，但他确实这么做了。

兵书一本一本地读，战例一个一个地研究，诗文一首一首地作，日积月累，"大侠"曹操已经用理论武装了自己的头脑，在同龄人中一骑绝尘。

184年，曹操的机会来了，承平日久的大汉帝国爆发了"黄巾起义"。因为家族的关系，曹操被任命为骑都尉，随皇甫嵩[5]出征。

当他骑着高头大马从洛阳城出发时，他大概不会想到，他这一生都将与刀剑为伍，与战马为朋。讨黄巾、战中原、伐乌桓[6]、征江南……直到去世的前一年，他还在跟刘备打擂台。

从青年时期读书开始，到一生征战打下北方大地为止，曹操在军事上是极其成功的，属于站在

[1] 皆为古兵书，北宋时，与《吴子》《尉缭子》《李卫公问对》一同被收录进《武经七书》，成为宋朝官方颁行的中国第一部军事教科书。

[2] 皆为儒家经典，与《礼记》《春秋》并称"五经"。

[3] 按一定比例制作的战场环境实地模型。

[4] 比喻郁积在心中的气愤或愁闷。

[5] （？—195），东汉末名将，官至太尉。灵帝时曾率军镇压黄巾起义。

[6] 古族名。东胡的一支。

金字塔顶端的那个人。有人说他运气好、手下人才多、会耍诈，其实只有曹操自己知道："所谓的好运气，不过就是自己的努力碰上了好机会。"

三

曹操看到东汉末年诸侯混战、人民流离失所的景象，他有感而发，写了《蒿里行》，其中有两句：

白骨露于野，千里无鸡鸣。
生民百遗一，念之断人肠。

在这样的局面下，曹操给自己树立了奋斗的目标："扶危济困，安定民生。"既然世道不平，那就用掌中槊、跨下马去平定天下，让老百姓能吃饱穿暖，让人才都能实现价值，让坏人都得到应有的惩罚。从这时起，这个默许的"初心"，曹操一辈子都没有忘记。

大汉帝国的衰落，不只是皇帝的问题，而是社会制度出了大问题。于是曹操在兖州时总结出两个解决问题的办法。

第一，屯田。原本是国家赋税来源的自耕农，大部分都被豪强纳入自家的庄园中，成为奴隶。所以曹操就将无主的田地收为公有，发放给无田可耕的流民，让他们重新做自耕农，成为国家直接掌握的税源和兵源。

第二，求贤。汉朝选拔人才的“察举制[1]”早已败坏，人才能否走入上升通道，基本以家族在当地是否有势力为标准。曹操决心打破这种扭曲的人才选拔制度，不问背景、财富、品德，只看是否有才能。在这种“唯才是举”的制度下，典韦、满宠、温恢等一大批实干型人才崭露头角，成为曹操事业的支柱。

就靠这两招，人才、粮草、兵员源源不断地聚集到曹操的手中。再加上曹操惊才绝艳的军事才华，一个又一个强敌在他的手中灰飞烟灭。他的地盘也从兖州一隅[2]，扩张到豫州、冀州、并州、凉州、徐州、幽州。曾经遍地荆棘的北方大地，在曹操的治理下蒸蒸日上，充满勃勃生机。

在敏感多疑的曹操心中，也许只有刘备才是他一辈子的精神上的朋友。

那年在许昌的高楼上，他用青梅煮酒招待俘虏刘备。闲聊中他们纵论天下英雄，结果袁绍、袁术、刘表、孙策都不被曹操放在眼中，只有落魄的刘备被他视为知己：“天下英雄，唯使君与操耳。[3]”

刚读《三国志》时，我不明白曹操为什么这样说，直到看到刘备在西川[4]的所作所为，我才恍然大悟。刘备打下西川后，实行的政策也是与豪门争夺人口、土地，恰如曹操在中原的所作所为。他们两人就像是名医，面对重病的患者都开出了同样的药方，想不惺惺相惜都难。

两个四十岁的中年男人在青梅煮酒时都没有谢

[1] 由公卿、列侯、刺史及郡国守相等推举人才，由朝廷考核后任以官职。

[2] 一个角落，后也泛指事物的一部分。

[3] 出自《三国志·蜀书·先主传》，大意为：天下的英雄只有您（指刘备）和我了。

[4] 《三国演义》中指整个益州或益州西部。

顶，手中也没有上色包浆的核桃，更没有高谈“养生”“佛系”，只有心照不宣的一腔热血和雄狮般的斗志。都说“油腻的中年人”，可油腻和年纪真的没关系，而是在于精神状态。

像刘表那样在舒适区待久了，不思进取；像袁绍兄弟那样的小富即安，就会优柔寡断，他们才叫油腻的中年人。而像曹操、刘备这样改天换地的英雄，他们的一生就像《龟虽寿》中所说的：

老骥伏枥，志在千里；
烈士暮年，壮心不已。

四

197年，曹操西征张绣。眼看大军泱泱[1]压来，张绣的小心脏受不了，就投降了。没想到，就在张绣投降的当天晚上，曹操把张绣的婶婶邹夫人叫去伺候。

张绣受不了侮辱，拉起队伍半夜就杀过去了。经过一番混战，曹操侥幸逃脱，大将典韦和长子曹昂、侄子曹安民却均战死。一觉睡走三员大将，曹操欲哭无泪。

如果说对邹夫人是贪图其貌美，那么对原配丁夫人的态度则展现出了曹操的另一面。

丁夫人没有孩子，曹昂生母也去世较早，于是丁夫人就收养了曹昂，从襁褓中养到能征战沙

[1] 形容气魄宏大。

场，感情早已与生母无异。曹昂战死后，丁夫人指着曹操的鼻子大骂："你杀了我的儿子！你还我儿子！"骂完之后，一气之下就回娘家了。

一代枭雄曹操居然像个做错事的孩子，驾车来到丈母娘家请丁夫人回家："我错了，咱回家好不好啊？"

然而，回应他的只有丁夫人冷漠的背影，还有织布机上的织布声。

曹操手足无措。可丁夫人心里恨透了曹操："你自己做错了事，还搭上我亲手养大的儿子，这事搁谁身上能不生气！"

面对曹操的求和，丁夫人头也不回，她决定从此一别两宽，各自安好。曹操也只能一步三回头地默默离去。[1]这时的曹操哪有杀人如麻的枭雄风范。

[1] 据《魏略》记载：曹操与丁夫人相诀后，曾想让丁夫人改嫁，但丁夫人的家人不敢如此。丁夫人去世后，曹操的继室卞夫人（即后来的武宣卞皇后）请曹操好好安葬丁夫人，曹操同意。后曹操大病，曾感叹："我一生问心无愧，但如果人死后有灵魂，子修要是问我'我娘哪儿去了'，我怎么回答他呢！"《魏略》是魏时京兆鱼豢私撰，记载魏国历史，已佚，其内容只在《三国志》《后汉书》《太平预览》等引用中所见。

五

219年，曹操西征归来路过洛阳。

这一年他有点背，一生被他压制的老朋友刘备突然翻身，攻占汉中成了汉中王；多年的大将夏侯渊被黄忠斩首；关羽还在荆州水淹七军威震华夏，他一生的事业在这一年遭遇到了极大的挫折。

虽然吕蒙袭击荆州消除了关羽的威胁，但曹操感觉累了。

当年发誓要还天下朗朗乾坤，要让农民吃饱饭，要让读书人有工作，可现在看来，理想依旧遥远。

他消灭了一批旧豪门，新的豪门又成长起来；稍微有风吹草动的天灾人祸，农民就只能躲到豪门的庄园里寻求庇护；寒门读书人要想实现人生价值，更是难上加难。

在洛阳驻扎时，他下了一道命令："重新修缮洛阳北部尉衙门，要比过去好。"在这里，他又想起了四十五年前，意气风发走马上任的那一天。

乌黑的青丝变成满头白发，光洁的脸庞也沟壑纵横，唯有一颗赤子之心，依旧鲜红如初。时间改变了曹操的模样，曹操却没有让皱纹刻在心头。他这一生都在走上坡路，如擎着大山逆风前行，每走一点都步履维艰。可人生哪有事事如意，曹操也只能一声长叹。

回到洛阳不到一个月，曹操就去世了。他留下的《遗令[1]》也很有意思："我的妻妾都很勤苦，可以安置在铜雀台上，不要虐待她们啊""剩下的那些香，可以分给夫人们，留作纪念吧，别浪费了""夫人们要是没什么事的话，平时可以做做鞋，也能卖不少钱呢"……絮絮叨叨地啰唆了很久，曹操才恋恋不舍地闭上眼睛。

[1] 临终前的告诫、嘱咐。

这封《遗令》中没有什么大道理，也没有留下最后的指导意见，只有普通老头的喃喃自语。可生活本就是一种烟火气，它藏在一粥一饭之间、爱人的一颦（pín）一笑之中、自己的一言一语之内。少年时意气风发，不知天高地厚，许下诺言后努力奋斗，直到懂得天地自有其规律，看着到手的成果，再留下些许无奈，这不就是人生吗？

到头来，再成功的人也是一介普通人。而最好的成功，其实就是做好一个普通人。

▲魏太祖曹操像

司马懿：野心创造奇迹

一

201年，河南。刚成为基层小吏的司马懿收到了一封从许昌发来的通知，曹操请他去府中任职。按照常理，司马懿应该赶紧收拾行李，立马去上任呀。可他看了一眼，就毫不犹豫地把通知扔进了垃圾桶。因为提拔他的人是兖州魏种。如果就这么去许昌上班，那他可就被绑到兖州派的战车上了。“哼，苟延残喘的派系，也配搭上小爷的前途？”

七年后，另一封通知落到了司马懿手中，旁边还写着一句警告他的话：“再不来，就去收拾你了。”唉，曹老板有话好说，我去还不行吗？除了曹操的警告，更重要的是，这次的举荐人是颍川荀彧。

颍川，这可是行走的金字招牌。因为在整个三国中，我们耳熟能详的荀彧、荀攸[1]、郭嘉、陈群等牛人都是颍川人。司马懿的一切隐忍，不过是想给自己找一个高起点、硬靠山。于是三十一岁的司马懿背着行李、坐着驴车来到了曹操的办公室，正式开启了自己的“职业生涯”。

[1] 曹操谋士，荀彧之侄。

二

身在职场，最重要的是跟对人。在曹操身边写材料、送文件之余，司马懿的最主要工作是陪曹丕读书。有了这份情谊，到曹丕和曹植争夺接班人时，司马懿也就没有了别的选择，只能在曹丕的前程上策马狂奔。

不得不说，司马懿的运气真好。219年，在积累了十一年的经验后，他被任命为太子中庶子[1]。说实话，这个职位并不高。同时期参加工作的诸葛亮马上就成了蜀国丞相；比他大三岁的周瑜早已被载入史册。这么看，司马懿实在是个失败者。但是司马懿不急，因为机会说来就来。

第二年，曹操去世了。不是比升官速度吗？好啊，一不小心司马懿就快上天了。仅仅五年时间，一个太子中庶子就成了魏国的"录尚书事[2]"。

啧啧，厉害。升官这么快，除了司马懿本身能力很强、曹丕很信任，颍川人的支持也是重要的助推器。

[1] 太子身边亲近陪臣。

[2] 官名。录为"总领"之意，录尚书事独揽大权，无所不总。三国、晋、南北朝时，凡掌朝权的重臣每带此名号。

三

汉末三国时颍川人有多牛？举个例子你就知道了。

东汉桓、灵年间，太监和外戚轮流执政，搞得读书人不能实现自己的政治抱负，所以他们就联合起来搞事情。皇帝怎会眼睁睁地看着他们逼宫[1]，所以就和外戚、太监联手打压，这就是东汉有名的“党锢之祸”。

诸葛亮在《出师表》中说“未尝不叹息痛恨于桓、灵也”，指的也是这件事情。而在这件大新闻中，李膺、荀彧、杜密[2]、贾彪等领袖都是颍川人，从此以后，颍川人就奠定了自己在士族门阀中的地位。

汉末天下大乱之后，颍川人又搭上了曹操的快车。荀彧是曹营的第一文臣，后勤、种田、收税、商业都归他管。荀攸、郭嘉、锺繇（yáo）[3]、陈群，都抱团在曹操手下混。所以在曹营，颍川人在文官领域有极大的话语权，并以自身为核心，吸纳了一大批其他地方的士族，形成了庞大的利益共同体。司马懿能搭上这条线，想不升官都难，他又怎么会在乎兖州人的拉拢。

四

那么，颍川人就没有对手了吗？还真有，而且这个对手十分强大，就是曹氏亲贵和寒门武将的联盟。

在曹操起兵之初，给予他最大支持的就是曹家和夏侯家：曹仁、曹洪[4]、夏侯渊、夏侯惇（dūn）[5]，后来又培养出曹真、曹休[6]、夏侯楙（mào）[7]。

[1] 大臣强迫帝王退位。

[2] （？—169），东汉末名臣。声望很高，后因党锢之祸自杀而死。

[3] （151—230），三国魏大臣、书法家。与东晋王羲之并称“锺王”。

[4] 二人皆为曹操堂弟。

[5] （？—220），三国魏将领。东汉末随曹操起兵，官至大将军。

[6] 曹真为曹操养子，曹休为曹操同族兄弟之子。

[7] 夏侯惇之子，其妻为曹操之女清河公主。

当然，仅仅依靠自家人是不够的，还要吸收没有出路的寒门子弟，于是张辽、徐晃、典韦、许褚都来了。他们与颍川人针锋相对，长期掌握军队系统，其他人一概插不上手。

好了，棋盘上摆满了黑白分明的棋子，几十年来双方都合作得很好。直到熬死了三代帝、后，双方的领袖分别换成了司马懿和曹爽[1]。

矛盾终于来了。

①（？—249），曹操侄孙。

五

239年曹叡（ruì）病逝，留下大将军曹爽和太尉司马懿辅政。在政治上，排名的先后代表着权力、地位的大小，所以曹爽是排名第一的辅政大臣。

在取得权力、地位后，曹爽大力提拔的都是些什么人呢？我们来看看名单吧：何晏、邓飏（yáng）、李胜、毕轨……虽然他们也都是所谓的官二代，但在以司马懿为代表的门阀士族的眼里，他们都是些上不了台面的人。这些人不仅出身不高，人品也不行，甚至没有独当一面的人才。

249年，在曹爽们潇洒了十年后，终于潇洒不下去了。那一天，曹芳[2]去拜谒魏明帝曹叡的高平陵，曹爽带着禁卫军护送随行。这样一来，洛阳城空空如也。已经被下了病危通知书的司马懿突然一下子蹦了起来。

②（232—274），三国魏国皇帝。曹叡养子。

司马懿命令早已准备好的死士、军队抢占各大城门、皇宫，然后胁迫郭太后[1]下达了“诛曹爽”的命令。在洛阳城外的曹爽怎么也不会想到，不就是出去上个坟嘛，怎么把自己也埋了？

[1] 曹叡的皇后。

六

门阀士族斗争了百年，终于在司马懿的手中结束了。他们在袁绍的带领下打败了外戚和太监；他们跟随曹操在乱世中极大地扩展了生存空间；最后在司马懿的带领下亲手消灭了曾经给予他们保护的曹氏家族。

如今美妙的生活正在向他们招手。他们首先要做的是，保障士族江山能够延续下去，于是“九品中正制”被彻底执行。曾几何时，才能出众、品德高尚的寒门子弟也能获得较高的品级评价，获得出任高官的资格，现在“上品无寒门，下品无势族[2]”了。

[2] 出自《晋书·刘毅列传》刘毅奏疏《请废九品书》。大意为：高级官吏没有出身贫寒人家的，低级官吏中也没有权势很大的家族中人。

你努力半生的成果，人家出生就有了。通过制度的设置，彻底将未来的张辽、徐晃们隔绝在森严的权力城堡之外。

然后呢，经济利益也要被瓜分。自东汉时期就兴起的私家庄园被士族们进一步扩大规模、产业升级。他们封山育林，将围墙内所有东西都当作自己的产业：土地、湖泊、牧场，乃至人口。如果你问他们：“你家里有矿啊？”他肯定会不屑地回答你："有啊，很值钱吗？"

奴隶们在庄园里吃着最简单的东西，做着最苦、最累的活，用一生的默默无闻衬托起所谓的"魏晋风度"。士族们生来就有高官做、有美食吃，一辈子过着无欲无求的生活，偶尔玩耍一下就被称为风度？谁信谁傻。

以百分之九十五的人所处的社会阶层，如果穿越回去的话，只会在庄园中勤勤恳恳地耗尽一生。

最后一招才是士族们的撒手锏——教育。他们根本不需要外出求学，因为当地最好的学校就在他们家中。在造纸术[1]并不发达的魏晋时代，仅有的竹简都被士族们搜罗到庄园内，内部流通、内部教学。这招釜底抽薪，就是为了让所有的官职都只能从士族子弟中选取。

垄断知识远比垄断官职、经济更可怕，这才是杀人于无形的软刀子。垄断知识的结果就是垄断舆论。

士族们发明了一项高雅的运动，说得好听点叫"清谈"，其实就是扯淡。什么打麻将、扑克牌，那都是下里巴人[2]玩的，我们高等人只玩"清谈"。打个比方：两人面对面一坐，开口就是先有鸡还是先有蛋。你说先有鸡，我说先有蛋，然后辩论三天三夜。要不就是烧饼好不好吃之类的……反正就是些扯淡的话题，谁扯得好谁就有前途，能当大官指点江山。这可是士族专属的高雅活动。

[1] 与指南针、火药、活字印刷术并称中国古代四大发明。东汉蔡伦采用树皮、麻头、破布、旧渔网为原料造纸，后向民间推广。蔡伦后被封为龙亭侯，所造纸张享有"蔡侯纸"之称。

[2]《下里》《巴人》皆为古代楚国民间通俗的歌曲，后用"下里巴人"泛指通俗的文艺作品。与之相对的《阳春》《白雪》属楚国较高级音乐，后用"阳春白雪"比喻高深典雅的文学艺术作品。

七

士族权贵们垄断了社会资源，不需要努力就能靠血统做高官，不需要工作就有“别墅、钻石、法拉利”，人生的美妙莫过于此。有野心的司马懿带着士族们冒险一击，赢来了他们从来不敢想象的利益。

在汉朝时被打击的士族，现在只要几个家族一商量，就能搞定一切。曾经支撑了强汉人才来源的中产阶级，被权贵挤压得没有了生存空间。至于税收主要来源的寒门，大部分已经被士族纳入庄园，成了奴隶。

朝廷没有权威、没有人才来源，甚至没有税收来源，于是只能靠士族的打赏过日子。这恐怕是司马懿在洛阳意气风发时没有想到的结局。可这口锅您还得背好，别甩。

八

司马懿带着士族们美滋滋地过上富贵的生活，那占人口百分之八十的寒门怎么办？

在风平浪静的时候，他们默默无闻地做着奴隶。可稍有风吹草动时，这个沉默的群体就会爆发出惊人的力量，选择两条完全不同的道路。

几十年后，司马懿的子孙们为了争夺皇位爆发了“八王之乱”。表面上看是一群司马氏的人在互撕，可在这场大乱中充当中坚力量的，却是平时毫无出头机会的寒门精英。只有打破既得利益的阶层，他们才能在硕大的蛋糕上舔一口。当“八王之乱”把中原打到赤地千里时，寒门精英们只能选择第二条路——移民。

他们能够选择的只有匈奴、鲜卑等少数民族，他们终于不用再做奴隶了。如果工作业绩出色，还能升官发财，也就是说，上升通道被打通了。

士族们封死了寒门对美好生活的向往，他们就会用脚投票。毕竟，吃不饱饭的理想都是耍流氓。

九

324年，在北方混不下去的晋朝早已习惯了南京的杏花春雨。一天，晋明帝司马绍[1]问温峤[2]：“我朝是如何一统天下的，你跟我说说，看看有什么经验可以借鉴？”

一想到这事，温峤就很难为情，不知如何开口。就在这时，“王与马，共天下”的王导[3]开口了：“温峤还年轻，不懂往事，我来说吧。”然后他就从司马懿创业开始说起，经历背叛曹氏、屠杀名士、奢侈腐败，一直说到司马绍面红耳赤，趴在床上不肯起来。司马家族的往事，连子孙都听不下去了：“如果真是这样，那晋朝的国祚[4]又怎会长久呢？”

[1]（299—325），东晋皇帝，晋元帝司马睿长子。

[2]（288—329），东晋大臣。

[3]（276—339），东晋大臣，西晋末为琅邪王司马睿谋主，司马睿称帝（元帝）后他任丞相，王敦握重兵，时称“王与马，共天下”。历仕元、明、成三帝，皆居宰辅，协调南北士族关系，稳定东晋政局，江南经济、文化续有发展。

[4]国运，皇位。

十

长久以来，司马懿和曹操都被放在一起讨论。

曹操是怎么做的呢？219年，曹操征刘备失利后回到洛阳，在这里他下达了一道匪夷所思的命令："重新修缮洛阳北部尉的衙门。"堂堂魏王亲自关注洛阳北部尉的衙门好不好，是何道理？

如果仔细往前推几十年的话，你会发现，曹操的第一份工作就是在这里任职。在这里，他设立五色棒[1]专打权贵豪强，就连大太监蹇（jiǎn）硕的叔叔都死在五色棒下。

夕阳西下，曹操又想起四十五年前的那个下午，一个心怀理想的青年，意气风发地走马上任。从此以后，他一生都在斗权贵，扶寒门，劝农桑，他只想让贫寒百姓能够吃饱穿暖，有知识的青年能实现自己的理想，他希望那些占据社会资源又不干好事的权贵能再少一点。

但个人的力量终究有限，任凭曹操再怎么努力，结局都没能改变。在桓、灵年间的"党锢之祸"中，心怀理想、为了正义舍生的有志之士终究是不在了。屠龙者终成恶龙，英雄的子孙都成了他们当初誓死要打倒的人。

[1]《三国志》记载，曹操曾"造五色棒，县门左右各十余枚，有犯禁者，不避豪强，皆棒杀之。"后用以喻严刑峻法。

隋炀帝：生而为人，请你善良

一

大业十二年（616年）七月，大隋东京洛阳。隋炀帝杨广带着亲信心腹乘坐豪华游轮前往江都[1]，名义上是旅游，其实是逃命。杨广躺在柔软的锦褥上眉头紧锁，他在思考一个人生的终极难题："手里明明握着一把好牌，怎么就要破产了呢？"

杨广此时的心情非常低落。他做了一个让人意想不到的决定："我死以后，哪管洪水滔天。"

游轮来到江都码头，并没有像以往一样，有人山人海的热心老百姓来迎接。杨广的心情出奇的平静。"既然你们不来，那我只能亲自上门了。"他命令王世充搜寻江南美女、美酒、美食，因为只有在极致的享乐中，他才能暂时忘却世间的痛苦。

于是，我们看到了一幕奇观——天下造反越是闹得欢，杨广在江都玩得也越欢。皇后萧氏[2]看不下去了："陛下，要振作。"可他的男人早就不在乎了，每日沉溺在自己营造的幻境中苟且偷生。偶尔清醒时才会看着铜镜中的那张脸，说出自己的心里话："好头颈，谁当斫（zhuó）[3]之？"

[1] 郡名。隋大业初改扬州置。治江阳（今江苏扬州）。

[2] 乃南北朝梁明帝萧岿（kuī）之女。

[3] 本义为大锄，引申为砍、斩。

看着杨广变成这副模样，萧皇后气得一连问出了好几个为什么："为什么你要做这样错到极致的事情？""为什么你选择用如此愚蠢的方式来逃避现实？""为什么？为什么？"

自古创业艰难，散尽家财却只需一瞬间。

二

按照正常情况，杨广是没机会继位的。他是家中次子，从小就被寄予了厚望——做爹爹的好儿子，当哥哥的好帮手。至于杨广的梦想是什么，重要吗？

581年，杨坚把小外孙从皇位上拎起来，自己一屁股坐了上去。他把"随国公[1]"的封号改为"大隋"。杨坚想让五个儿子都能独当一面，于是，十三岁的杨广被封为晋王，负责镇守太原；二十岁时统帅三军南下长江，一统天下；二十二岁被调任扬州总管，抚慰江南。

[1] 袭父杨忠爵。

年纪轻轻就出任封疆大吏，心情不好还能去皇宫串门，跟皇帝喝茶、谈笑，该知足了吧？可杨广不知足，他在等待机会，因为他还想往上爬。

三

命运的大门透出一缕缝隙，那是野心进来的地方。杨坚的性格有些多疑，他总是觉得有人想害自己，所以一有不满意的地方，他就会借题发挥。太子杨勇一不小心就撞到了枪口上。某年冬天，杨坚出门旅游，于是大臣们就到东宫[1]去朝贺。

[1] 太子所居之宫，也借指太子。

杨坚一回来就懵了："太子这是啥意思？"玻璃心的大叔永远有操不完心。于是他转头就把杨勇给废了，一起送给太子的还有一份《"退休"指南》。

"谁让我一时不痛快，我就让他一世不痛快。"而杨广想做太子，还需要两个女人的辅助。

独孤皇后一直嫌大儿子太浪荡，那么，五个儿子中，她到底喜欢谁呢？于是就有了这样一个终极命题：中国大妈到底喜欢什么样的男孩子呢？答案很简单，要有颜值、有才华。

杨广就是这样一个才貌俱全的男孩子，"美姿仪，少聪慧"。按照现在的标准，大概就是智商一百八，一路学霸、校草地走过青春岁月，然后在二十岁前拿到博士学位，成为青年学者……这样的花样美男，哪个大妈不喜欢？

杨广的另一位辅助是妻子萧氏。她知道丈夫有野心，于是打好辅助，积极配合。公公不喜欢奢侈，她就勤俭持家；婆婆不喜欢妖娆，她就素面朝天；丈夫要注意影响，她就谨言慎行。

没有萧氏的配合就没有杨广的辉煌。他在登基以后哪怕再荒唐，也始终对萧氏恭敬有加。所以啊，夫妻和睦的秘籍永远不是感情、厨艺，而是事业的重合度、孤独时的陪伴啊。

四

杨广的本质其实是一个诗人。

604年，杨坚两眼一闭就去了。太子杨广顿时失去约束，继承皇位和万里江山。彼时，大隋是全球“市值第一”的帝国。论人口，杨坚留下了八百九十万户，而“贞观之治”也不过三百万户，直到“安史之乱”前夕才恢复到这个数字。也就是说，唐朝六代帝王也没能干过杨广。

论财富，杨广继承了天文数字的遗产。贞观十一年（637年），马周[1]在一份奏疏中说：“隋家真乃土豪。李密占了洛口仓就能称霸；王世充抢了洛阳就可以称雄；长安的仓库至今还被国家所用。”此时距离杨坚去世已经三十三年。

论形势，大隋朝打遍天下无敌手。在文臣武将的苦心经营下，突厥、契丹、吐谷（yù）浑[2]都战战兢兢地归顺，此时的大隋颇有“国际警察”的风范。

可历史就像抛物线，到达顶点就开始下降，杨广碰壁了。从此以后，杨广变了。他要利用国家丰厚的资源实现自己伟大的梦想，如果财富不能流动起来，怎样才能盘活经济呢？于是，他动用几百万人来开凿大运河。

暮江平不动，春花满正开。
流波将月去，潮水带星来。

[1] 唐初大臣。曾请唐太宗以隋亡为鉴，少兴徭赋，反对实行世封制，多被采纳。

[2] 古族名。也叫“吐浑”，鲜卑慕容部的一支。

夜露含花气，春潭漾月晖。
汉水逢游女[1]，湘川值二妃[2]。

[1] 汉水女神。
[2] 娥皇与女英。

这两首《春江花月夜》是杨广在下江南时写的，好像是在炫耀："感觉自己棒棒的，心情美美地。"于是，他亲自去开拓"西方市场"。

肃肃秋风起，悠悠行万里。
万里何所行，横漠筑长城。
岂台小子智，先圣之所营。
树兹万世策，安此亿兆生。[3]
……

[3] 杨广《饮马长城窟行》。

不是我好大喜功，实在是自古以来的领土不能放弃。就让我把事情做完吧，为中原百姓打造一座铁桶江山。于是，他要把不服从的敌人彻底消灭。

白马金具装，横行辽水傍。
问是谁家子，宿卫羽林郎。
……
征兵集蓟北，轻骑出渔阳。
集军随日晕，挑战逐星芒。
……
本持身许国，况复武功彰。
会令千载后，流誉满旂（qí）常。[4]

[4] 杨广《白马篇》。

611年，杨广开启了"三征高句丽"的大工程。在他的计划中，百万大军一旦到达前线，高句丽一定会哭着投降，然而事实是隋军每年都会收到“高句丽之旅”的单程票——有去无回。

五

一千多年来，中国人对杨广的评价很统一：坏透了。而最近十年，却有一股翻案的风潮：杨广是个好皇帝，只是刁民不懂事。

那么，事实究竟是怎样的呢？我们不妨来拆解一番。

论亲情，杨广不是一个好家长、好长辈。杨勇被废去太子位后，四年后就被新皇帝杨广赐死，十个儿子也没有一个活下来。

就算对自己的儿女，杨广也颇为刻薄。616年，杨广带着团队下江南，随行的只有萧氏和长女南阳公主，其他孩子则留在北方，后来儿子成为诸侯的傀儡，女儿则成为胜利者的战利品，杨家儿女何其悲哀。

论治国，杨广没有爱民的慈悲心。无论是修长城、筑洛阳、挖运河、出边塞，都是动用几百万人的大工程。然而不幸的是，对这些外出打工的民工，杨广不仅欠薪，还夺命。工程结束后，民工能活下来一半就不错了。

论做人，杨广缺乏最基本的诚信。615年，杨广北上巡视边塞，结果被突厥人包围在雁门[1]。整

[1] 治所在今山西代县。

整一个月都没能冲出去，也没有人来救援。虞世基[1]便说：“请陛下重赏将士，停止征辽东。”杨广说：“好，就听你的。”

但突厥撤退后，他却忘记了原先的许诺。他不仅没有奖励勤王的功臣，反而开启了第四次征辽东，“由是言其诈众，朝野离心[2]”。

杨广是一个极端自我的人。他有才华、有志气，想要做出一番惊天动地的大事业，并且有付诸实践的勇气和魄力。他也确实做出了前无古人的伟大业绩。浩荡的大运河至今仍然是最重要的水道之一，使分离三百年的江南重具中国之心，而日本唯一对中国称臣的时期，就是隋炀帝在位年间。

但世界上总有一种人，他们觉得自己高人一等。他们把自己的理想强加在其他人身上，偏执地认为自己是宇宙唯一的真理，容不得别人有半点质疑。在他们的眼里，自己的理想才是唯一高尚的，别人的老婆、孩子、热炕头只是庸俗的理想。

他们只看到自己的欲望，却忽略了大众渴求的温暖。在生活中，这种人几乎没朋友。在历史中，他们成了暴君。

六

618年，杨广死于江都。萧皇后用床板打了一副棺材，才将不可一世的丈夫草草安葬。那个地方，在如今的扬州雷塘。

[1] 书法家虞世南之兄，深受隋炀帝器重。

[2] 出自《隋书·虞世基传》，大意为：欺诈众人，导致朝野上下离心离德。

2014年我曾经专门去过隋炀帝陵[1]。从大门口走进去，虽然神道两边种满松柏，陵墓也被修葺（qì）得整整齐齐，我却感觉冷飕飕的。偌大的陵园只有两个人，一个活着，一个死了。我一步步往前走去，离他越来越近时我就在想："一会儿到他身边时，跟他说些什么呢？"

走完神道，我却在墓碑旁看到一些意外的东西：一束鲜花、一篮瓜果、三炷清香。看到这些东西时，方才胸中的块垒突然就放下了，我不再对曾经的大人物感到紧张，也明白了历史究竟是什么。当站在隋炀帝陵前时，我什么都没有说，鞠了三个躬后就转身离开。现在想来，我最想说的应该是："生而为人，请你善良。"那是对陵墓中的杨广，对送花、敬香的游客，亦对我自己。

[1] 位于江苏扬州市邗江区西湖镇司徒村曹庄。隋炀帝杨广与萧后合葬墓。隋炀帝杨广被缢杀后，初葬江都琉珠堂，后改葬吴公台下，唐武德五年（622年）迁葬今址。

▲隋炀帝杨广像

李世民：统一战线是个宝

一

刘邦能得天下，是和诸侯们搞好了统一战线；项羽失败，是没有搞好统一战线。针对各方的不同需求，刘邦可以大体满足各方的利益，想要地盘的给地盘，想要名气的给名气，想要钱的大把给钱。刘邦把大部分人团结到了自己身边，最后在垓下灭了项羽。

历来争天下的，几乎都是刘邦式的“宽厚长者”胜利，而只把目光聚焦在战场上的一方，总是免不了兵败的命运。其实在国与国的博弈中，这也是通用的道理。

唐朝能在立国不久后横扫天下，除了本身国力强盛外，李世民的手段也功不可没。

二

李世民的主要对手是突厥。不过，对突厥实施统一战线的，李世民不是第一人，但他是玩得最好的。

突厥原本是柔然汗国的奴隶部落，本部人口并不多，主要是做一些打铁的工作，几乎没有出头之日。546年，突厥领袖阿史那土门[1]不干了，他扔下工具带着族人造反，打败、合并了铁勒[2]各部五万余帐，迅速变得强大起来。552年，突厥打败柔然。阿史那土门带着部落四面出击，仅用五年时间就征服了蒙古高原，替代柔然成为新的草原大哥。

怎么就如此快速呢？其实草原争锋向来如此，每个部落的人口都不多，只要在战场上取得胜利，就能让其他部落前来投靠。打一仗就拉一些人，慢慢地，势力对比就越来越明显。等到所有部落都出现从众心理时，强大的柔然汗国也就结束了。到头来只是换了统治部落，其他都没变。唯一的区别就是，先入股突厥的铁勒人，最后成为突厥本部，享受最上层的待遇和地位。

到隋文帝年间，突厥已经分裂成东、西两部分，但实力都很强大。587年，东突厥都蓝可汗雍虞闾继位。隋文帝马上支持前可汗之子、都蓝可汗的弟弟突利可汗染干造反，并且派人致以亲切的问候，结果染干失败了。隋文帝又说："来河套吧，我养你。"于是，隋文帝封染干为启民可汗，在水草丰美的河套发展势力。这就等于花钱培养邻国的核心人物成为自己的老朋友，然后有机会再送回去掌权。

为了让启民可汗成为真正的老朋友，隋朝不惜亲自站台，为启民可汗壮声势。比如杨素[3]打败突

[1] 突厥汗国创始人。阿史那氏。

[2] 古族名。汉称"丁零"，后音变为"狄历""敕勒""铁勒"等，因所用车轮高大，也称"高车"。其漠北十五部，以薛延陀与回纥为最著，唐天宝三载（744年），回纥部强盛，建立回纥汗国。北朝民歌《敕勒歌》反映的是漠南阴山下敕勒川景物。

[3] （？—606），初为北周官员，后追随杨坚建立隋朝，多次立下大功。

厥后，把缴获的人口和牛羊还给启民，甚至经常举办宴会，让草原各部看到两家的亲密关系。没过几年，草原各部落陆续归附到启民可汗的麾下。从此以后，启民可汗年年朝贡，两家关系一直很融洽。

隋朝亲手培养了一个老朋友。

那么回头来看，既然隋朝能对突厥搞统一战线，突厥是不是也能对隋朝进行分化瓦解呢？还真是这样。

启民可汗去世后，隋炀帝为他停止上朝三天。启民可汗的儿子咄吉世继位为始毕可汗，始毕可汗上表依照习俗娶公主为妻，但始毕可汗部落逐日强大，裴矩[1]向炀帝献计要分散突厥势力，预备把王室女儿嫁给始毕可汗的弟弟叱吉设，并授叱吉设为南面可汗。

叱吉设不敢接受，始毕可汗听到这件事后，逐渐产生怨恨。始毕可汗很生气，后果很严重。615年，趁隋炀帝北巡时，始毕可汗把他围在雁门郡一个多月。直到各路勤王兵马赶来，始毕可汗才解围而去。对了，当时李世民也在其中一支勤王队伍里。

后来，随着中原大乱，突厥扶持起一批代理人。定杨可汗刘武周[2]、大度毗（pí）伽可汗梁师都[3]、平杨天子郭子和[4]、窦建德、王世充等诸侯都向突厥低下了头。就连李渊起兵时，也曾向突厥称臣。

突厥的本意是让中原诸侯内斗不休，这样才能分而治之，实现突厥的利益最大化。大国博弈，

[1]（547—627），炀帝时在张掖主管西域互市，采访西域政教、风俗、山川、交通、物产等，并导使西域各族首领入朝。

[2] 依附突厥，受封为定杨可汗，自称皇帝，年号“天兴”。

[3] 起兵反隋，攻占多个郡，自称皇帝，国号“梁”，年号“永隆”。

[4] 也叫李子和，隋炀帝时因罪徙榆林（今内蒙古准格尔旗东北），后集结死士起兵，自称永乐王，年号“丑平”（一作“正平”）。

都有类似的套路。只是突厥没想到，唐朝迅速完成内部统一，然后转头向北，专门对付“戎狄炽强，古未有也[1]”的突厥。李世民即将登上“天可汗[2]”之路。

[1] 出自《新唐书·突厥列传上》，大意为：戎狄如此强盛，自古以来未曾有过。

[2] “可汗”原为中国古代西北各族君主的称号，贞观四年（630年），唐平西突厥，回纥等族首领拥戴唐太宗为各族共主，尊称“天可汗”。

三

李世民刚在玄武门杀兄逼父之后，突厥的颉（xié）利可汗就跑来打秋风，想看看能不能占点便宜。

颉利是启民可汗的小儿子，始毕可汗的弟弟。他带着二十万人来到渭河以北，看起来黑压压一大片，把四十里外的长安百姓吓坏了。

李世民说：“不怕。”他布置一些疑兵，亲自带着几个人到渭河南岸和颉利可汗面对面谈判：“不就是要钱嘛，给你就是。如果你想进长安，不妨试试。”

一番心理战之后，颉利可汗慌了。突厥看起来庞大，其实是众多部落的联合体，可汗并不能一意孤行。其他人看到有钱赚，还拼什么命啊，千里打仗不就为钱吗？于是，在心理战、现实利益的作用下，李世民实施了大智大勇的“空城计”。

接下来，李世民开始推行统一战线。还记得前边的始毕可汗吗？他有个儿子，由于年纪小没能继承汗位，后来被叔叔颉利可汗封为突利可汗，分管东北一带。

汗二代年轻气盛，不把属下部落放在眼里，到处乱收钱，于是很多部落跑到唐朝生活。

人口就是资源，怎么能让他们随便跑呢？叔叔让他追回来，结果小伙子又打了败仗，颉利可汗气得把大侄子吊起来毒打了一顿。

突利可汗很生气，给李世民写信："我认你当大哥，让我去长安吧。"李世民回信："来，封你为北平郡王。"就这样，李世民轻而易举地拉拢到了老朋友，首战功成。

李世民的第二个老朋友来自西北。西突厥的领土内有一个部落叫薛延陀[1]，有部众三十多万，实力比较强大。628年，西突厥的政局有点乱，薛延陀的领袖夷男带领部众向东迁徙，臣服于东突厥的颉利可汗。

[1] 古部落名。铁勒诸部之一，由薛部与延陀部合并而成。

但此时的颉利有点不顺。自从做可汗以来，他经常号召部落到长城附近抢劫，搞得大家有苦难言，不仅死伤太多，而且畜牧生产也掉链子。虽然大家都爱钱，但也不能用命去换啊。而草原经济基本依赖牛羊，一旦遇到恶劣的气候环境，牛羊就会大片死亡，各部落只能喝西北风。很不幸，从渭河回来的当年，突厥就经历了大暴雪。牛羊大量死亡导致人心惶惶，再加上众多部落不服颉利，一个火药桶只等引爆。

所以，东归的夷男发现，东突厥也不行啊，那就造反吧。这中间的时间差很短，基本是夷男刚刚投奔，发现突厥内部有矛盾之后就立刻造了反。

和突厥的祖先一样，薛延陀的夷男造反事业也很顺利，那些部落纷纷跑到夷男的帐下，磕头认大哥。速度之快让夷男有点懵："我只不过想做一点微小的工作而已，完全没想做你们大哥啊。"

此时的薛延陀已经占据漠北，大致就是贝加尔湖[1]一带。于是东突厥就成为夹心饼干，被大唐和薛延陀夹在中间。

李世民的消息很灵通，他赶紧派人送信到漠北："夷男，你很适合做草原的大哥呀，来，我封你为真珠毗伽可汗。"外来户夷男为了震慑其他部落，就这么做了大唐的带路党。

对李世民来说，629年是丰收的一年，突利入朝，夷男带路，颉利政局不稳。李世民抓住机会，让李靖带兵北伐，第二年三月就生擒颉利可汗。经此一战，曾经威风赫赫的东突厥烟消云散。

四

汉武帝和匈奴打了几十年，打到海内[2]空虚也没有取得完全胜利，李世民只用短短四年时间就打垮东突厥。倒不是说汉武帝不如李世民，这其中有一个时间线的问题。汉武帝的时代对世界的认识还比较浅，对匈奴情报掌握得也不充分。但汉武帝懂得统一战线。他刚继位不久，就派张骞出使西域，到处找匈奴的敌人做小伙伴，只是大月氏（zhī）[3]不愿意打仗，才不得已硬扛。

到李世民的年代，中原已经和草原交往了几百

[1] 位于俄罗斯东西伯利亚高原南部，世界最深和蓄水量最大的淡水湖。中国古称"北海"，曾为中国北方部族主要活动地区。

[2] 四海之内。传说我国疆土的四周有海环绕，故称国境以内为"海内"。

[3] 古族名。"氏"一作"支"，古籍常将大月氏略写作月氏。秦汉之际游牧于敦煌、祁连间，西汉文帝三至四年（前177—前176）间，遭匈奴攻击，大部分人西迁塞种地区（今新疆伊犁河流域），后又迁徙到中亚大夏故地，张骞通西域曾至其地。西迁的月氏人称"大月氏"；少数没有西迁的人入南山（今祁连山），与羌人杂居，称"小月氏"。

年，大致情况也了解清楚了，而关陇贵族中又有很多鲜卑人，对草原部落的习性也了解。再加上隋朝的暖场表演，李世民根本不必硬打突厥，而是和突厥可汗的敌人统一战线，在一堆引路者的配合下，一招制敌。

这也是大国外交的前提。正所谓敌人的敌人就是朋友，找到敌人的主要敌人，摸准他们的需求，逐渐发展成自己的朋友，合众人之力，往往可以事半功倍。

但是，曾经的朋友也可以是如今的敌人。

李世民灭了东突厥之后，把草原各部安置在边境的州县，或者设立都督府，让他们继续做大唐的屏障，有军事行动时继续做引路者。此时的草原是薛延陀独大，于是薛延陀就继承东突厥的地位，成为大唐的主要敌人。

643年，夷男想给李世民做女婿，派人来求婚。房玄龄说："还是要准备军事打击，玩虚的没用。"李世民说："当然要打，但是不急，我们要等待有利时机。"于是，大唐定计要打仗，表面上却依然笑呵呵地说欢迎，还约定在灵州[1]请夷男吃饭。夷男带着人马经过沙漠时伤亡不小，李世民立刻收回请柬，吃饭免了。不久后，夷男的聘礼到了，由于路途艰险损失不小，李世民趁机便说："明显不诚心，悔婚。"

两年之后，夷男去世，年轻的新可汗排斥老臣，搞得大家人心惶惶。李世民马上派兵马分道北上，并且亲自到灵州给军队加油打气。在唐军的兵

[1] 唐辖境相当今宁夏中卫市、中宁以北地区。为朔方节度使治所。

威之下，回纥、拔野古[1]等部落纷纷投降，掉头和唐军一起向北，灭掉老大哥薛延陀。

那些看上去轻松取得的胜利，往往是背后精心谋划多年的结果。而政治上的统一战线，对军事战斗来说，属于降维打击。有的人明明在战场上节节胜利，却不知不觉间输掉了一切。

打败薛延陀之后，草原各部是心服口服，他们纷纷请求修建一条“参天至尊道[2]”，作为朝拜天可汗的大道。

看看李世民做得多好，这就是高手。

[1] 古部落名。铁勒诸部之一，天宝以后属回纥。地近黑龙江，与靺（mò）鞨（hé）为邻。

[2] 出自《新唐书·回鹘列传上》。唐贞观年间，各部来朝，太宗为其饯行时，回纥首领一同表示，身在边远地区，投归大唐，天子赐我们官爵，做大唐的百姓，依赖大唐就像依赖父母，请求开辟一条参天至尊道，我们愿世代做唐臣。

▲唐太宗李世民像

赵佶：艺术家皇帝

一

1100年，正月，宋哲宗[1]驾崩。由于没有子嗣，由谁接班就成了头等大事。宰相章惇提出了两个人选：申王和简王。申王[2]是宋神宗的长子，但是有眼疾。简王[3]是宋哲宗的亲弟弟，一母同胞。

主持政事的向太后没有孩子，所以她有自己的顾虑："申王的五官不正，三观能正吗？如果选简王，那个女人不就生了俩皇帝？"绝对不能忍。于是，向太后决定选一位自己喜欢的皇子继位，他就是宋神宗的第十一子——端王赵佶（jí）。章惇一看就急了："端王轻佻，不可以君天下。[4]"但其他几位大臣曾布、蔡卞[5]、许将[6]都是察言观色的行家，纷纷表态支持太后的英明决定。就这样，十九岁的赵佶登基为帝，后世称之为"宋徽宗"。

赵佶初登帝位就给自己定下了一个目标："因王安石变法而兴起的派系斗争要尽快结束。"他发布了一系列命令、做出了一系列表率，积极展现了新朝新气象，让天下人为之侧目。

同年三月，"诏宰臣、执政、侍从官各举可任

1 即赵煦（1077—1100），北宋皇帝，1085—1100年在位，宋神宗赵顼之子。

2 即赵佖（bì）。

3 即赵似。

4 出自清毕沅（yuán）撰《续资治通鉴·宋纪》。

5 北宋末年"六贼"之首蔡京的胞弟，王安石之女婿。

6 福州历史上第一个考上状元的人，文武双全，廉洁奉公，深受神宗和哲宗的赏识、器重。

台谏[1]者”，这是积极要求自我监督。“却永兴民王怀所进玉器[2]”，这又是以身作则、整顿风气。

四月，“诏范纯仁[3]等复官宫观，苏轼[4]等徙内郡[5]居住”。

八月，“诏诸路遇民有疾，委官监医往视疾给药[6]”。

当时宋朝的政治圈分为新旧两种：支持“王安石变法”的大臣称为新党，提倡“祖宗之法”的大臣则是旧党。以上是赵佶做的小事，新旧两党自然会鼓掌叫好。但一旦涉及自己的身家性命，即便是皇帝，他们也不会允许赵佶胡来。宰相曾布曾对赵佶说：“手心手背都是肉，陛下要采纳双方最好的意见，千万不能加入党争啊。”

赵佶当然不会亲自下场，因为他找了一个叫蔡京的代理人。蔡京是一个典型的官场老油条，他知道如何与皇帝打交道，也知道什么事情能吸引赵佶，最绝的是，他给自己的定位是“狗”，就像后来的严嵩、和珅一样。绝对忠心于皇帝，又能镇压反对派。对于这样一个理想的人选，赵佶还有什么不满意的呢？

1102年，蔡京被任命为宰相，他秉承皇帝的意志在朝廷拉拢自己人、打压反对者，而赵佶却高高在上，成为裁判，制定游戏规则。这样一来，他就能从繁杂的朝政中抽身，而不被党争左右。他有了大把的时间来绘制“大宋盛世”的蓝图。

这张蓝图的名字叫“丰亨豫大”。

[1] 也叫“台谏官”。唐、宋以掌纠弹之御史为“台官”，以掌建言之给事中、谏议大夫等为“谏官”。

[2] 大意为：拒绝永兴百姓王怀进献的玉器。

[3] 范仲淹之子，为人纯孝、忠义、廉俭。

[4]（1037—1101），北宋文学家、书画家，眉州眉山（今属四川）人。苏洵之子，苏辙之兄，三人合称“三苏”，“唐宋八大家”之一。

[5] 迁往内地。

[6] 大意为：下诏各路遇到百姓生病，委派官员监督医生前往治疗给药。

二

大宋新政的第一把火是福利事业。宋朝一直有福利政策为穷苦家庭提供不定期的救助，但真正将这项福利扩大到全国的则是赵佶和蔡京。

1102年，八月，大宋所有的州县都接到命令："立刻在当地建立安济坊。"后来，为了防止基层偷懒，安济坊还专门奖励和提拔官员。如果一年中病人死亡率低于百分之二十，那么主管的官员就能拿到五十贯的年终奖。

十几天后又设立了居养院，这是向穷人提供衣、食、住的机构。只要是寡妇、鳏（guān）夫[1]或孤儿，都能在这里领到一份口粮和救济金。

1104年，漏泽园推广至全国，这项福利给予穷人们最终的关怀。每个去世而无地埋葬的人都会被送到这里，每个墓碑上都会写明死者的名字、年龄，还会赠送一副棺材和三尺深的墓穴。宋神宗曾说，此子"子有福寿，且仁孝"，真是知子莫若父。年轻的赵佶对穷人有一种怜悯的慈悲。

1102年，另一封奏疏也摆在了赵佶的案头。蔡京说："陛下，除了办福利，还得兴教育啊。"他建议在各州、县开办学校，把教育普及到大宋的千家万户。

哪个皇帝不希望多培养人才？于是一场"办教育"的活动轰轰烈烈地展开。

1104年，为了鼓励兴办学校，朝廷规定了县学

[1] 年老无妻或丧妻的人。

的人数：大县五十人，中县四十人，小县三十人，招不满学生就扣俸禄。有了朝廷的财政支持和精神鼓励，无数学校在大宋拔地而起。史载，1104年，全国学生达到二十一万人，每年要消耗三百四十万贯铜钱。

太学尤其是重点培养对象。而太学生又被划分为三个等级，只要“品学兼优”达到最高级，就能直接参加吏部考试，并授予官职。在科举外，赵佶打通了另一条人才上升的渠道。

三

生在帝王家，如果想保命，就得“玩物丧志”，喝酒、踢球、收集书画，怎么败家怎么来，以示对皇位争夺没兴趣。其他兄弟是不得已，赵佶却是真喜欢，以至于在继位前，他就成了小有成就的青年书法家。

刚开始，他学习的是黄庭坚[1]。直到有一天，朋友送来一幅唐朝薛曜[2]的代表作——《夏日游石淙（cóng）诗并序》，他只看了一眼就喜欢上了这种铁笔银钩的书法。

在继位后，赵佶又博览宫中的珍贵藏品，眼界逐渐开阔，于是他把不同的风格融入薛曜的书法中，并结合自己天生富贵的气质，终于融百家为一炉，形成极具个人风格的“瘦金体”。

中国人历来讲究藏锋内敛，赵佶却偏偏要锋

[1]（1045—1105），北宋诗人、书法家。与苏轼齐名，世称“苏黄”，与秦观、晁补之和张耒同出苏轼、苏辙兄弟门下，合称“书门四学士”，书法上与苏轼、黄庭坚、米芾（fú）和蔡襄合称“宋四家”。

[2]“唐初四大书家（欧阳询、虞世南、褚遂良、薛稷）”之一薛稷的堂兄弟，二人都学习临摹虞世南、褚遂良法书，均以擅书名世。医宋徽宗瘦金体为薛曜书法变体，薛曜也被称为“瘦金体之祖”。

芒毕露，他开创的“瘦金体”撇如匕首，捺如切刀，其书写意境犹如美人谋杀亲夫，虽冷酷，却有一种别样的美感。现存于台北故宫博物院的《秾（nóng）芳诗帖》，就是赵佶的得意之作。

秾芳依翠萼，焕烂一庭中。
零露沾如醉，残霞照似融。
丹青难下笔，造化独留功。
舞蝶迷香径，翩翩逐晚风。

这幅作品既是诗又是书法，其第二句甚至可以想象成一幅画。将诗、书、画融为一体的，除李煜[1]外，赵佶是第二人。宋元年间的书法家赵孟頫[2]曾评价瘦金体：“所谓瘦金体，天骨遒（qiú）美，逸然蔼然。”

这种瘦挺爽利、侧锋如兰竹的书法需要极高的涵养和心境来完成，后世学习“瘦金体”的人多如泥沙，但能得其精髓者却寥若晨星。为什么呢？我觉得是骨子里缺少一种雍容的贵气。

❶（937—978），五代时南唐国主，在位十四年，世称李后主。能诗文、音乐、书画，尤以词著名。宋兵破金陵，出降，后被宋太宗毒死。

❷（1254—1322），宋宗室。工书法，学李邕而以王羲之、王献之为宗，世称“赵体”。

四

与“瘦金体”相契合的是赵佶的工笔[3]画。细瘦如筋的长笔画，在首尾处加重提按顿挫，再取黄庭坚的中宫紧结四面伸展之法，颇有瘦劲奇崛之妙。他首创的工笔花鸟画，力求“形神兼备”。

❸也称“细笔”，与“写意”相对。要求通过严谨的用笔设色，使形象描绘达到形神兼备的效果。

为了做到“形似”，赵佶常到皇家花园去写生，其勤奋程度，恐怕连今天的艺考生都要自叹不如。为了做到“神似”，他每次在画鸟儿时都不画眼睛，直到全部完工后，才用生漆[1]为鸟儿点睛，这就是“生漆点睛”。用生漆为鸟儿点睛后，眼睛就比其他部位略微突起，显得灵动而有神韵。

[1] 漆树汁液去杂后得到的漆，涂刷干燥后能结成黑色硬膜，坚韧耐久，耐腐蚀。

中国画向来都讲究“意境”，而不重写实，但赵佶却将工笔画发展创新，形成一套严谨的技法，从此，工笔画成为中国画的重要流派。

1115年的一次宴会上，赵佶画了一对水鸟走在池塘边，并向大臣们展示。大臣们看完都惊呆了：“皆起立环观，无不仰圣文、睹奎画，赞叹乎天下之至神至精也。[2]”虽然是奉承，但不可否认，赵佶的绘画水平早已登峰造极。

[2] 出自南宋邓椿的中国画论著《画继》。奎画，帝王的墨迹。

比如《竹禽图》，画中鸟儿的色彩很浅，胸部羽毛以工笔画的手法细致地描绘出来，并以生漆点睛。而竹叶则是一种明亮的绿色，虽然还是冬天，但叶尖已经突出新芽。当代艺术史家方闻说：“这是一个幽居深宫的皇帝远避尘嚣的美好幻想。”

五

所谓“丰亨豫大”，文化也是重要的一环。在“办教育”的大潮中，赵佶在京师还设立了几所专科学校，都置于国子监的管理之下，有画院、书院、医院……而他倾注心血最多的就是画院。

画院的入学考试堪称“中国最早的艺考”。赵佶亲自出题，然后由考生作画，只要赵佶说“好”，就可以顺利成为天子门生。比如“野水无人渡，孤舟尽日横[1]”，大部分考生的画都缺乏意境，有的画了一艘小船停在岸边，有的画了乌鸦站在船篷上。而赵佶老师最欣赏的却是一幅“人卧舟尾图”。人在船尾斜躺，手中握着一支笛子，其意是游船的人很闲，有情趣。

比如“竹锁桥边卖酒家”，夺冠的作品并没有直接画出小酒馆，只画了一面旗，上面写着“酒”字，而这面旗又在竹林之中若隐若现。可见考入画院不仅要求专业过关，还得有悟性。

画院的学习时间是三年，课程有宗教艺术、人物、山水、鸟兽、花竹、建筑等课程及《论语》《孟子》等文化课。

优质的生源、全面的教育，造就了杰出的人才。1112年，十七八岁的王希孟[2]展现出非凡的天赋，于是赵佶决定亲自指点他笔墨技法。仅半年，王希孟的水平就突飞猛进，画了一幅《千里江山图》进献给皇帝，此外还有画《清明上河图》的张择端[3]、画《万壑松风图》的李唐[4]。画院就这样培养出了一大批杰出的画家。

[1] 出自北宋寇准（zhǔn）《春日登楼怀归》。

[2]（1096—？），北宋画家，早卒，擅画山水。《千里江山图》是其传下的唯一作品，全卷青绿重设色，表现了山河的壮美。

[3] 北宋画家，擅绘舟车、市肆等。存世作品有《清明上河图》，全图描绘北宋汴京城内及近郊物阜民丰、兴旺繁荣的景象，反映出当时社会各阶层的生活情态，具有重要的历史价值和艺术价值。

[4]（1066—1150），南宋画家。擅画山水，开南宋一代新画风，世称“院体”。其技艺被刘松年、马远、夏圭等效法，后人合称四人为“南宋四家”。

六

某个夏日夜晚，赵佶做了个梦：“大雨过后，天空洗练，只剩下一片天青色让人心醉。”第二天起床后他就写下一句诗：“雨过天青云破处，这般颜色做将来。”这就是大名鼎鼎的汝瓷[1]。

要想烧出纯净的天青色瓷器，就得控制好釉里的铁元素，而铁元素极其善变，温度过高就会发紫，而温度太低就会发灰，只有控制好温度和氧气，才能烧制出天青色。

日子一天天过去，汝窑的工匠尝试了无数种方法才成功。可即便如此，每个窑炉一次也只能烧制出十几件瓷器，可见其珍贵。汝瓷青如天、面如玉、声如磬，一经面世就成为瓷中“贵族”，当时的达官贵人无不以拥有一抹“天青色”为荣。

2017年10月，一件汝窑天青釉笔洗[2]在香港拍卖，最终以近三亿元成交。跨越千年，依旧如此保值。

1117年，赵佶决定在开封东北隅再建一座花园。工程历时五年，修成后非常豪华，赵佶将其命名为“艮（gèn）岳[3]”。其周长只有十多里，但天下奇花异草、佳木怪石全囊括在这一方小天地之中，就连建筑的名称都要与众不同、富有诗意：“萼绿华堂、承岚亭、昆云亭……”

那些从江南各地运来的“花石纲[4]”也都有了各自的名字：朝日升龙、望云坐龙、万寿老松、雷门月窟……其中规模最大的建筑叫寿山，那是道君皇帝赵佶与神仙沟通的地方。

1122年，赵佶专门写了一篇文章纪念这项国家工程的竣工：“朕万机之余，徐步一到，不知崇高

[1] 始烧于唐朝中期，盛名于北宋，位居宋代“五大名瓷”之首，因产于汝州而得名，形成过“汝河两岸百里景观，处处炉火连天”的繁荣景象，在中国陶瓷史上占有显著地位。

[2] 也叫“墨洗”，用来洗涮毛笔的器具。

[3] 初称万岁山，宣和四年徽宗自为《艮岳记》，以为山在国都之艮位（即东北方），故名艮岳。宣和六年，改名寿峰。

[4] 北宋末年用以运送民间奇花异石到都城开封的纲运（唐以后成批编组运货的办法，每批编立字号，分若干组，一组称“一纲”）。其间官吏乘机勒索，人民深受其害，方腊起义时罢花石纲，起义失败复置，后金军南下再罢。

贵富之荣；而腾山赴壑，穷深探险，绿叶朱苞，华阁飞升，玩心惬志、与神合契，遂忘尘俗之缤纷，而飘然有凌云之志，终可乐也。”

在他看来，努力奋斗二十年，大宋的盛世终于来临了。还有如“艮岳”一般的超级国家工程，可不是一片“丰亨豫大”的神武景象吗？

七

陈寅恪说：“华夏民族之文化，历数千载之演进，造极于赵宋之世。”而宋朝的文明巅峰又在徽宗一朝。作为艺术家，他把简约素雅的气质融入书法、绘画、工艺、园林之中，引领了中国乃至周边国家千年的审美。作为皇帝，他和大臣推动的社会福利、人文关怀、教育理念，无一不是现代社会的先驱。

如果时间停止在1122年，赵佶将名垂千古。可历史就像过山车，玩的就是刺激。仅仅五年，就已是斗转星移、沧海桑田。1127年，金兵俘虏赵宋皇室三千余人北上，还没走到五国城[1]，不少人就死在了路上。“靖康耻”成为中原人永远不能忘却的伤疤。

其实大宋朝是可以不亡国的。金兵包围开封就一定会亡国？几百年后蒙古人也经常去北京跟嘉靖皇帝打招呼，可明朝不是照样硬挺了一百年，这事又找谁说理去？况且，在金兵包围开封时，各路勤王兵马都在纷纷赶来，城中的粮食、军备也一应俱

[1] 古城名。辽时今黑龙江依兰以东至乌苏里江口的松花江两岸有剖阿里国、盆奴里国、奥里米国、越里笃国、越里吉国等五部落归附，设节度使领之，称“五国城”。宋徽宗被金人所俘后，囚死于此。

全，为什么会在一夜之间亡国？

这一切都是因为“缺乏担当”和“父子失和”。赵佶缺乏担当，所以在金兵南下之初他就传位给儿子，自己带着亲信跑去江南。直到金兵北归，他又跑回来争权。

大宋新皇帝赵桓[1]的心情也可以理解：“大难临头，您老人家跑路了。等天下太平后，您又回来摘桃子，没有这么欺负人的。”于是，由赵佶“缺乏担当”造成了“父子失和”，直接影响了宋朝对金兵的应战策略。大臣党争、皇帝猜忌、勤王兵马的进退失据，皆由于此，甚至还出现了“城头跳大神”的闹剧。

一念之差，国破家亡。

有人说：“如果宋徽宗生于普通人家，就是一名天才艺术家。”这句话对，也不对。如果生于普通人家，赵佶的艺术天赋必然会得到释放，但成就可能相当有限。没有无尽的财富供其挥霍，没有天生富贵的气质，没有“醒掌天下权”的阅历，很可能不会有后来的瘦金体、花鸟画、园林等艺术大作。他很可能成为一名“忍把浮名，换了浅斟低唱[2]”的浪荡才子。

可当他生于帝王家，用自己的天赋和学识在万里江山上作画，给中国留下最绚丽、最令人向往的伟大作品，却又因为自己的软弱和自私，亲手将这一切埋葬。“丰亨豫大”就像他的“瘦金体”一样，冰冷、残酷，却蕴含着一种凄美。

千载之下，唯有一声叹息。

[1] 即宋钦宗（1100—1156），徽宗长子，北宋皇帝，1126—1127年在位。后与徽宗一同被俘，北宋灭亡，死于五国城。

[2] 出自柳永《鹤冲天·黄金榜上》，大意为：宁愿把功名换成浅浅的一杯酒和耳畔低回婉转的歌唱。

成吉思汗：蒙古人的图腾

一

公元前215年，蒙恬率领三十万大军北逐匈奴七百里，攻取河套地区，让匈奴不敢南下牧马。随后秦始皇命令蒙恬修筑长城，秦、赵、燕国的长城被连接起来，成为“西起临洮，东止辽东，绵延一万余里”的万里长城。

一条长城，分隔了两个世界。从此以后，中原始终是汉族的基本盘。

然而北方草原风云变幻，秦汉时是匈奴人，南北朝时是柔然人，隋唐时是突厥人、回纥人，宋朝时是契丹人，仿佛草原人始终没有固定民族。不过，这一切都被成吉思汗结束了。

成吉思汗之前，他们有五花八门的名称，可在成吉思汗之后的八百年里，草原上只有一个名称：蒙古。蒙古帝国不必说，随后的瓦剌[1]、鞑靼[2]、察哈尔[3]、准噶尔[4]等都是部族名称，或是国号，在他们内心深处有一个骄傲的名字：蒙古人。

草原有了精神图腾、共同记忆，才能形成一个固定的民族。

[1] 也叫卫拉特，清代对西部蒙古各部的总称。元译“斡亦剌”，明译“瓦剌”。

[2] 突厥统治下的一个部落，突厥亡后，逐渐成为强大的部落。

[3] 蒙古旧部名。明蒙古左翼三万户之一，为蒙古大汗的直属部。

[4] 清卫拉特蒙古四部之一。

二

在匈奴、突厥时代，部落首领具有相当大的独立性。单于、可汗的家族和部落是统治的核心。他们的部落往往不是人口最多、文明最昌盛的，他们是通过战争来征服其他部落。被征服者投降后，换一面旗子即向新领袖效忠。什么都没有改变，只是换了统治家族。

在单于、可汗之下，每个部落都是世袭领袖的私人财产，他们的牛羊和牧民，单于和可汗都没有权力直接调动。单于和可汗只有赢得部落领袖的效忠，才能维持统治。那时的草原，各部落是独立的诸侯国，而单于和可汗只是“周天子”。

1206年，铁木真在斡难（nuó）河[1]源头加冕，蒙古诸王、贵族、大臣为他奉上“成吉思汗”的尊号，“成吉思”在蒙语中的意思是“强大”。

[1] 黑龙江上源之一。十世纪后，斡难河源为蒙古族世居之地。

四十五岁的成吉思汗将和前人不同。他没有和之前的大汗一样，让部落首领继续当独立诸侯，而是把所有部落的牧民全部打散，编为九十五个千户，八十八个功臣被任命为千户官，统领九十五千户。在此之上还有万户、诸王。而众星拱月的成吉思汗对万户、千户拥有绝对的调动权。

他们的职位可以世袭，但必须得到大汗的认可，驻地和牧场也由大汗分配。这是政治、军事、经济合一的体制，经过成吉思汗的改造，草原版郡县制出炉。

中原的郡县制两千年不衰，草原的千户制也凝聚了蒙古人的全部力量。此时的成吉思汗，是草原的秦始皇。

三

成吉思汗有了组织制度就成功了吗？当然不是，他还需要软实力。草原部落的记忆都来自口口相传，只要一个部落被灭，他们的荣耀和苦难、悲伤和爱恨、来路和远方统统化为乌有。

没有文字，就没有文化。在讨伐乃蛮部[1]的战役中，一个名叫塔塔统阿的畏兀儿[2]人被俘虏。后来，成吉思汗让他用畏兀儿字母拼写蒙古语。

塔塔统阿的文字，让蒙古文化有了载体。成吉思汗的命令和法律可以记录在册，以供后人使用。由新文字写成的《蒙古秘史》[3]让民族有了共同的记忆。牧民不再是无根野草，而是同文同种的同胞。共同记忆，才是一个民族的源头。文字给了蒙古人下限，辉煌武功则提高了蒙古人的上限。

成吉思汗的大纛（dào）[4]下聚集了十几万蒙古骑兵，他们来去如风，西夏、金国、花剌子模都在蒙古的铁骑下灰飞烟灭。随后几十年，蒙古铁骑攻灭数十国，版图扩张到三千万平方公里，最远处兵锋直抵维也纳[5]城下。

蒙古帝国东西长一万六千里，海滨东方早已月上枝头，西方边境才正值烈日当空。数千年历史

[1] 也叫“乃满”“奈曼”“耐满”，古族名。辽金时游牧于今阿尔泰山与杭爱山之间，文化较高，有掌印官，上层信景教（唐代对首次传入中国的聂斯脱利派基督教的称谓）。

[2] 元、明两代对回鹘一词的异译，今译“维吾尔”。

[3] 也叫《元朝秘史》，撰者不详。十三世纪中叶成书，是中国蒙古族最早用蒙古文写成的历史文献和文学作品。

[4] 古时军队或仪仗队的大旗。

[5] 奥地利首都和最大城市，位于该国东北部。

上，人类从未有过如此浩瀚的国度，这是蒙古人的黄金时代。

成吉思汗及其子孙的时代，成为蒙古人心目中不可磨灭的烙印，也是一座高大雄伟的丰碑。先辈的辉煌武功，让他们感到无上荣耀。此时的成吉思汗，是草原的汉武帝。

四

2010年，我在内蒙古生活了几个月，才真实地感受到什么叫作“成吉思汗崇拜”。稍有档次的场所，会悬挂成吉思汗的画像，庄严肃穆到让人恨不得一进门就三鞠躬。文印品上有头像，广场有雕塑，我想买几幅毡画带回去，选来选去，百分之八十的图案都是成吉思汗。长城以北，成吉思汗早已和土地上的人们血脉相连，因为他缔造了蒙古族。

对比一下汉族，我们的精神源头和历史记忆来自炎黄[1]二帝。在炎黄之前，没有所谓的汉族，只有遍布中原的部落。那时的先辈茹毛饮血[2]，如同野兽。炎黄二帝征战千里，或驱赶，或同化，把周围的部落全部纳入中原的框架中，然后兴农业、劝织布、修兵甲，才形成汉民族的基本盘。

炎黄二帝就是汉族的神明，那么成吉思汗在蒙古的成就，不亚于炎黄二帝。我们有多么崇敬炎黄，蒙古人就有多么信仰成吉思汗，他们都是民族的创世神。

[1] 传说中的中国上古帝王炎帝神农氏和黄帝轩辕氏。

[2] 比喻原始时期人们还不知熟食，连毛带血地生食禽兽。

五

所谓民族，到底是什么？血统、种族、姓氏或者地域？没错，这些都可以成为民族的标志，但这绝不是根本。以血统、种族区分的只能成为部落，高大的门槛横亘[1]在那里，把门里、门外分成泾渭分明的世界，也把想容纳进来的潜在人口排除在外。这样的部落发展终究有限，真正构建民族内核的是精神图腾和共同记忆。

[1] 横跨；横卧。

在万里草原，乞颜[2]部依然是大海中的水滴，蒙古部族也只是草原的一分子。他用制度、文字和武功构建了所有部落的共同记忆，然后自己又化身蒙古的精神图腾，真正把所有部落熔为一炉。

[2] 成吉思汗一族所在的蒙古部落名。

人类未来，是否会继续演进呢？肯定会，只是民族的演进过程极为漫长。个人的生命短暂，犹如白驹过隙[3]，只是参与其中的小水滴，根本看不到一丝一毫的改变，但不可否认，这个过程仍在继续。

[3] 形容光阴过得极快。

千百年后的世界，我们已不能想象。变化的是名字、口音，不变的是完成演进的精神内核。

光绪：个人的悲剧也是时代的悲剧

一

一百多年来，光绪皇帝的身上有这样几个标签。

第一个标签是纯粹的变法者，无私无家，一心为公，仿佛什么事情都可以为理想和目标让路。这个标签是康有为和梁启超手动贴的。

第二个标签是懦弱的废物。在这个标签下，光绪又变成了刚愎自用、懦弱的愣头青，在甲午战争和戊戌变法中一意孤行，简直是天字第一号[1]大傻瓜。

[1] 借指最大的、最高的或最强的。“天”字是《千字文》首句“天地玄黄”的第一字，因此“天字第一号”就是第一或第一类中的第一号。

第三个标签则来自当代。由于已经过去一百多年，某些人把光绪皇帝进一步符号化，把自己的意志强加到光绪身上，想象变法成功后又会如何，这种态度是借光绪的嘴说自己的话。

我一直觉得，上至皇帝，下至百姓，都是有血有肉的人，他们的七情六欲也是共通的。普通人遭遇的境况光绪也会遇到，而作为皇帝，他又有着常人难以体会的折磨。

这篇我想跟大家聊的是光绪的几个侧面小故

事，脱离历史的宏大叙事，也许我们能重新认识这个人。

二

首先是光绪和慈禧的母子孽缘。1875年，二十岁的同治皇帝去世，官方说法是死于天花[1]。大清的江山总要有人来继承，慈禧作为亲生母亲，她顾不上哭天抢（qiāng）[2]地，而是立刻召开了立嗣[3]会议。

宗室王爷和军机大臣都参加了此次会议。这种事情总要经过一番争夺，说不定还能捞到一份拥立之功呢，他们中有的主张立年长的王爷，有的主张立恭亲王的儿子。

对于慈禧来说，这些人都不合适，不论从亲情或权力角度，立谁为帝都会对自己不利。她真正心仪的人选是醇亲王的儿子载湉，而醇亲王的福晋是慈禧的亲妹妹，也就是说，载湉是慈禧的亲外甥。

对慈禧来说，这份血缘关系是宗室诸王、贝勒中最近的，再加上醇亲王没有野心，载湉年纪又小，容易培养、引导，简直是天选之人。慈禧太后一锤定音，事情就这么定了。内务府官员连夜到达醇王府，迎接载湉入住紫禁城养心殿，祭奠完同治皇帝之后，载湉便登基称帝，大清改元[4]光绪。

平心而论，慈禧对光绪不错。由于年纪小，他的肚脐里总是潮湿有水，慈禧不厌其烦地一遍一遍

[1] 中医学称“痘疮”，古称“虏疮”。由天花病毒引起的烈性传染病，古代病情严重时可致死。但有幸病愈，则可获终身免疫力，严密隔离患者、接种牛痘可预防。目前本病在全球已消灭。

[2] 碰，撞。

[3] 确定君主继承人。

[4] 君主、王朝改换年号，每一个年号开始的一年称“元年”。

用手帕擦。我相信，此时的慈禧是有温情的，她把对同治皇帝的母爱以及丧子之痛，全部用到了光绪身上，并把他当作自己的亲儿子来养。

孩子晚上喜欢踢被子，她就细心地盖好；每当天气变化，慈禧也特别注意给他加减衣物，生怕光绪着凉感冒。这些琐事对普通人来说很正常，但在皇宫中却是很难得的，一般的皇子、王爷都有奶娘照顾，亲生母亲往往只能简单地陪伴，根本没有机会亲自照料。

慈禧以太后之尊亲自照料光绪，如果说没有感情，那一定是骗人的。

只从"培养感情"的功利角度来看也不对，人又不是机器，哪能做到冷冰冰的没有一丝情感。慈禧是女人，而且还是个丧失孩子的母亲，她自己都说："常卧我寝榻上，时其寒暖，加减衣衿（jīn）。"应该是温情和功利兼而有之吧。

到了该读书的年龄，除了师傅教授以外，慈禧还亲自教光绪识字，一字一句地给他读四书五经，生怕没有尽到做母亲的责任。

光绪也很争气，特别喜欢读书。站着读、坐着读、躺着读，用"手不释卷[1]"来形容也不为过，谁家的孩子如此好学，父母都能高兴得拉平脸上的褶（zhě）子。而离开母亲的光绪也极其依赖姨母兼养母的慈禧，他胆子小，每次听到雷声就会往慈禧怀里钻。

那些年，母子二人的感情很好。慈禧对光绪倾注心血，一方面是发自内心的母爱，一方面是

[1] 形容勤学不倦。释，放下；卷，书卷。

功利地培养帝后感情，还有一方面是为身后[1]事做准备。

但是希望有多大，失望就有多大。正因为她对光绪寄予了无限希望，所以在得知维新党人想“围园劫后”时，她才会有那么大的反应。养了二十四年的儿子居然想杀母亲，慈禧伤透了心，这种想法一出现，帝后的感情也就土崩瓦解了，更别指望身后事。于是就有了后来的废帝、幽禁等事情。

那么光绪到底有没有“围园劫后”呢？据学者茅海建考证，光绪皇帝对康有为、梁启超策动的袁世凯兵变一点都不知情，只是康有为、梁启超和谭嗣同私下联系过袁世凯。直到慈禧从颐和园回到紫禁城，袁世凯害怕，才向荣禄告发了此事。根据这一结论，光绪真是铁打的背锅侠。但是对慈禧来说，光绪重用康、梁变法，又召见袁世凯，你们都私下串联了，说自己不知情，谁信啊？既然如此，宁可错杀，也不可放过。

当然，光绪也有很激进的一面，如果没有这场“乌龙[2]事件”的话，他的处境会好很多，毕竟变法是家事和国事，一切都可以商量，而“围园劫后”却是碰到慈禧的底线。

[1] 死后。

[2] 出乎意料的错误。

三

其次是珍妃。珍妃是官员长叙的女儿，和她一起进宫的还有姐姐瑾妃，虽然是亲姐妹，但两人外貌却有很大的差别。瑾妃姿色平庸，宫里的太监和宫女都在背后叫她“月饼”，而珍妃的长相出众，性格也十分乖巧、讨喜，这种性格的女孩往往情商也很高。她们知道什么该做什么不该做，说话的时候也总能让人如沐春风[1]，即便长得不太好看，人缘也不会差，何况在遗留下来的清宫照片中，珍妃也算是颜值担当了。

[1] 如同沐浴在春风之中，和暖舒畅。

进宫那年珍妃十四岁，光绪十九岁。比姐妹俩先进宫的是隆裕皇后，她长得不好看，身材瘦弱而且不挺拔，最重要的是，她性格也不好。隆裕皇后的性格应该是内向型，在外人面前她不多说一句话，因而给不了光绪家庭般的温暖和抚慰。不仅光绪不喜欢她，她也始终没有走入姑姑慈禧的心里。

珍妃得宠全是靠同行衬托。光绪刚亲政时，珍妃就一直陪在他身边，处理完政务之后两人就一起写字、下棋，甚至连吃饭也在同一张桌子上。当太监把帝妃的亲密事告诉慈禧后，老太太居然没有生气，反而开怀大笑：“即便贵为皇帝，也会忘记自己的尊严啊。”

这种态度和后来判若两人，基本可以看作是母亲对儿媳妇的宠溺，甚至有一种赶紧抱孙子的期待。为了照顾小夫妻的情绪，慈禧去颐和园时还专门把不得宠的隆裕和瑾妃带走了，让他俩过二人世界。

除了性格讨喜，珍妃还有一项技能。她在广州长大，晚清的广州已经是繁华的商业城市，所以珍妃对西洋货很感兴趣，尤其是摄影。摄影在晚清属于高科技，很多人还在担心摄影会夺走魂魄时，珍妃已经带着摄影机在宫里拍照了。

她拍照的地点不限、对象不限，养心殿、景仁宫都可以拍，光绪、太监、宫女都是她的拍摄对象。珍妃硬生生把威严的皇宫搞成了旅游景点。当时的光绪一心想要变法，他看到中西结合的珍妃怎能不喜欢？简直就是“只是看了你一眼，就已确定了永远”。

真正让珍妃走下坡路的，是她参与卖官[1]。“摄影穷三代，单反毁一生”，珍妃的拍照事业是个烧钱的活，只靠每年三百两俸禄根本扛不住，再加上对太监、宫女的例行打赏，珍妃感觉自己快要穷疯了，于是她在哥哥志锜的撺掇下，参与到了朝中的卖官活动中。

这是一条龙的产业链，志锜在各地寻找客户，然后由太监打听有什么空缺，进一步谈拢价格，最后由珍妃向光绪吹枕头风，这简直是推广产品的营销模板。

珍妃的卧室里有一个账本，上面详细地记录了官职买卖的价格和名单，收钱多的有四万两，少的也有几千两。后来东窗事发，慈禧劈头盖脸就问，“你怎么不知道祖宗家法呢，到底是谁教你的？”而珍妃的回答也很冲，“此太后之教也。”

唉，被宠溺过头的年轻人，智商总是很感人。

光绪二十年（1894年）十月二十九日，珍妃、瑾妃一同被降为贵人[2]，第二年又重新升为妃，注

[1] 利用手中权力通过索贿、受贿等不正当手段帮助他人谋取官职。

[2] 妃嫔称号。位在妃、嫔之下。

意，这个时间点很有意思。珍妃被降为贵人时正是中日甲午战争最激烈的时候，帝党主战，后党主和，斗法激烈得一塌糊涂。在这样的背景下，珍妃的过错就成了慈禧打压光绪的一枚棋子，直到《马关条约》签订后，后党重新占据上风，珍妃姐妹才被重新升为妃。

珍妃的命运是和光绪绑在一起的，甲午战争中是棋子，戊戌变法之后，母子关系破裂，珍妃也被打入了钟粹宫北三所。两年后，八国联军侵华，慈禧太后在西狩[1]之前让太监把珍妃推入了井中，而此时的光绪还不知道自己心爱的人已经死去。

[1] 即逃往西安。

四

然后再讲讲爱学习的光绪。光绪的好学是已经达成共识的。光绪登基第二年慈禧就派翁同龢、夏同善做光绪的老师，分别教授读书和写字，另外还要学习满文、蒙文和骑射。这样坐着读、站着读、躺着读，光绪就这样一直在亲政前读了十三年书，清朝皇帝中，就属他受到的教育最好。

稍微大点以后，光绪除了刻苦学习传统的四书五经外，还对西洋的一切新鲜事物产生了兴趣，八音盒、电话机、火车都是光绪的心头好，他甚至还学过英语，经常派太监到京城的街上买书，什么天文、地理、生物等书籍全部带回宫里，一度把街上的中文翻译书籍买空。其超前意识比当时的大多数人都强，西方传教士何德兰[1]曾评价：“光绪是第一个身坐龙椅而脸向着未来的人，他的主要目标，是拥有和掌握那些让洋人在他的子民面前耀武扬威的技术的每一个方面。”

戊戌变法失败后，光绪被幽禁，偶尔有钟表匠会接到宫里的活，把要修理的东西带回店里维修。有一次光绪交给他一只破损的八音盒，并在滚轮周围做了标记，让他去掉原来的旧钉子，在标记的地方重新插入新钉。

反正你是皇帝，想怎样就怎样吧。工匠万万没想到，按照光绪的方法重修八音盒，居然响起了一首中国乐曲，他不禁感叹：“高手，这是高手。”

那段幽禁岁月，光绪没什么事做，上朝时说话也没人听。慈禧不在乎他，大臣们也不愿理他，闲来无事光绪就闷在房间里读书。世界各国的法律、财经、宗教等书籍他都读得通透，直到1908年，他的书桌上还摆着《理财学》。

晚清政坛恐怕没人比光绪的西学修养更深厚，而且他不是在装样子，他是真的在学，光绪曾经向德龄公主[2]吐槽：“我有意振兴中国，但你知道我不能做主，不能如我的志。”

当初变法时大学士孙家鼐（nài）[3]劝他：“若开议院，民有权而君无权。”光绪直接说：“朕但欲救中国耳，若能救民，则朕无权何碍？”有这般自废武功的勇气，能说他是懦弱之人？显然不是。

[1] 美国传教士。1888年来华，多次为光绪翻译并提供西方书籍，还编撰了大量有关晚清中国的著作，以一个外国人的视角审视中国晚清宫廷的方方面面。其妻子是晚清众多达官贵妇的家庭医生。

[2] 晚清大臣裕庚长女。通多国语言，曾为慈禧的御前女官，晚年写了多本书回忆清宫生活。

[3]（1827—1909），与翁同龢同为光绪帝师傅。戊戌变法时主持京师大学堂。

五

最后说说光绪之死。

众所周知，光绪皇帝是非正常死亡，这一点几乎没有异议。光绪和慈禧的死亡时间只相隔一天，世上哪有这么巧合的事情。1908年10月，光绪确实病了，但到了11月病情突然加重。据名医屈桂庭在《诊治光绪帝秘记》中记载，光绪皇帝去世前三天不停地在床上乱滚，大喊肚子痛得不得了。11月14日傍晚，光绪皇帝去世。当天晚上，慈禧太后接溥仪入宫继承大统，自己进位太皇太后，第二天下午，慈禧在仪鸾殿去世。

2008年，经过法医、学者对光绪头发的鉴定，人们发现其体内的砒霜成分过高，证实光绪皇帝死于砒霜中毒。当年能给皇帝下毒的，除了慈禧，再没别人。那么，慈禧为什么要毒死光绪呢？

我们都知道，在权力场中爬得越高，越在意身后的评价以及政治遗产的延续性。如果出了任何差错，不是自己人写史书，一辈子就白干了，那些跟着自己混饭吃的一大批猢狲也要垮台。

既涉及自己的盖棺论定[1]，还有无数人的实际利益，因此选一个听话的接班人就显得很有必要。汉武帝选来选去，最终选择了年仅八岁的刘弗陵[2]，干干净净，没有黑历史，不会有任何抹黑老爸的动机，而“不类己[3]”的刘据[4]可就不一定了。

乾隆刚继位时，为了拉拢老臣，他把雍正的

[1] 人的是非功过到死后才能做结论。

[2] 即汉昭帝。

[3] 不像自己。

[4] 汉武帝嫡长子，母为皇后卫子夫。先是立为太子，后被江充以巫蛊构陷而自尽，卫皇后也随之自尽。汉武帝知晓太子被冤后，修建思子宫以寄哀思，江充被诛三族。

严刑峻法撕得七零八落，一举推翻了老爸的政治遗产，雍正泉下有知，估计棺材板都要盖不住了。

而慈禧也是类似的目的，原本光绪是合格的接班人，但是闹掰以后，两人的矛盾就越来越大，几乎到了生死相见的地步，这种局面显然不能托付身后事。试想一下，假如光绪不死，他会怎么做？估计慈禧的执政合法性会立刻被推翻，虽然碍于孝道不能明说，但总会找到其他替罪羊。以此为突破口，诸位大臣为了身家利益及合法性，会迅速聚拢到皇帝身边，形成一股站队的潮流，而慈禧太后的执政合法性消失后，下一步一定是清理后党，提拔自己人，这样的局面，慈禧怎么可能想不到。

她绝对不会让类似的事情发生。那么，实力强横的后党不会退出，只能拉着光杆司令[1]光绪一起走，两人同时去世之后，过往的恩怨也就了结了。慈禧选了溥仪做皇帝，并且让载沣做摄政王、隆裕太后垂帘听政，再次形成互相制衡的局面。安排好之后，她才算咽下了最后一口气。

至于载沣为了给兄长报仇而罢免袁世凯，那是不可避免的后续。总之，慈禧的身后事办得挺稳妥，只是可惜了光绪。

[1] 形容只剩下孤单一人，没有任何人帮助。

六

总体来说，光绪皇帝是个善良、勤奋、好学的年轻人，他有理想和热血，但由于缺乏长期的世事阅历，导致他不够稳重，但其可塑性很强。可惜光绪刚得到历练的机会，就赶上了战争和变法，仅凭深宫里的经验，还不足以整顿国运。

这不是光绪一个人的悲剧，更是时代的悲剧。

一百多年来，后人说起光绪都是充满惋惜，其实不仅是惋惜光绪，更是惋惜日落西山的国运，以及后来的艰苦岁月。于是光绪汇聚了后人的温情，慈禧则汇聚了后人的憎恨和唾骂。但他们都是末日江山的局中人，只能在原有的框架内打转，无法超脱时代的局限。

爱也好，恨也罢，他们只是为了自己的利益，拿着手中的牌走一步看一步罢了。用作家古龙的话说："江湖人的悲剧难道真的都是他们自找的？"身不由己罢了。

顺治皇帝写过一首《归山诗》，其中有一句"为何生在帝王家"，对光绪而言，也只能说一句"为何生在帝王家"。

清朝顺治、光绪这两个年轻皇帝虽然没有说过同样的话，内心却有着相同的感慨。顺治由摄政王得国，光绪身后则由摄政王亡国。还真是巧合。

第七章　将相谋臣

韩信：六张脸谱，每一张都精妙绝伦

一

明朝学者茅坤[1]曾编写了一本《史记钞》，他在书中封了六位神仙：文仙，司马迁；诗仙，李白；辞赋仙，屈原；酒仙，刘伶、阮籍；而最为人津津乐道的兵仙则属于韩信。他的理由是这样的："破魏以木罂（yīng）[2]，破赵以立汉赤帜[3]，破齐以囊沙[4]，彼皆从天而下，而未尝与敌人血战者。"

总体来说，韩信总是能发挥主观能动性，利用地球母亲的褶皱皮肤来打败敌人，从来不猛打猛冲。从此以后，韩信在"国士无双"的名声之外又加上了"兵仙"的称号。

不仅是名字被摆上神坛，他的形象也变得越来越模糊，只剩下几个成语陪伴在身边，以供群众在街头巷尾议论纷纷：国士无双、胯下之辱、多多益善……

一个从平民崛起的大将军，一个横扫半壁中国的无敌统帅，一个左右天下走向的诸侯王，一个被后世景仰的兵仙，他到底是怎样的一个人？韩信：

[1]（1512—1601），明文学家。工诗，而尤以古文见长，曾编选《史记钞》《唐宋八大家文钞》《欧阳史钞》。

[2]即木罂瓴（fǒu），也作木罂缶，是用木柙夹缚众罂瓴而成的浮渡工具。《史记·淮阴侯列传》中记载韩信攻打魏王，以木制罂缶渡河。

[3]《史记·淮阴侯列传》中记载韩信趁赵军营垒空虚，把赵军旗帜换为汉军红旗，赵军以为汉军已俘获赵王将领，于是军队大乱，纷纷落荒而逃。

[4]《史记·淮阴侯列传》中记载韩信用沙袋堵住潍水上游，渡河后假装战败往回跑，对方追赶而来时韩信下令挖开沙袋，利用汹涌河水作战。

“我足足有六张脸谱，每一张都精妙绝伦。”

二

韩信还未成年时他的母亲就去世了。即便秦朝的环境保护政策很好，保留了许多山清水秀的风水宝地，但韩信依然没有看上眼。他背着母亲的遗体来到了一处荒地，郑重其事地把母亲埋在了荒地的中心位置，这倒不是韩信占有欲强，而是他有一个梦想：将来要用一万户人家为母亲陪葬。一万户，按每户五人计算，也要五万人左右，而韩信要让他们死后都埋在这里，在另一个世界伺候自己的母亲。

在等级秩序格外森严的年代，这是国家级大人物才能有的待遇，可见韩信当时的野心有多大。但仔细想想，能够事业有成的人心中都有一股气，这股气支撑着他们度过艰难岁月，也帮助他们在平庸的年代依旧充满信心，在巨大的挫折面前可以咬牙挺过去，在暗无天日时可以埋头苦练“内功”，在机遇来临时可以迅速抓住。

这股气就叫作希望。只有胸怀希望的人才能战胜岁月的折磨，迎来光芒万丈的朝阳。韩信就是一个对未来充满希望的人，为了让情怀落地，他必须要有足够的实力。

母亲去世后，成为孤儿的韩信依旧苦读不辍[1]，只不过他只喜欢读兵书。走在路上看，回到家里

[1] 不停止。

看，闲来无事时他还会在沙地上指画①山河。他把所有的时间都投入这个业余爱好了，导致他根本没有其他技能，种田、经商统统不会，就连小吏的队伍也不欢迎他。

① 用手指示意，指点。

没有收入来源，也得吃饭吧？韩信决定去朋友家蹭饭，一连蹭了好几个月，朋友的老婆就嫌弃他了，从此对他大门紧闭。说实话，有韩信这样的蹭饭朋友，换作是我，我也烦。好在淮阴县（今淮安市淮阴区）的水资源丰富，纵横交错的河道里有无数的鱼类，那就去钓鱼吧。一个小伙子没有任何生存能力，只能靠钓鱼为生，河边洗衣服的大娘都替他害臊。有位大娘实在看不下去了，于是拿出自己的饭递给他："小伙子，吃吧，你这正是长身体的时候。"

韩信默默打开饭盒，赫然发现一条大鸡腿，瞬间感动得鼻子发酸："大娘，将来我发达了一定好好报答您。"

这就是韩信的第一张脸谱：不屈。即便身陷泥潭也绝不辜负生活，即便是一根狗尾巴草，也要笑出朵花来。不屈服于当下的平庸，只向希望的阳光奔跑。

三

公元前209年，陈胜在大泽乡打开乱世的枷锁。原来六国的贵族趁势举兵响应，其中最有影响力的是项梁。韩信苦学多年的军事知识终于等来了用武之地，什么也不说了，在项梁的军队经过韩信家乡时，他带着自己的宝剑参加了起义军。

韩信没有项羽的贵族出身，也没有刘邦的长袖善舞[1]，所以他的起点很低。但金子总会发光，在那个文盲遍地的年代，能识字就是了不起的知识分子，更何况还是懂兵法的专业人才。所以韩信的职位在一步步地提升，他的眼界、经验也在一步步地积累。

[1] 出自《韩非子·五蠹》，衣袖越长，起舞越好看。比喻有所凭借，做事容易成功，后也用以比喻有手腕的人善于钻营取巧。

他见过前线最惨烈的厮杀，也见过最无奈的生离死别。他亲手杀过无数的敌人，知道军队该如何取胜；他经历过项梁战死那一战，知道主帅的错误判断会给军队带来多大的损失。丰富的理论知识结合无数的实践经验，让韩信发生了质的变化：他逐渐具备了一名伟大统帅的素质。

随着业绩的提升，韩信在项梁战死后成为项羽的执戟郎中[2]。众所周知，在项羽身边工作是最吃香的，将来安排一下，就能过上美滋滋的日子。但那是对普通人而言，而韩信不是普通人。他经常利用工作之便向领导递小话："我觉得那里可以打一下，肯定能赢。""你这个决定不对，会付出很大代价。""唉唉唉，项羽你是不是傻？"

[2] 出自《史记·淮阴侯列传》，韩信说自己侍奉项王，官不过郎中，职位不过是个持戟的卫士。执戟，秦汉时宫廷的侍卫官，因值勤时持戟而得名。

哪个领导能受得了这样的属下，人家也是要自尊心的好不好，所以等待韩信的，只有项羽的白眼与呵斥。韩信心里也苦啊，明明是正确的意见，为什么你就听不进去呢？

项羽的傲娇气质在灭秦后发展到了极致。

二十六岁的年轻人，经过短短三年时间就打败了几十万敌人，成为灭秦的主力，真正掌握了时代的话语权，膨胀是在所难免的。

韩信在项羽的军营里再也找不到自己梦想的归宿，于是他做了一个伟大的决定——跳槽。是的，我用了“伟大”这个词。在项羽功业最辉煌的时候敢于转身说拜拜，这是需要巨大的勇气和魄力的。而韩信作为项羽的身边人，能够放弃到手的高薪和身份从头开始，这份勇气和魄力足以称得上“伟大”。

这就是韩信的第二张脸谱：勇气。他不再追求苟且的生活，而是真正为自己的价值而活。如果不是自己想要的人生，他转身就走，绝不带走一个铜板。

四

在后世两千年里，人们对韩信的评价有统一的标准：“目光短浅，对刘邦抱有天真的幻想。”当我们翻开史书就会发现韩信的一个基本信念：“君以国士待我，我以国士报之。”而这种信念是贯穿春秋战国时代的基本价值观。

从项羽集团“裸辞[1]”后，韩信来到了刘邦的队伍中。有才华的人到哪里都会被赏识。这次赏识韩信的是刘邦的老乡夏侯婴、萧何，他们像献宝一样争着把韩信推荐给刘邦。

[1] 指没有找好退路就辞职，形容离开得决然。

当时刘邦刚刚被项羽赶到汉中，估计心情不太好，对夏侯婴、萧何的推荐也不太上心。这时，潜藏在韩信心中的“国士梦”复苏了：“既然你看不起我，那我也看不起你，告辞了。”在一个月黑风高的夜晚，他牵了一匹马就走了，打算寻找下一个机会。萧何是真的欣赏他，听说韩信撒丫子跑了，他连报告都来不及打，就上演了一出“月下追韩信”。

这可把刘邦吓坏了：“萧何要是跑了，我跟谁一起打江山？”萧何告诉他：“韩信是国士无双，你一定要拜他为大将军。”好吧，好吧，看在你的面子上，我就大方一次。从此以后，韩信一跃而起，成了汉军的大将军。

由一介布衣之身，因君主的赏识而成就高位，这种套路是不是很熟悉？没错，管仲[1]、张仪[2]、苏秦[3]、乐毅[4]等人都是以这种套路登上高位、建功立业的。

韩信追求的只是君臣平等对话的姿态。

刘邦的登坛拜将让韩信感动得热泪盈眶，他决心用满腔的抱负为刘邦的江山画出最美的颜色。短短四年的时间，出陈仓、定三秦、灭魏、擒赵、破代、降燕、伐齐，直至垓下全歼楚军，为刘邦打下了大汉帝国的半壁江山。

公元前203年，刚刚打下齐国的韩信写了一封信给被困荥阳的刘邦：“齐国实在太狡诈了，不如设立一个代理齐王，才能镇得住。我觉得自己有这个能力，要不我试试？”刘邦一看这封信差点被气

[1]（？—前645），春秋初期著名政治家。由鲍叔牙推荐，被齐桓公任命为卿，尊称“仲父”。

[2]（？—前309），战国时纵横家代表人物，受秦惠文王重用，以连横之策，瓦解了六国反秦联盟。

[3]（？—前284），战国时纵横家代表人物。奉燕昭王之命入齐国从事反间活动，任至齐相，后因反间活动暴露身死。

[4]战国时燕将。燕昭王时率五国联军击破齐国，因功封为“昌国君”。燕惠王即位，中齐反间计，他被迫出奔赵国。

死："我被困在这里，就盼着你来救命呢，你可倒好，居然趁机要挟我。"

一件事引发出利益纠纷中两个人的态度：刘邦要的是大一统帝国的郡县制，韩信梦想的是春秋战国时的封国制。

这也是韩信的第三张脸谱：尊严。你看得起我，我就看得起你；你以国士待我，我就以国士报之；我为你打江山，你就得给我回报；君臣间可以平等相待，而不能让臣成为畏畏缩缩的奴仆。

五

刘邦选择迎接扑面而来的时代变革，拥抱秦始皇开创的大一统帝国制度，而韩信选择留在他梦想中的岁月，君臣如朋友，合则留，不合则去。他要挺直腰板、堂堂正正地活在天地之间，不为功名利禄而低三下四。

正因如此，韩信可以在攻下齐国后理直气壮地伸手问刘邦要齐王的爵位，他的理由很简单："我为你建功立业，你就要给我封土地，自古以来就是这样。"他可以在拥兵几十万时拒绝项羽的拉拢，放弃三分天下的宏图大业。他的理由仍然只有一个："刘邦对我好，我不能背叛他。"

站在我们的角度来看，刘邦和韩信都没错，他们不过是在社会转型的大时代中做出了各自的选择罢了，而这也是韩信的第四张脸谱：挣扎。

读懂了韩信，也就读懂了曾国藩、李鸿章，甚至王国维、陈寅恪，读懂他们在大时代中的渺小与反抗，以旧社会的规则闯荡新社会的苍凉与无助。

读懂了刘邦，也就读懂了秦始皇、孙中山，读懂他们以一己之力迎接新时代的勇气和雄心。

六

韩信并不是谦谦君子，他也有私心。公元前202年，刘邦带兵赶到垓下，他想象中“千军万马来相见”的壮观场面并没有出现，因为韩信、彭越都知道：“项羽要完蛋了，这是最后一次瓜分地盘的机会。”在得到刘邦明确划分地盘的承诺后他们才带兵前来，在垓下给了项羽最后一击。

连着被要挟两次，刘邦要是不愤怒那就不是刘邦了。公元前201年，也就是平定天下的第二年，刘邦借口去云梦泽[1]度假，邀请韩信来喝酒，结果一见面就把韩信给五花大绑，度假也取消了，一行人直接回了长安。

[1] 古大泽名。

刘邦盯着韩信的眼睛说：“有人告你谋反。”韩信冷漠地回答：“敌国破，我也该死了。”回到长安后，刘邦还是把韩信给放了，并给了他一个“淮阴侯”的爵位。如果他能安分守己，也许还能活下去，但他的“国士梦”又复苏了：“我对你这么好，你居然坑我。你不仁，就别怪我不义。”

这是韩信的第五张脸谱：幼稚。他自始至终都没有搞懂这个时代的规则，还是一厢情愿地活在自己幻想的世界中。

这之后他的反应是干什么都不高兴，觉得世界上所有人都抛弃了他。出去逛街不小心拐到了樊哙家里，人家好心好意地用隆重的礼节迎送他，他居然来了一句："沦落到跟你为伍，真是笑话。"

跟樊哙生闷气也就算了，关键是他还真打算谋反。刘邦的老部下陈豨（xī）被任命为代国[1]相国，在赴任前他去跟韩信告别。他俩手拉着手在花园中漫步，韩信说："你去的地方遍地是精兵，如果你要是造反的话，陛下一定会亲自去讨伐你。到时候我在长安做内应，一定能够成大事。"

陈豨素来相信韩信的才能，这项计划他一口就答应了下来，刚去代国他就反了。刘邦果然亲自带兵去平叛，韩信在长安也准备起势，没想到却被家奴给告发了。

人证、物证俱在，那就别想跑了。吕雉和萧何想了个主意："告诉韩信，刘邦打胜仗回来了，要请你来吃饭。"为了假戏真做，萧何还亲自去请他："身体有病也撑着去吧，走个过场。"

得嘞，进宫就别想再出去了。这个亲手把他推上高位的人，又亲手把他推下了地狱。

韩信的第六张脸谱就是任性。恃才傲物的是他，目空一切的是他，不识时务的是他，不懂政治的还是他。

[1] 汉初同姓九国之一。辖境约当今山西吕梁市、灵石、昔阳以北和河北蔚县、阳原、怀安等地。

其实，对韩信来说，最大的敌人就是他自己。

七

这个世界没有谁是真正的英雄，在成长的过程中必然会遭遇无数的挫折，这时你才会知道，要实现心中的梦想有多艰难，以及这个世界的苦难有多恐怖。也只有到这时你才会知道，只有自己内心强大，才能战胜一切敌人。

有时人生的差距就在这里，跨过去成龙，退回来成虫。那些鼓足勇气迈出第一步，超越苦难、战胜敌人的人，我们都称之为英雄。

韩信以布衣之身闯荡世界，在人命贱如草的乱世凭一己之力战胜了贫困的生活、低下的起点、渺茫的前程、强大的敌人，即便他有一肚子的不合时宜，即便他有不识时务的迂腐，即便最终身死族灭，但韩信依然配得上“英雄”的称号。

几百年后，杜甫写了一首评价“初唐四杰”的诗：

王杨卢骆当时体，轻薄为文哂未休。
尔曹身与名俱灭，不废江河万古流。[1]

这首七言绝句用来评价韩信，也恰好适合。

[1]《戏为六绝句·其二》，大意为：王勃、杨炯、卢照邻、骆宾王四人开创了诗词的风格和体裁，浅薄的评论者讥笑无止无休。等你们的一切化为灰土，丝毫无伤于滔滔江河的万古奔流。

关羽：你站住，我要和你做朋友

一

[1]今山西运城西南。

东汉末年，河东郡解（xiè）县[1]，两名公差喝醉之后，在大街上横冲直撞，一名小摊贩躲避不及，被公差抓起来劈头盖脸地一顿揍。小摊贩跪下求饶："小人的贱体，怎敢污了大人的贵足啊？"

可惜一味求饶根本没什么用，公差脚上的用力更重了几分。此时，路边有一个叫关羽的人，出身贫寒，内心却热血沸腾。官府的人就了不起呀？穷人招谁惹谁了？他立马冲上去，抡起硕大的拳头就开打，瞬时把小摊贩救出了魔掌。

只是没想到，两名公差不过是仗势欺人，哪能承受关羽的暴击？不小心就死了一个，另一个仓皇而逃。大事不好，打死公差可是谋反的大罪，关羽只好回家拿了几件衣服，连夜跑路。

二

184年，亡命天涯的关羽看到刘备的交友启事：“诚招兄弟，管吃管住。若能发财，绝不独吞。”要求只有一个：“不抛弃、不放弃。”经过一番慎重的考虑，他和张飞成功进入刘备的小圈子。三人在一片桃园里烧香磕头，义结金兰。[1]

从此以后，关羽就成了刘备的兄弟。他跟着刘备打黄巾军，鞭打督邮[2]后接着跑路，多年来，在刘备军中做马前卒[3]。总之，刘备去哪儿，关羽就去哪儿。不论前途多么黯淡、道路多么崎岖，关羽就这么陪着刘备一路走下来。

刘备也没有辜负关羽、张飞对他的感情。在颠沛流离的路上，他们有肉一起吃，有衣服一起穿，有床一起睡。军队中的其他军官羡慕得眼红：“能不能带我一个？”不好意思，一张床只能睡三个人。

200年，曹操东征徐州，打败刘备。刘备发扬一贯的风格，骑马跑到山东投奔袁绍，而曹操则活捉关羽。

奋斗十六年的事业看不到任何希望，相守十六年的朋友被打得生死难料，天地虽然广阔，关羽的人生却是一片灰暗。这时，曹操对他抛出了橄榄枝。三天请他去“五星级酒店”吃一顿，五天再来一顿“大汉全席”，“高级定制套装”更是动不动就送。还没一个月呢，关羽就被养得红光满面。

关键是，曹操给了他事业上的希望：拜他为偏将军。十六年的努力，换来的只是颠沛流离，如今一个月，就什么都有了。换作其他人，估计早就趁机改换门庭了。关羽却对曹操说：“你对我这么

[1] 出自《三国演义》第一回，属文学创作。《三国志》中并无，但记载了三人“恩若兄弟”。

[2] 汉代官名。职掌督送邮书，并代表太守督察县乡，宣达教令，兼司狱讼捕亡等事，职任甚重。

[3] 在官员马前引导开路的吏役，后比喻在前面奔走效力的人。

好，我可以帮你。但要是有我兄长的消息，我就必须要走。”

也许这时，曹操才知道什么是朋友。饭桌上的阿谀奉承不过是逢场作戏，只有在落魄时依然对你不离不弃的人，才是值得终生相交的真朋友。

那一年，曹操与袁绍终于拉下脸皮，在黄河两岸列队互攻。

袁绍的大将颜良率兵攻占白马[1]，掌握了作战的先机，这让曹操感觉如芒在背。他转身对张辽说：“考验你的时候到了，你去把白马夺回来。”关羽一听，心想，这正是报恩的好机会。如果能帮曹公解忧愁，自己就再也不欠他了。于是，他主动请缨和张辽一起出征。

[1] 今河南滑县。

到了白马前线，颜良的大将羽盖[2]特别显眼，在风中摇摆。关羽微微一笑：“看我来砍了你的脑袋。”

[1] 古时用鸟羽装饰的车盖。古代大将出征一般都有羽盖，一是能遮阳避暑，二是能显示大将身份，三是可以令全军知道主将所在，稳定军心。

看着颜良倒在马下，关羽的嘴角露出了微笑：“曹公，我不欠你了。不义而富且贵，于我如浮云，我毕生追求的，不过是‘不负’二字。”

三

这年七月，刘备奉袁绍的命令骚扰河南。从城外传来的消息不断刺激着关羽的耳朵：“有个双手过膝的人，在河南打游击。”几乎是一瞬间，关羽就断定是刘备来了。

于是，关羽回到曹操送他的“豪华别墅”，把收到的“高级套装”整理好，全部放到衣柜中。还有曹操封的偏将军官印、斩颜良得来的“汉寿亭侯”的金印，他全部挂在房梁上，然后转身出城，不带走一片云彩。

万户侯又如何？如果不是自己追求的人生，即便权倾天下，又有什么稀罕？

此时，曹操身边的将军们都要气死了：“曹公对他那么好，他居然还敢背叛，真是不识好歹。”他们吵着请求带兵去追关羽，恨不得把他大卸八块。

可曹操是个明白人。他知道关羽是真正的国士，这样的人追求的根本不是权力、财富，而是心中所秉持的信仰和道义，这样的人可以暂时被打败，但绝不会屈服。

曹操不喜欢关羽的背叛，但是尊重他的坚持，所以，他宁愿看关羽远去，也不舍得派人追杀。其实从本质上说，他们都是为了信仰而愿意付出生命代价的人。

关羽一路过五关、斩六将，演绎了一出“千里走单骑”的传奇故事[1]，才来到刘备的身边，而一起会师的，还有张飞。

多年的艰苦奋斗，到头来终究是一场空。不过，好在人没丢，只要有人在，希望就不会熄灭，他们总会等到发光发热的那一天。

208年，在等待八年之后，机会终于来了。曹操扫平中原群雄后，造大船，练水军，南下荆州横槊（shuò）赋诗[2]，甚至说出了“山不厌高，海不

[1] 出自《三国演义·第二十七回》。

[2] 出自苏轼《赤壁赋》。槊，古代兵器，即矛。意为横着长矛而赋诗，指能文能武的英雄豪迈气概。

厌深，周公吐哺，天下归心[1]”的豪言壮语。

接下来就是“赤壁之战”。过程我们都知道了，曹操失败而归，江东继续固守，刘备夺取荆州。

[1] 出自曹操《短歌行》，大意为：山永远不会嫌高，海永远不会嫌深。像周公那样虚心对待贤才，一定会得到天下人的拥戴。

四

荆州是关羽生命中最重要的地方，他人生中最辉煌的时刻，都是奉命镇守荆州时取得的。从“赤壁之战”出任襄阳太守时，关羽就承担起东抗孙权、北拒曹操的使命。这是三方势力汇聚的风暴中心，情势极其复杂。

可刘备入川时，把所有人都带走了，偏偏留下关羽独当一面。这是多年相知相随培养出的深厚感情，也是对他出色能力的信任。

214年，马超带着西凉骑兵前来投奔刘备。对这个出身西北豪族的将领，关羽只是听说过，却从来没见过。听说以后就要一起共事了，他就写信给诸葛亮：“马超的才干怎么样？跟谁类似？”

客观地说，这只是一句寻常的问候，并没有《三国演义》中所说的心胸狭隘的表现。诸葛亮的回信也很有意思：“马孟起[2]属于文武双全的人物，只能跟张益德[3]并驾齐驱，怎能比得过美髯（rán）公[4]的绝伦逸群？”

本来只是打听一下新同事的情况，没想到诸葛亮居然夸奖他是美髯公，才干还在所有人之上。收到诸葛亮的回信，关羽开心得快要飞起。

[2] 即马超，字孟起。

[3] 即张飞，字益德。

[4] 髯，须长的人。《三国志·蜀志·关羽传》：“羽美须髯，故亮（诸葛亮）谓之髯。”

都说“愿你出走半生，归来仍是少年”，可又有几人能做到？人人都说关羽是嫉贤妒能，我却觉得他率真得可爱。五十五岁的人，被人夸一句就能开心半天，还让部下传阅，你可以想见他那副得意的劲儿。

219年，刘备第一次堂堂正正地战胜曹操后，登上了人生小巅峰，喜提汉中王。在成都，刘备大封群臣，关羽、张飞、马超、黄忠分别为将军。费诗[1]带着任命状去关羽军营，关羽得知黄忠同样被封，大发雷霆：“我跟汉中王奋斗多少年，才有了今天的地位，黄忠是个什么玩意儿？一个老兵而已，竟然与我同列？”

[1] 刘璋时期担任绵竹县令，刘备攻打绵竹时，费诗先率城投降。

说实话，在这件事情上，关羽确实有点过了。费诗劝他：“开创大业，所用的人都是不一样的。比如刘邦吧，萧何、曹参跟他都是发小，可开国的时候，韩信的地位最高，即便这样，人家也没说什么。在汉中王的心中，黄忠怎么能跟您比？”还真别说，关羽被他这么一劝，心里马上就转过弯来了。

五

219年，荆州这个风暴中心即将有一出大戏拉开帷幕。

或许是为了给刘备登基送上“大礼包”，关羽率兵去攻击曹仁。战事进展得很顺利，曹仁一败再败，就连曹操派来的援军于禁[1]，也被关羽用水攻计全部淹没。还有西北猛将庞德[2]，也被关羽一刀斩于马下。

这时的关羽，真正地登上了人生巅峰，湖北、河南的“游击队”全部听从关羽号令。进可北伐中原，退可守护西南，以一人之身而左右天下局势，当时的关羽“威震华夏”。曹操为了避其锋芒，恨不得立刻迁都。

多少次半夜里苦读兵书，多少次战阵前死里逃生，多少次与刘备谋划将来的伟业，几十年的艰苦卓绝，终于在这一刻开出最美的花朵。

可有一个道理是亘古不变的：家贼难防。在蜀汉政权中，关羽素来看不起糜芳、傅士仁[3]。他们两人也对关羽满腹怨言：“都是出来混的，凭什么看不起我？”如果真要关羽来回答的话，估计他会说：“都是出来混的，你们有什么业绩？”

在这次战争中，糜芳、傅士仁负责后勤工作。他俩的工作一贯不认真，有一次粮草没跟上，导致大军饿了两天肚子。关羽发火了：“回去再收拾你们俩。”这哥儿俩贻（yí）误[4]军机，心中惶恐不安。恰好这时孙权派人来了：“跟我混吧，吃香喝辣。”俩人一咬牙，一跺脚，反了。

局势发展到这一步，神仙来了也无能为力。关羽出征在外，后勤却断绝，这样怎么能打得过救援曹仁的徐晃大军？而老巢也被糜芳、傅士仁出卖给吕蒙，他彻底成为一支没救援、没粮食的孤军。

最狠的一招是，关羽每次派去跟吕蒙谈判的使

[1]（？—221），三国魏名将。东汉末投曹操，击黄巾军，又攻吕布、张绣、袁绍等，任虎威将军。后降关羽，孙权夺荆州后被遣还魏，惭恨而死。

[2]（？—219），三国魏名将。屯樊城，后助曹仁攻蜀将关羽，遇汉水泛滥，樊城被淹，为关羽擒杀。

[3]糜芳，南郡太守，驻江陵（今湖北荆州）。傅士仁，将军，驻公安（今湖北公安）。二人当时都归关羽统属，但与关羽有隙。

[4]耽误。

者，都会带回一些家属平安的消息，而这些消息都是吕蒙有意放出来的。在得知家人平安以后，战士们谁还有心思继续打仗啊？如此，关羽这边的军心就这么散了。

麦城[1]带着英雄落幕的余晖，走入历史。

[1] 古城名，相传楚昭王所筑，故址在今湖北当阳市东南沮、漳二水间。东汉建安二十四年（219年）蜀将关羽为吴将吕蒙击败，败走麦城，被擒杀。

六

在汉末风起云涌的大时代中，关羽从社会最底层的平民起家，在那个豪门遍地的乱世，与刘备、张飞走南闯北数十年，最终创下“三分鼎立”的蜀汉基业。

关羽为人正直，领兵数十年却没有滥杀、屠城的恶行，他对待朋友义气，只要许下诺言，就终生不负。像他这样的朋友，谁人不想交往？

可这样一个能力、品德完美无缺的人，终究兵败被杀，死后“头枕洛阳，身卧当阳，魂归故里”，连好好睡一觉都做不到。可话说回来，在乱世中，谁又是真正的胜利者呢？

仅仅几十年后，三国的基业又被司马懿祖孙三代“一锅端”，大家都是在“为他人做嫁衣裳”。那个白衣渡江的吕蒙在哪里？曹仁、于禁又在哪里？

千年之后，依然挺立于天地之间的，只有“武圣[2]”——关羽！

[2] 关羽死后，其事迹被神化，尊为与文圣孔子齐名的“武圣”，也有“关公”“关帝”等尊称。

荀彧：三国合伙人的生死劫

一

读三国，荀彧的名字最容易被读错。我当年就一口一个“狗或”，现在回想起来，恨不得找个地缝钻进去，没文化真的太可怕了。

后来知道了荀彧名字的正确读法，又去详细了解了他的生平，发现荀令君[1]活得蛮憋屈的，算是在夹缝中挣扎的人生。他少年时就被誉为“王佐才[2]”，只要努力上进、好好发展，将来一定是当宰相的人。

[1] 即荀彧，字文若。曾任尚书令，被人敬称为荀令君。

[2] 旧称辅佐帝王创业治国的才能，也指有这种才能的人。

后来，颍川荀彧名满天下。袁绍很欣赏他。彼时袁绍是新崛起的军阀，占据了最富庶的冀州，坐拥几十万大军，顾盼自雄，所有人都看好他的前途。而荀彧此时也逃难到冀州，袁绍经常设酒宴拉拢他：“我有冀州在手，将来招揽乌桓、鲜卑为外援，又有士族支持，何愁大业不成。”“文若啊，跟我干吧。”

这些条件都是伸手可见的，当时没有人能拒绝。荀彧的很多朋友、同学都追随袁绍，希望能混个一官半职。可荀彧不在乎，他不在乎做什么官、每个月有几根“大黄鱼”[1]，他脑海中构思的是治国方略能不能实现。

想给天下治病，袁绍是办不到的。于是荀彧南下投奔了实力弱小的曹操，他要和曹操一起实现自己的抱负。

此时，他们还是一样的人。

二

荀彧不是单纯的谋士，如果把曹氏集团看成公司的话，他既是创业元老，又是合伙人，手中握有大量原始股份。没有荀彧，也不会有曹操。

曹操刚创业时没什么资本，无非是曹氏、夏侯氏兄弟等武将和草创的军队，完全看不出有什么成就大业的预兆。正是荀彧帮他一手组建了班底。比如荀攸、郭嘉、陈群、锺繇、司马懿等重臣，基本都是荀彧亲自带进内部，介绍给曹操的。

或许一开始他们都不信任曹操，但因为相信荀彧，所以他们选择了和曹操在一起。别人问：“这个阉宦之后行不行啊？”荀彧说：“老曹是个有本事的人，我们一起辅佐他吧。”

正是颍川精英纷纷来投，才让曹操脱胎换骨，把草台班子打造成豪华战舰，而荀彧也成为文官之首。他们是合伙人，不是上下级关系，而荀彧的“王佐才”也能让曹操能专心军事。

196年，曹操迎奉汉献帝并迁都许昌，他让荀

[1] 民国时上海俗称十两重的金条为“大黄鱼”，折合今天的重量是312.5克。

彧出任尚书令，相当于汉朝“总理”，后来他干了很多年。

之前说过，汉朝的问题在于士族、豪强兼并土地和人口，导致朝廷没有稳定的税收和兵员。对于汉朝的疾病，曹操懂，荀彧也懂，关键是，他们的治疗方案能达成一致。这是合作的基本条件。所以曹操的一系列改革政令，几乎是荀彧一手操办的。屯田、整军、招抚流民，荀彧事无巨细，都办得妥妥帖帖。

中原战乱的年代是他们合作的黄金岁月。曹操带着家族子弟兵在前线打仗，荀彧带着颍川士族稳定后方，一旦缺粮、缺兵了，荀彧就能源源不断地送过来。官渡之战时曹操有点儿扛不住了，想要撤退。荀彧写信说：“不能撤，再坚持一下就胜利了。你是最棒的，加油。”结果曹操果真胜利了。

能搞后勤，能出谋划策，能激励动员，这么好的合伙人哪里去找？

三

荀彧还是曹氏集团的“形象代言人”。曹操虽做过太尉，家族是铁打的豪门，但毕竟是阉宦之后，在上流社会依然会被人嘲笑成土包子。可荀彧不一样，他的叔叔们号称“荀氏八龙”，祖父荀淑更是有“神君”之称，不论是名望还是家族人脉，都被荀彧一一继承了下来。或许有人会看不起曹操，但绝不会有人看不起荀彧。

有了荀彧的辅佐，曹操的“奉天子以令不臣[1]”才能获得利益最大化。如果连士族都不认同，所谓的天子也就成了鸡肋。

那“奉天子以令不臣”到底是做什么呢？拥兵自重的军阀是绝不会在乎的，这把利剑的真正目标是各地诸侯麾下的士族豪强，而三国的一切动静都与士族豪强有关。

比如袁绍能兵不血刃地进入冀州，就是河北士族充当带路党。刘表能迅速稳定荆州，是赢得了蔡、蒯（kuǎi）[2]两家的支持。

得士族者得天下。奉天子以令不臣，与其说令的是诸侯，不如说是用天子的名头在统战士族。既然是统战工作，曹操就只能抓大局，但真正操作这条线的，依然是荀彧。

有多少人是为了颍川士族才投入曹营的，又有多少人是因为荀彧才追随曹操的，恐怕大家都说不清楚。

这就是荀彧的合伙人地位。主理内政、统战外部。更重要的是，曹氏集团内部也和他有着千丝万缕的联系，曹操真正能信得过的，恐怕就只有武将了。

二把手做到此时已经是很危险了，更何况他们的理念也出现了分歧。

[1] 出自《资治通鉴·汉纪》，大意为：应该尊奉天子，用朝廷的名义向那些叛逆之臣发号施令。

[2] 指蔡瑁家族与蒯良、蒯越家族，两家皆为荆州大族。

四

荀彧和曹操合作的基础是给大汉的江山治病疗伤，一旦明确目标就奋勇向前。曹操在这条路上一去不回头，屯田制只是治标[1]，为了治本他不惜打击士族，扶持寒门，最后又想用法家替代儒家，得罪了天下人心。统一天下无望时，曹操的野心又极度膨胀。

[1] 指仅处理显露在外的枝节问题。与“治本”相对。

他有错吗？没有。功业达到曹操的地步，谁又能没点儿野心呢？而历来权臣除了再进一步当皇帝外，鲜有能善终的。再说，江山本来就是人家打下来的，如果没有曹操，天下不知几人称帝，几人称王，他想再进一步，完全没问题。这是私心。

从公心而论，曹操想称公称王再称帝，他是不是想用皇帝的权威把改革成果制度化呢？不能说他没有这样的心思。可荀彧不接受啊，他从汉朝的旧秩序中走来，所见所闻都是四百年汉朝发生的一切，历史的惯性让他显得保守，他和大多数人一样，没有推倒重来的勇气，而一旦推倒重来，最大的受害人其实是他自己。

颍川士族赖以维持的根本恰恰是汉朝的旧秩序，那些敌对势力的统战分子也是因为汉朝旧秩序才有对话的渠道。曹操想一条路走到黑，把一切都堵死了。再说，曹操大力提拔寒门，又何尝不是担心他的威望和地位呢，他不可能不清楚。

荀彧只是管理人，他借助旧秩序成就一生功

业，而旧秩序又牵绊着他不能和曹操一起携手开创新世界。不论曹操的对错，那个年代的人谁不是在摸索、试探呢？他明知道旧秩序有问题，却只能接受改良，不论私心或是公心，他都不能横下心来另起炉灶。

这是荀彧的宿命，他只是管理者、执行者、二把手，而曹操才是领袖，他要的是不受任何羁绊就能调动天下人的活力，而不是为派系和情谊所牵扯，即便他也只是尝试。

曹操即将称魏公时，荀彧看到的是一生理想的破灭，他夹在曹操和旧秩序之间进退两难。向前无路、回头失岸，人生的艰难莫过于此。

212年，荀彧在寿春[1]忧愤而死，因为他生无可恋。

[1] 今安徽寿县。

五

荀彧死了，他一手打造的颍川士族集团再无能力与曹操抗衡，只能跪倒在铁王座下山呼万岁。曹操也失败了，他最终也无力抗衡历史的惯性。除了屯田还在继续发挥作用，其他的都失败了。法家没有替代儒家道统，寒门也没能出现稳定的上升通道，偶尔的几次求贤令又能发挥多大效果？只有他们留下的颍川士族和曹魏亲贵依然享受着花花世界。

作为颍川士族的第一代掌舵人，荀彧的名声很好。无论“冰清玉洁”或者“荀令留香[1]”，后人都把最美好的词汇赠予了他，可荀彧的彷徨和无力又有谁真正在乎？他只须像一尘不染的日月一样高高挂在天上，只是精神符号而已。

[1] 传说荀彧曾得异香，用来熏衣，余香三日不散，后以“荀令香”指奇香，也常用来比喻名士的高雅风度。

岳飞：为什么必须死

一

1140年，注定是载入史册的年份。这一年，金国权臣完颜宗弼[1]撕毁和议，统帅大军经过开封，直扑江淮而来。宋高宗赵构不得不派兵迎战。朝廷任命韩世忠[2]、张俊[3]、岳飞为河南、河北诸路招讨使[4]，并加封为太保、少师、少保的荣耀官衔，勉励他们好好干。

岳飞的任务是救援顺昌[5]，不过，他还没有到顺昌时，大将刘锜[6]已经大败金军，完颜宗弼退回开封。此时宋朝已经取得主动权，只要集中兵力北上决战，不是没有收复中原的机会。但是，赵构的诏书到了，他派司农少卿李若虚[7]到岳飞军营，宣读诏书："兵不可轻动，宜且班师。"

大好局面，岳飞实在舍不得放弃，怎么办呢?恰好李若虚也是主战派，于是岳飞和他商量一番，决定不管朝廷诏命，以收复中原为主。

这种事是矫诏，放在平时是要杀头的。国家的百年基业在此一搏，哥儿俩也不怕杀头，于是岳飞提兵北上，李若虚回朝承担矫诏的罪名。岳飞站在

[1]（？—1148），金大将。女真族，金太祖完颜阿骨打第四子，曾参与灭辽，后攻宋。

[2]（1089—1151），南宋初名将。力抗金军，反对秦桧主和。

[3]（1086—1154），南宋初将领。附和秦桧，力赞和议，因参与谋害岳飞，排挤刘锜，为世人所不取。

[4]官名。掌管镇压、招降、伐叛等事，事罢撤销。

[5]今安徽阜阳。

[6]（1098—1162），南宋名将。大破完颜宗弼主力，为秦桧、张俊排挤，终忧愤而死。

[7]北宋末年殉难名臣李若水之兄，岳飞遇害后受牵连遭流放，死于贬地。

德安府[1]的城头北望中原，长须飘飘，目光坚定："十三年厮杀只为今日，放手干吧！"

二

岳飞是河南农家子弟，八代贫农，小时候没能力上学，自学成才，长大以后，早早娶了老婆生了娃，立时就充满了"上有老，下有小"的危机。

家里没钱、读书不多，除了当兵和种田，岳飞没有别的出路。他先后在河北、山西、河南入伍当兵，凭借"一县无敌"的武艺从敢死队队长一路高歌猛进，在1134年做到清远军节度使，此时岳飞才三十二岁。

宋朝的节度使是荣誉官衔，没有唐末五代的实际权力，但是地位非常高，大概相当于现在的省部级。虽然宋朝在战场上一败再败，但岳飞主导的局部战场基本没有输过。要不然，没有根基的农家子弟，凭什么登上高位？岳飞的能力的确是首屈一指的。

不仅能力强，岳飞还特别会做人。他在早年间高喊"迎回二帝"，一旦金国准备扶持宋钦宗之子为傀儡皇帝时，岳飞就再也不说了，而是私下拜见赵构，请求早立太子，断绝金国的念想。

1137年，岳飞在奏章《乞出师札子》中说："异时迎还太上皇帝、宁德皇后梓宫[2]，奉邀天眷[3]归国。"那时宋徽宗和郑皇后已经死在五国城，所

[1] 今湖北安陆。

[2] 帝、后的棺椁。

[3] 皇帝的家眷。

以叫梓宫，而宋钦宗只是归类到天眷之一。岳飞的意思是说，只有宋徽宗才是正统皇帝，宋钦宗已经不能代表大宋了，我们都不认可他。

你说岳飞会不会做人？私下拜见赵构是给面子，请立太子是为国谋划，札子中的措辞更是明确表态，迎回徽、钦二帝也不能动摇赵构的地位。更何况，岳飞多年来一直遵守朝廷命令，让打就打，让退就退，动不动还闹辞职，表明不贪军权。这种“职业经理人”，谁会不喜欢呢？

岳飞还在《乞出师札子》里给赵构列出了北伐的具体步骤：

（1）金国扶持伪齐[1]是希望制衡，我们可以派出使者，离间齐国的父子君臣，这是在敌占区统一战线；

（2）万一有机会的话，我就提兵北上河南，会合五路叛将，到时候河南、陕西都可以收复，山东可以交给韩世忠等人；

（3）继续分兵北上，灭伪齐，恢复大宋；

（4）局势到此时，辽国也有复兴的机会，我们可以适当给予援助，分散金国的兵力；

（5）假如刘豫实行坚壁清野[2]，那么河南肯定不好打，我必须带兵回来，在运动中寻找战机，积小胜为大胜；

（6）如果敌人没有攻打襄阳，而是跑到江南或者四川，那我正好可以长驱直入，把“围魏救赵”反过来玩；

（7）最重要的是，必须给我足够的时间，没

[1] 北宋灭亡后金朝在北宋故地建立的一个傀儡政权。金太宗立刘豫为齐帝，国号“大齐”，因无实权，史称“伪齐”。

[2] 坚守营垒或据点，并将周围地区的粮食、牲口等重要物资转移或收藏起来，使入侵之敌不能掠夺和利用。

事别催。

1137年的岳飞，不仅规划了行动的每一步，还考虑到各种突发情况，以及应对方案，除此之外又有统一战线、联络敌后义军等策略，战略眼光显露无遗。到1140年时，计划表中的各项准备都已完毕，岳家军经过三年整顿，实力非常雄厚。对于北伐，岳飞志在必得。

三

再来看看金国这边。金国最大的问题是人口少，所以，他们很难真正控制黄河流域，只能维持，对遍地的骚扰也束手无策，比如辛弃疾的爷爷在金国任职，却经常带着孙子“指画山河”。

虚弱的统治局面，再加上金太祖、金太宗[1]的权力斗争，导致金国内部分为两派：一派主张停战。狼吞虎咽的吃相太难看，不如休养生息，积累实力，将来再南下灭宋。一派主张进取。毕竟现在的宋朝很弱啊，不赶紧灭宋，万一以后没机会了怎么办？

[1] 即完颜晟（1075—1135），金朝皇帝。本名吴乞买，金太祖之弟。在位时灭辽攻宋，俘宋徽、钦二帝。晚年改变兄终弟及的旧制，立太祖嫡长孙完颜亶（熙宗）为继承人。

1138年，主和派主导金国朝政。他们和南宋议和，把陕西、河南两地归还南宋，两家和和气气地过日子。陕西、河南重新回归，朝廷大臣都说派大军北上，稳稳当当地驻扎起来，赵构不肯：“意思到了就行，咱别太当真。”岳飞当时气得要辞职。

金国很多人其实不愿意议和，好不容易打下的土地，凭什么白白送回去？于是，1139年，主战派的完颜宗弼发动政变，杀死掌权的主和派，成为金国新一代主战权臣，一力主张收回河南、陕西。

1140年，战争爆发，事情又回到最初。

战争的过程并不复杂。岳飞在六月北伐，顺利攻克蔡州、颖昌[1]、陈州[2]之后，七月收复洛阳。经过多年和北方义军统一战线，梁兴[3]、李宝[4]等义军领袖也组织民兵，在黄河以北进行敌后骚扰，他们共同形成六面包围开封的态势。韩世忠已经打到了连云港，张俊进军亳州，中兴大将全部向北推进，只要岳飞击败开封的完颜宗弼，金国将再无可战兵团，中兴大业可成。

但是，赵构的诏书又来了。他命令韩世忠、张俊、刘锜撤军，于是岳飞成为一支孤军。正是岳家孤军，上演了最壮烈的战争史诗。完颜宗弼麾下无往不胜的铁浮图[5]，遭遇岳云[6]率领的背嵬军[7]，几仗下来完全丧失战斗力。

颖昌大战中，岳家军杀得人为血人、马为血马，但无一人肯回头。还有杨再兴[8]，他带着三百骑兵外出巡逻，在小商河遭遇大部金军，在杀死两千敌军后全军覆没。杨再兴的尸体火化后，烧出许多箭头。

出兵以来屡战屡败，完颜宗弼都开始怀疑人生了，他根本没想到岳家军的战斗力如此强大。他把十万大军驻扎在朱仙镇[9]，打算最后再试一次，实在不行就撤。

岳飞派出的依然是背嵬军，不过只有五百人打

[1] 今河南许昌。

[2] 今河南淮阳。

[3] （？—1148），南宋初抗金义军首领。“兴”一作“青”，人称“梁小哥”。后投岳飞部下，威震河东，后任亲卫大夫、忠州刺史、鄂州驻扎御前选锋军同副统制。

[4] 外号“泼李三”，投奔岳飞抗金，以水战歼灭金军闻名，升至沿海御前水军都统制。

[5] 完颜宗弼的亲兵，皆为重铠全装的精锐。

[6] （1119—1142），南宋初名将。岳飞养子（一说长子），后被冤杀。

[7] 岳飞统领的一支精锐骑兵部队，是“岳家军”的精华所在。

[8] 原是曹成部将，降于岳飞后追随岳飞抗金。

[9] 今河南开封西南。

前站。岳飞的意思是，试试就行了，别来真的，大战还是主力来打。但五百背嵬军和金军的第一次交锋，就让金军全线崩溃。完颜宗弼实在没办法了，准备拔营回师。

而在此之前，金军大将韩常曾派人请降。只要再坚持一下，岳家军就能大获全胜，收复长城以南都是完全有可能的。可岳飞没有等来援兵，而是十二道金牌。

四

金国有主战派与主和派，宋朝也有。只不过金国的主战派发动了政变掌权，宋朝的主和派善于揣摩皇帝的心思，获得了极大的支持。

宋朝的主和派首领是秦桧[1]。此人曾经和徽、钦二帝一起被抓到五国城，后来不知用了什么办法，他一路逃回了江南。有人说秦桧带着任务，有人说秦桧是内奸，具体情况已被埋入尘土，我们不做过多的揣测。不过，秦桧确实揣测了赵构的心思。

[1]（1090—1155），南宋权臣。绍兴年间两任宰相，前后执政十九年。主张投降，为高宗所宠信，以“莫须有”罪名杀害岳飞。主持和议，向金称臣纳币，订立“绍兴和议”，为天下人所不齿。

大宋立国初年，鉴于五代十国的军阀混战，朝廷奉行用经济利益、社会地位换取军中大将权力的路子。抑制军人权力，其实是刻在宋朝皇族骨子里的基因。五代十国的教训、依靠政变立国的历史，时刻提醒赵家要对军权严防死守。

宋朝的另一项家法是：“与士大夫共天下。”

军人在宋朝的地位很低，岳飞那么厉害，也只有做到太尉以后才能取得和文官同等的地位特权。

赵构登上皇位以后，更是敏感至极。如果不是风云际会，做了一回漏网之鱼，皇位怎么也轮不到他的头上。登基初年，赵构的合法性是不稳固的。“靖康之变”后，天下各地都是军事武装，他们打着报效朝廷的名义，做着割据地方的勾当，最典型的就是“苗刘兵变”。1129年，刚当皇帝两年的赵构遭遇“清君侧[1]”，苗傅和刘正彦二人发动兵变，逼迫赵构退位，让位给三岁的太子[2]。

熟悉历史的都知道，苗、刘二人想做曹操。幸亏他们实力不够，各地将领纷纷勤王平乱，叛乱很快被镇压下去。紧接着又是“搜山检海[3]”，赵构一路跑到大海上偷生，身边连可用的军队都没有。

祖传基因和人生阅历让赵构十分缺乏安全感，并且对军权有热切的渴望。金国俘虏“徽、钦二帝”北上，宋朝国祚被拦腰斩断，让朝廷的威严严重丧失，所以赵构的任务也很简单：恢复朝廷权威、收拢兵权。这就是议和的基础。一旦议和成功，有了金国册封和祖传基业的加持，南宋朝廷的合法性就算是重建了，不管强不强大，起码能活着。

而朝廷稳定以后，有了一纸合约，边境暂时不需要打仗，正好可以着手削除兵权，把大权集中到朝廷手中。在赵构的规划里，只要能达到目的，什么条件都可以接受。最重要的是，赵构本身没什么雄才伟略，他的出发点完全不是恢复大业，而是苟

[1] 旧指清除君主身旁的亲信坏人。

[2] 即赵旉（fū），高宗赵构唯一的儿子，先封魏国公，后封皇太子，三岁被迫即位成为傀儡皇帝，二十八天后受惊而死，高宗追封其为“元懿太子”。

[3] 1129年，金兵五路大军直扑江南，南宋长江防线崩溃，宋高宗赵构逃往海上避难。后来金兵以“搜山检海已毕”为托词，撤兵北返。

且偷生。

赵构的心思，秦桧揣摩得清清楚楚。秦桧没什么理想，更没什么大目标，他的所作所为就是为了权势地位。他顺着赵构的心思做起了主和派。秦桧要借助推动议和的政策打压主战的宰相和将军，实现自己的政治权力最大化。

于是，赵构和秦桧狼狈为奸，策划两次议和，他们只想保全江南，把个人荣辱置于民族兴亡之上。岳飞则是民族兴亡重于个人荣辱。

五

岳飞在朱仙镇收到十二道退兵诏书，命令他立刻班师，然后到临安朝见。那时完颜宗弼已经逃出开封。河南百姓苦苦哀求岳飞留下，实在没办法，岳飞取出诏书示众：“我不得擅留。”岳家军南下途中，完颜宗弼回到河南，曾经收复的失地再次陷落。岳飞仰天大哭：“所得诸郡，一旦[1]都休。社稷江山，难以中兴。乾坤世界，无由再复。”

[1]一日间，一时。

回到临安以后，岳飞变得沉默寡言，不再说慷慨激昂的话，只是请求辞职回乡。他心灰意冷，不抱什么希望了。此时的赵构还是维护岳飞的，他不允许岳飞辞职，理由是战争还没结束。这句话更加说明，赵构要维护江南朝廷，但又需要忠于自己的鹰犬。嗯，建立一个有权威的江南朝廷，已经很好了。

可岳飞的成功，让他站在了赵构的对立面。

1141年，完颜宗弼给秦桧写信："必杀岳飞，而后和可成。"只要岳飞活着，完颜宗弼就怕他被重新启用。一边是岳飞，一边是朝廷和军权，赵构和秦桧不难选择。

韩世忠、张俊、岳飞同时被调离军队。本来韩世忠也要死的，还是岳飞通风报信，让他有机会到宫里哭诉，勉强保住一条老命。而岳飞就没有这么好的运气。他太厉害了，只要他不死，就不能议和；如果不议和，秦桧就坐不稳，赵构的家国大业也只是镜花水月。

十月，岳飞被投入大理寺。案子审理很慢，怎么都找不出岳飞谋反的证据，不得已用"莫须有"代替。莫须有的意思是"不必有"，皇帝杀人还需要理由吗？

岳飞死了，和议再也没有障碍。秦桧取得政治斗争的胜利，继续执政十四年；赵构也踏实了，一口气继续活了四十六年。

说到底，岳飞之死不是情商低，而是政治斗争的牺牲品。他的民族兴亡价值观，挡了赵构和秦桧个人荣辱的路，他用自己的生命和国家的前程，为君臣铺就通天路。

君臣二人也知道岳飞死得冤，一辈子都对"岳"字耿耿于怀，甚至把岳州[1]改为纯州，还不是心虚嘛。

[1] 今湖南岳阳。

岳飞死后，狱卒隗（wěi）顺将遗体背出城外，埋在钱塘门外的九曲丛祠旁边。这个秘密，隗顺一辈子都没有告诉任何人，直到临终时才悄悄告诉儿子。1162年，宋孝宗[1]为岳飞平反，隗顺之子才把这事报告给朝廷。

去世二十一年后，岳飞才真正入土为安，被朝廷改葬在西湖栖霞岭。此后千年，岳王庙香火鼎盛。终究是公者千古，私者一时。

[1] 即赵昚（1127—1194），南宋皇帝。宋太祖七世孙，宋高宗嗣子。即位之初，起用张浚，追复岳飞，锐志进取，发动抗金战争，后败于符离，与金订“隆兴和议”。

▲岳飞像

文天祥："造反者"

一

1256年春，临安街头有点躁动。那天是科举公布成绩的日子。就像今天查高考分数时的忐忑一样，宋朝学子们捂着"怦怦"跳的胸口，焦躁不安地向皇榜走去，丝毫没有注意到手心早已渗出汗水。

二十一岁的文天祥也站在皇榜下，他伸长脖子，渴望在榜单中找到自己的名字。一行一行地看下去，直到看见"文天祥"三个字，他才长叹一口气，中了。

中了进士，随后就是在集英殿对策[1]。这些都是该走的流程，只是为了区分名次，不会再有落榜的危险。难得有面见皇上的机会，此时不表现，更待何时？

当时的皇帝是已经在位三十年的宋理宗赵昀。赵昀晚年沉湎于醉生梦死的荒淫生活中，朝政相继落入丁大全[2]、贾似道[3]等奸相之手，国势急衰。

文天祥来到临安就听说了皇帝的事迹。他有点不能忍，于是在集英殿对策时就提笔开骂："陛

[1] 也叫"策试"，古代选拔官吏的考试方法，即由皇帝提出一些有关政治、经义方面的问题，由被荐举的士人回答，此类策试一般在殿廷举行，故也称"金殿对策"。

[2] （？—1263），南宋末官员，因奉迎宦官得以晋升，后官至右丞相。

[3] （1213—1275），南宋末大臣。其姐为理宗宠妃，遂得进用，官至左丞相，专权多年。

下，您要做一个高尚的人啊！这么多年都熬过来了，再忍忍啊。”他连草稿都不打，一口气写了将近万字。

他说得忠贞恳切，据说把赵昀感动得直抹眼泪。或许是因为文天祥的真情和文采，被骂得狗血淋头的皇帝竟然把他选为状元。

自隋朝开创科举至1905年被废除，一千多年间出现了无数的状元，而最不可思议的，当属文天祥了。

二

《宋史》中对文天祥有两句很特殊的记载。第一句是："体貌丰伟，美皙如玉，秀眉而长目，顾盼烨然。"就是说文天祥身高体长，皮肤白皙，一双细长的丹凤眼镶嵌在美貌的脸上，顾盼生姿。文天祥不仅长得帅气，还是才气侧漏的状元郎，无论在哪个时代都是国民"男神"。

第二句是："天祥性豪华，平生自奉甚厚，声伎满前。[1]"文天祥的家庭条件不错，在他考中状元后，父亲不幸去世，给他留下了大笔遗产。三年后，二十四岁的文天祥被任命为海宁军节度判官，开始走上仕途，也开启了他的浪荡生涯。丰厚的遗产再加上宋朝的高工资，不难想象文天祥过着什么样的生活。

"五星级酒店"的豪华大餐吃起来，三十年的

[1] 大意为：文天祥性格豁达豪爽，平生衣食丰厚，歌姬舞女满堂。

女儿红喝起来，满座的同僚朋友嗨起来，还有请来的歌姬唱起来……宋朝官员典型的奢靡生活，他一过就是十七年。

这时的文天祥也不过是个普通人，他写的文章别人也能写，他过的生活别人也能过，他和其他的进士、状元没什么区别。

可当岁月静好的生活一旦被打破，有的人就此崩溃，而有的人却能涅槃重生。

三

南宋的暖风熏得游人醉，南宋人早把杭州做汴梁。他们忘记了曾经受过的苦难，也忘记了祖先曾经蒙受过的耻辱，只要自己过得好，哪管死后洪水滔天。可高原上的蒙古人不一样，他们的目标是星辰大海。

1206年，铁木真在斡难河畔登基，被众人奉上尊号成吉思汗。这时的成吉思汗已经取得了极大的成就，他一点不比以往的草原领袖逊色。大蒙古国也继承了匈奴、突厥的疆域，一统广袤的草原。

被成吉思汗改造过的大蒙古国，潜力显然不是先辈们可以比拟的。蒙古铁骑四面出击，西至里海[1]，东至大兴安岭，北达西伯利亚，南抵黄河，都成了蒙古人的牧场。

[1] 世界最大湖泊、最大咸水湖，位于欧、亚两洲交界处。

四

1275年，蒙古军攻破安庆，刀锋直指建康，南宋王朝危在旦夕。而这时，文天祥“造反”了，他反的当然不是大宋王朝，而是自己。

国家危亡在旦夕之间，文天祥想想以前的奢靡生活，感觉就像是在犯罪。他把良田、豪宅、香车统统变卖，连同家中的存款和现金，全部作为勤王的军费。“痛自贬损，尽以家赀（zī）为军费。”不久后，他带着一万多人的乌合之众[1]，东进勤王。

②比喻无组织、无纪律，如乌鸦般仓促聚合的一群人。

从江西出发前，他的朋友前来劝阻：“你去了有什么用啊？还是明哲保身吧。”文天祥不愿苟且偷生：“国家养育臣民将近三百年，可到了关键时刻，却没有一个人站出来。我这么做不是为了自己，而是希望做一个表率，希望忠义之士能够挺直腰杆，保家卫国。”

文天祥不知道蒙古人的强大吗？他不怕死吗？不，他当然知道，但他更不愿意违背自己的内心，在自责、悔恨中苟且偷生。

这是文天祥的第一次“造反”。他放弃了过往的舒适生活，与奢靡、放荡彻底决裂。他放下了手中的笔和酒杯，拿起冰冷的剑，穿起生锈的铁甲，迎着蒙古人的铁骑走向战场。

四十岁的文天祥开启了新的人生，走上了一条悲壮却也光辉的道路。

五

相比文官领兵的范仲淹[1]、虞允文[2]而言，文天祥的军事能力相对较弱。他带兵来到临安后就上书皇帝："大宋为什么军事上屡战屡败呢？就是因为地方政府没权力，全由朝廷说了算。不如把天下分为四大军区，全部交给司令员统领，由前方负责战争。朝廷只要任命人员就行，其他的事别管了。"

平心而论，文天祥的提案基本没有可行性。自古以来的胜仗，都是靠朝廷整合资源，集中力量办大事。权力下放的结果只能是军阀割据，投降的速度只会更快。

在蒙古铁骑如泰山压顶般南下时，文天祥最终没能力挽狂澜。整整三年时间，他带着残兵一路迎战一路败退，苏州、临安、温州、江西……最终在广东汕头潮阳县被元军千户王惟义俘虏。

1279年，文天祥被押解至元军张弘范的大营中。手臂粗的牛油灯闪烁，张弘范露出得意的笑容。他抿着嘴看着早已贵为丞相的文天祥，说："你给张世杰[3]写封信，让他投降吧。"文天祥说："好，我写。"文天祥给张世杰的信中只有一首《过零丁洋[4]》。他不是劝降，而是在劝他不要降。

辛苦遭逢起一经，干戈寥落四周星。
山河破碎风飘絮，身世浮沉雨打萍。

[1]（989—1052），北宋政治家、文学家，曾改革军制，巩固边防，工于诗词散文，所作文章富于政治内容，后病死。

[2]（1110—1174），南宋大臣。曾率军大破金军，反对朝廷主和，后为右相，迁左相，所用胡铨、王十朋等后均为宋代名臣。

[3]（？—1279），南宋抗元将领。1179年，与元将张弘范在海上决战，兵败身死。

[4] 也叫伶仃洋，在广东省珠江口外、内伶仃岛和外伶仃岛之间，万山群岛横亘外口，为天然屏障。

惶恐滩头说惶恐，零丁洋里叹零丁。

人生自古谁无死，留取丹心照汗青。[1]

国势飘零如雨打浮萍，我辈不能挽救社稷和百姓，能做的只有不愧对祖先。

① 大意为：千辛万苦科举入仕，在战火中经过了四年艰苦岁月。家国危难似风中柳絮，自己一生坎坷如雨中浮萍。惶恐滩的惨败让人至今惶恐，可叹零丁洋身陷元虏我孤苦伶仃。人生终不免一死，如果能为国尽忠，死后仍可青史留名。

六

这首《过零丁洋》并没有到达张世杰的手中，而是被张弘范截留了。他看着墨迹未干的字迹，不禁对这个亡国丞相生出敬意。随后，一份报告被送到忽必烈手中："这是一名义士，不能杀。"

做领导的都喜欢忠臣，最好是对自己尽忠。如果是敌人的忠臣，也要表扬，意思是让自己手下的人好好学着点。

文天祥躲过一死，被一辆囚车押往北京。1279年6月，文天祥迈出了北上的第一步。囚车从广东出发，一路经过韶关、赣州、吉安，再过鄱阳湖、南京、徐州，最终到达元朝的首都北京。杏花春雨江南的碧绿色，逐渐变成干燥的枯黄。

文天祥第二次"造反"了。他放弃抗争，寻求精神不朽。既然反抗已经失败，那就只能接受现实。在渡过长江后，他就知道事情再也没有挽回的余地，于是在北上的路上，他不断寻找精神上的知音。沿途经过的每一个地方，都是先辈曾经奋战过的热土。那些忠诚的灵魂，都给文天祥带来别样的温暖。这种“同是天涯沦落人”的感觉，让他有了“吾道不孤”的欣慰。

徐州的燕子楼，是唐朝礼部尚书张愔为爱妾关盼盼[1]所建。张愔去世后，美貌的关盼盼被无数人觊觎。唐朝的妾是可以相互赠送的，更何况在丈夫死后改嫁，正常得很。但面对踏破门槛的提亲者，关盼盼都拒绝了，她要为张愔守节，最终十五年未再嫁人。

[1] 唐代徐州歌妓，工诗文，善歌舞，张愔死后，独居燕子楼十五年，后绝食而死。

四百年后，文天祥在北上途中登上燕子楼。他想起独居并终老于此的关盼盼，一个女子尚且可以为丈夫守节，何况自己是亡国的士大夫。于是，他写下一首《燕子楼》自勉：

因何张家妾，名与山川存。
自古皆有死，忠义长不没。
但传美人心，不说美人色。

当囚车来到山东德州时，他想到了颜真卿[2]。这里曾经被叫作平原郡，“安史之乱”前，颜真卿被贬到此地。当安禄山的大军横扫河北时，州郡纷纷开城投降，只有颜真卿的平原郡做了“钉子户”，死死地扎在那里。就连他的堂兄颜杲（gǎo）卿都被叛军杀死，只找回一只胳膊。

[2] （709—784）唐大臣，书法家。其行书被称为“颜体”，与柳公权并称“颜柳”。德宗时，李希烈叛乱，受命前往劝谕，被李希烈缢死。

二十年后，颜真卿最终还是被安史余孽杀害。文天祥想起颜氏兄弟的节义，又写下一首诗来自勉：

乱臣贼子归何处，茫茫烟草中原土。

公死于今六百年，忠精赫赫雷行天。

此时的文天祥明白了一个道理：眼前的成败荣辱，在历史中不过是沧海一粟，百年后，判定成败的不是权势、金钱，而是精神。

这个世界终究不负正能量。

七

在北京，文天祥是愿意活下去的。元朝皇帝忽必烈正在大力求才，尤其是南宋的文人学士。听说文天祥是南宋的第一等人才后，忽必烈就劝他留在北京，还帮他买房子、上户口。

文天祥说："如果让我以道士的身份做顾问，可以，官就不做了。"这本来是一个很好的建议，一个有命，一个有名，可极力反对的恰恰是南宋的投降派。

如果让文天祥这样的反抗者都活着，那他们举国投降的人又算什么？难道他们就不要面子了吗？于是南宋宰相留梦炎[1]上书说："如果文天祥回到南方，再次号召民间起义，那可怎么办？"

文人玩起文字游戏，最是歹毒。这样一来，事情就很简单了。文天祥要想活，就得投降；如果不做元朝的官，就得死。

文天祥最终第三次"造反"。他不再苟且偷

[1] 元军攻入后，他以南宋故相的名义率众投降。

生，决意从一而终，向死而生。1283年1月，忽必烈问他："你还有什么想说的？"文天祥说："忠臣不事二主，但求一死。"第二天，文天祥被斩于菜市口。元朝人却说，宋之亡，不在崖山之崩，而在燕市之戮。

八

近几年有个很流行的概念，叫"走出舒适区"。其目的在于，鼓励大家不要沉溺在舒适感当中，而是要寻找艰难的路，在一次次的难题破解中磨炼自己，最终才能成就美好人生。

文天祥不就是这样吗？他在舒适区中生活到四十岁，当时代大潮来袭时，他却好像换了一个人，首先放弃精美的生活，然后寻求精神的不朽，最终放弃求生的希望。

文天祥不断对过去的自己"造反"，剔除生命的杂质，只留下最璀璨的一部分，那才是人之所以为人的内核——正气。

我们不能成为文天祥，但也要做到问心无愧。就像文天祥被杀后留在衣带中的遗言：

> 孔曰成仁，孟曰取义，惟其义尽，所以仁至。
>
> 读圣贤书，所学何事？而今而后，庶几无愧。[1]

[1] 大意为：孔子说成仁，孟子说取义，只有忠义至尽，仁也就做到了。读圣贤书是为了学什么呢？自今以后可以算是问心无愧了。

张居正：一代名相的宿命

一

1368年，四十一岁的朱元璋在南京登基称帝。随后，无数份官职任命书从南京发出，快马送往大明各地。湖北秭归的张关保也收到了一份。

十五年前，朱元璋率领三千人的小分队进攻定远，张关保为了混口饭吃，扔下锄头，扛起大刀，懵懵懂懂地参军入伍，如今被封为世袭归州守御千户。

命运的钟摆拨弄着所有人的命运，偶然间的无意晃动，就会抖落一颗种子。一百六十年后，张关保家族生下一个男孩，起名叫张居正。他的曾祖父是家中次子，因为没有资格继承千户职位，于是从秭归县搬到江陵，另立门户。

后来，张居正一直说："我出身寒门。"

寒门子弟想出人头地，除了读书，没有第二条路可走。幸好张居正天赋聪明，十二岁考上秀才，十六岁中举人，二十三岁举进士。由于写的文章能一针见血、直指人心，张居正从小就得到许多大官的赏识，从荆州知府李士翱、湖广巡抚顾璘[1]，直

[1]（1476—1545），明文学家，早年与同里陈沂、王韦交游唱和，并称"金陵三俊"，后朱应登继起，四人并称"四大家"。

至后来的内阁首辅徐阶[1]。

薄薄的宣纸上，一种由可怕天赋凝聚而成的文气，让他们预感到："此人的功名不在我辈之下。"

[1]（1503—1583），明朝大臣。由编修累官至礼部尚书，后入内阁，严嵩被革职后，代嵩为首辅。

二

北京的紫禁城中，嘉靖皇帝终年不见天日。人生苦短，而修道事业却无涯。他心中没有百姓、国事、大臣，只有经文、金丹和修仙，朝廷大事则遥控严嵩和太监们处理。

巴结严嵩的官员们以京城为中心，沿着大明帝国的血管向外蔓延，最终成为盘踞在帝国躯体上吸血的"严党"。太监们也生活得很滋润，他们在京城"开发房地产"，修建了精美的别墅，还把相好的宫女接来同居，和平常夫妇没什么两样。虽然没有儿女，但想做干儿子的大有人在。

权势、前程和利益，足以让人忘记尊严和骨气。

帝国的躯体之下，是为生计苟延残喘的升斗[2]小民。他们沿着长街乞讨，只要能有一口饭吃，不惜卖儿卖女。天气寒冷、气候干旱、水灾蝗虫，都可以让一个完整的家庭变得空无一人。城墙里，朱门外，总有奄奄一息的人在等死。

[2]比喻微薄、少量。

帝国身上的脓包发出娇艳的红光，远看依旧光鲜，走近却只有恶臭扑鼻。

后来严嵩倒台，嘉靖驾崩，太监也换了一茬又一茬。新皇帝隆庆[1]和新首辅徐阶、高拱[2]也不能改变什么。

脓包依旧在，只是换了马甲。

三

1572年，四十八岁的张居正出任内阁首辅。新官上任，他就掏出手术刀挑破脓包，施展精湛的医术为帝国疗伤，这把刀的名字叫改革。

第一招叫作考成法。张居正命令六部监督地方，六科[3]监督六部，那么谁监督六科呢？不好意思，只有内阁亲自上马了。而内阁中唯一说了算的只有张居正。这样做的目的是保证政令统一，不至于像以前那样，所有人都能插嘴。很快，大明帝国就“虽万里外，朝令夕奉之[4]”。

四年后，山东、河南的十九名官员没有完成征税任务，被革职、降级处理。身家性命都快不保了，甩开膀子玩命干啊。结果第二年的税收就达到四百三十万两，比前任皇帝在位时增长百分之七十四。

第二招叫作一条鞭法。在这之前，明朝的税收是征收实物。种田的交粮，织布的交布，捕鱼的交鱼，反正手里有什么就交什么。但这种方式存在一个问题：征收的过程中有太多的“可操作”空间。比如，官吏为了贪污，会指责交上来的粮食成色不

[1] 即明穆宗朱载坖（hòu），年号隆庆。

[2] （1512—1578），明大臣，由徐阶荐入阁，后与徐阶争权，称病辞官，徐阶罢去后再起，为首辅。尽反徐阶所为。穆宗死受遗诏辅政，后与张居正、司礼太监冯保争权失败去官。

[3] 吏、户、礼、兵、刑、工科六科合称。

[4] 虽然远在万里之外，但早上从万里之外下达的命令晚上已经在这边执行了。

足，重量不够，让老百姓多交粮。多余的部分，官吏收入自己的口袋。很多老百姓因此破产，被逼无奈，只好去当流民。

现在张居正改用白银征税，算是统一了标准，同时使地方官员难以作弊，进而增加财政收入。很多事情，其实不是怕要求严格，而是怕标准不清晰。在“一条鞭法”的标准下，老百姓可以清楚地知道自己要交多少钱。

第三招叫作清查土地。在过去的很多年里，大明朝究竟有多少耕地，朝廷是模糊的。很多豪门地主为了少交税，就利用关系网少报或瞒报。很多人为了不交税，也把田地挂在地主名下。

账册上的田地少，交税就少，政府对人口的控制就弱，造成的后果就是官府不能有效控制基层。张居正下令清查土地，政府控制力急速增强。

三项大招施展开，张居正整顿了官吏，安抚了民众，充实了朝廷，完成前人从未有过的功业。朝野上下，赞誉极高。

四

日月并明，万国仰大明天子。
丘山为岳，四方颂太岳相公。[1]

这是一位官员写的拍马屁对联，他用黄金制成后送给张居正，而张居正又堂而皇之地挂在自家客

[1] 出自明沈德符《万历野获编·卷十三·邱侍郎献谀》。太岳，即张居正，号太岳。

厅。狂吧？还有更狂的呢。十六岁的万历皇帝想给母亲重新装修一下宫室，毕竟操劳了一辈子，好不容易熬成了皇太后，也该享享清福了。张居正说："不行，祖宗们营造的宫殿已经很完美了，不必乱花钱。"

张居正的母亲从老家进京，马上就被接到皇宫，得到了皇太后的接见。她们手拉手说着家常话，仿佛相见恨晚。

而半年前，张居正回乡葬父更是异常煊赫[1]。他乘坐三十二人抬的豪华轿子从京城出发，一路翻山越岭回到江陵。轿外有戚继光[2]派来的火枪手忠诚地执行护卫工作，轿内有两个少年仆人伺候。千里路程，所到之地都有官员在路边迎接，就连藩王也必须低下高贵的头颅，给这位出身寒门的名相挤出笑脸。

此时的大明帝国，唯张居正独尊。万历皇帝说："先生之忠上薄云天。"皇太后说："没有张先生，哪有我们母子。"官员们说："张先生身负不世之才，是明朝的大救星。"

当然，也有改革的受害者对其恨之入骨，但他们能发出的声音实在太弱小，早已被淹没在一片赞颂声中。

此时的张居正，身上没有一点纤尘。他是普照大地的骄阳，是皎洁无瑕的皓月，是降临在人间的天使，所有人的赞颂声都千篇一律。

[1] 名声、气势等盛大。

[2]（1528—1588），明抗倭名将、军事家，编练新军，抵抗倭寇，人称"戚家军"，解除东南沿海倭患。与俞大猷并称"俞龙戚虎"。后病死。

五

1582年，张居正去世。做了十年首辅，他耗尽所有精力才留下高效的政府、富庶的仓库、干练的队伍和知足的百姓。

他早年间曾许下宏愿："愿以深心奉尘刹，不予自身求利益。"可在此时，张居正头上的每一个光环、被赞颂的每一件事，都成为摆弄权柄、谋求利益的罪证。首先发难的，正是万历皇帝。他发布诏书："以前清查田地期间，有很多不法行为，所以那次登记造册的数据是不准的，作废吧。"

皇帝用一纸诏书撕开口子，天下人统一跟进。曾经兢兢业业执行考成法、一条鞭法的官员，如今变成恶棍张居正的帮凶和走狗，必须"下岗"让位给"贤才"。曾经办事不力的庸人，如今却变成不和坏蛋同流合污的"民之父母""国之干城[1]"。他们现在是皇帝拉拢提拔的对象。

[1] 干，盾牌。干和城都用以防御，因比喻捍卫者。

半年后，张居正彻底变成臭狗屎。大明百姓骂他是人渣、败类，官员骂他是独夫、民贼，皇帝认为他是言行不一的伪君子，就连官方的盖棺论定，也是欺君、受贿、结党。当初夸张居正清廉、洁身自好的群众，也自动出来揭发他有几十个姬妾。

黑白变化如此之大，不过生死半年间而已。

六

在张居正的尸体上，所有人都能得到想要的一切。

自从继位起，万历皇帝就再也没有看见过太阳。张居正巨大的身影笼罩了紫禁城，皇帝的权力、威望、话语权都被他收入囊中，万历生活得胆战心惊。

打倒张居正，万历将继承一切。张居正的身影有多高大，万历收获的经验值就有多丰厚。就像战场上的将军，越强大的敌人越能成就自己的功勋。

官员们将获得光明的前程。张居正已死，他再也不能为帝国和自己带来好处，那就不妨追随皇帝，爬到张居正的尸体上啃两口。啃多少不重要，关键是态度："陛下，我选择了您的队伍，以后就是自己人啦，有好事可别忘记我啊。"

位高权重的官员，还可以趁机给追随张居正的人下绊子，然后扩大势力，安排自己人。曾经努力工作的好官员为什么被扣帽子？还不是为了给别人腾地方嘛。

最基层的地主，纯粹是为了私利。你不是清查田地、搞一条鞭法嘛，让土豪老爷们少赚多少钱？身价缩水多少倍？打倒张居正，才能回到阳光灿烂的日子。

至于老百姓，很多人看不懂张居正的谋划，他们只是盲从，枯燥的生活和逼仄的眼界，让他们渴望看到大新闻。而权威的坍塌，更是让荷尔蒙飙升的兴奋剂，大人物秘史是他们最喜闻乐见的东西。

可想而知，当张居正的流言满天飞时，这部分人看热闹到停不下来，还会两眼发红地嘶吼：“再来点猛料！”

飓风过岗，无人能回头。张居正的同路人早已被剥夺了话语权，发出的微弱声音早已被咆哮淹没，他们只能等待命运钟摆的审判。

七

1584年，朝廷派人去荆州张居正老家抄家。抄家共搜出白银十万两，还有万历皇帝赏赐的四张书法，纸张上写满了“忠”字。张居正的弟弟和两个儿子被发配充军，长子被逼自杀，死前留下的遗言是：“告知山西蒲州相公张凤盘，愿他辅佐圣明天子于亿万年也。”

张凤盘，就是现任内阁首辅张四维[1]。对了，还有张居正的战友太监冯保，他被万历皇帝宣布有十二大罪证，最终被软禁在南京明孝陵。

[1] 曾得张居正赏识，支持张居正的政令主张和改革措施。

一个时代过去了，明天将升起新的太阳。阳光下的人们会讲述新的故事，偶尔还会对张居正的往事津津乐道。

生前，他好像天使降临人间；死后，他如同恶魔走出深渊。

曾国藩：若你觉得生活苦，不妨读读他

一

1811年，曾国藩生于湖南湘乡县，五岁时，爷爷和父亲就开始教他读书、写字。可曾国藩好像不太聪明，别人一天就能学会的知识点，他一个星期也未必能掌握。

十三岁的一个夜晚，曾国藩一如既往地进入书房。他要把一篇课文背下来，要不然明天的早饭就没了。他坐在那里一遍一遍地背诵，可他不知道房梁上有人在一直盯着他。

这人是个小偷，他打算偷点东西回家养老婆、孩子，没料到曾国藩进来了，于是只能在房梁上等着。没想到曾国藩背书到三更半夜，还是磕磕巴巴地背不下来。这位梁上君子[1]急了，看这样子，等到天亮也没完。他“唰”地从房梁上跳了下来，把曾国藩吓了一跳。然后，这人开始大声地背诵那篇文章，背完后在曾国藩崇拜的目光中大摇大摆地离开了。

连小偷都比曾国藩聪明，你看他得笨到什么程度。但曾国藩硬是靠着自己的方法，从千万人中脱

[1] 窃贼的代称。

颖而出，成为“读书改变命运”的典范。

他读书的方法很简单：下笨功夫，死记硬背。他说：“一句不通，不看下句。今日不通，明日再读。今年不精，明年再读。”

他凭着一股韧劲把一句话、一篇文章、一本书慢慢读熟、读透，日积月累，他的才学也与日俱增。靠苦练的水磨功夫，笨小孩曾国藩终于在二十二岁时考上了秀才，紧接着中举人、登进士，继而成为士大夫中的一员，真正实现读书报国的愿望。

人生的路其实很简单，认准一个目标，持之以恒地做下去，终究会有回报。

二

1838年，曾国藩被选为翰林院庶吉士[1]，开始了他的仕途生涯。

毕竟是刚进入繁华的北京城，曾国藩很开心，他每天喝酒、看戏、下棋，反正什么都干，就是不读书。而且他脾气也不好，还经常跟别人吵架。

有次翰林院给他放了四十天假，他给自己列了个“假期清单”：读两本书、锻炼身体、学一门手艺……可当四十天过去后，他一样都没做，就这么喝酒、看戏混过去了。曾国藩痛定思痛[2]后，给自己立下了终身修行目标：成为圣贤。

他的修行计划分为两项：写日记和勤读书。

[1] 官名。也叫“庶常”，明、清由新进士中选入翰林院庶常馆学习者。

[2] 指悲痛的心情平静之后，追思当时所遭的痛苦，有警惕未来的意思。

从1842年开始，曾国藩每天睡觉前都要反思当天的得失，看哪一点不符合圣人的标准，就用蝇头小楷写到日记本上。1872年，在他去世前四天，他还在日记中反省："余精神散漫已久，凡遇应了结之件，久不能完；应收拾之件，久不能检，如败叶满山，全无归宿，通籍三十余年，官至极品，而学业一无所成，德行一无可许，老大徒伤，不胜悚惶惭赧（nǎn）！[1]"

[1] 不能承受惊恐害怕，因羞愧而脸红。

曾国藩只要空闲下来，就会拿起书本阅读，不论风吹雨打、生病忙碌。他每天必做的一项任务就是：读十页史书。历史就是过去发生的事，如果能从前人的教训中吸取经验，对自己的人生大有裨益。读书的习惯他保持到生命的最后一刻。曾国藩是我们"终身学习"的典范。

而写日记是为了自我监督，是磨炼自己的心性；勤读书则是为了认识世界，让外部精华充实头脑。一内一外，长久地自我修炼，让曾国藩在成为一代名臣的道路上越走越顺。

三

凭借自己的努力，曾国藩逐渐名满京城，而他良好的品德更是给朝廷留下了深刻的印象。朝廷每次考察官员，他总是名列前茅。再加上他办事踏实，工作认真，在短短十年间，竟然获得七次升迁，从一个小小的翰林成了从二品的礼部侍郎。

当时的清朝早已不复康乾时期的吏治清明[1]，取而代之的是人浮于事、贪腐成风。曾国藩对此早已不满，他在等待机会。

[1]吏治，官吏治事作风和成绩。清明，政治有法度、有条理。

1850年，新登基的咸丰皇帝立马烧了一把“大火”：“大家都说说，我大清有什么不好的地方，都来提意见。”机会来了，曾国藩抓紧写了《应诏陈言疏》交上去。

咸丰看了很是高兴，在朝堂上狠狠地夸奖了他一番。曾国藩本以为皇帝会按照他的建议治理朝政，但结果并没有。咸丰皇帝本质上是个守旧之人，做皇帝的新鲜劲儿过去后，一切照旧。这样一来，曾国藩就不乐意了。他直接上了一道奏折，痛斥咸丰的缺点和毛病：一是只有小聪明；二是只做表面文章；三是说话不算话。

不出意外，咸丰大怒，恨不得立刻治曾国藩的罪。幸亏曾国藩的人缘好，在大家的合力劝说下，皇帝才消了气。

命是保住了，但京城已经容不下曾国藩了，因为他破坏了所有人都要遵循的“潜规则”。既然你跟我们不是一条心，那就不是自己人了。以后我们吃肉，招呼都不跟你打。

在这样的环境下，还怎么进行工作？偌大的京城再也没有曾国藩的容身之地。曾国藩心里虽然苦闷，但他从没后悔过。

四

1852年，曾国藩的母亲去世，他回老家丁忧[1]。这时，太平军出广西、入湖南，沿途各地纷纷陷落。眼看江南的半壁江山就要落入太平军手中，朝廷鼓励大家招兵买马，抵抗太平军。

①旧称遭父母之丧。

曾国藩和湖南巡抚张亮基办了团练，这就是后来名震天下的“湘军”。他招募贫困山区的农民为士兵，选择亲戚、同乡、师生为军官，依靠血缘关系为纽带，组建了一支“拖不垮，打不烂”的全新军队。

谁也没想到，这支全新的军队刚遇到太平军，就在靖港[2]水战中被击败。曾国藩仿佛听到了“啪啪”的打脸声。“以后还怎么见人？不如死了算了。”他一个猛子扎进水里，打算自我了断，幕僚章寿麟跳进水中把他捞了起来。

②今湖南长沙望城区。

事实证明，曾国藩不是一出手就成为战神的，他的败绩仔细算来，能数出一箩筐。

1855年，石达开败湘军水师于湖口，曾国藩的座船被俘虏，会议记录等文件全部丢失。曾国藩冲向敌军，打算壮烈殉国，幸好又被拉了回来。

1856年，曾国藩坐镇南昌，老朋友石达开又来攻城。眼看曾国藩就要壮烈牺牲，幸亏彭玉麟千里回援，才解了南昌之围。曾国藩从来都不是威风凛凛的战神，他经常狼狈得如丧家之犬。那他为什么能取得最后的胜利呢？

原因只有四个字：屡败屡战。靠着这四个字，曾国藩率领湘军屡次从失败中站起来，最终包围南京，取得与太平军作战的最终胜利。

而我们学习曾国藩，就是要学习他这种不死不休的勇气和意志。

五

1856年，曾国藩的父亲去世，他招呼都没打就回家丁忧去了。咸丰皇帝大怒："你无组织、无纪律，赶紧回到战场上去。"没想到曾国藩趁机提出要求："要我回去也可以，但是我要当实权巡抚，这样我才能统一调度资源。"咸丰皇帝笑了："那你就不要回来了。"

这里需要解释一下。因为曾国藩上奏折骂他，所以咸丰皇帝一直都不喜欢曾国藩，再加上此时正规部队打了几个胜仗，让咸丰皇帝看到了希望，他觉得此时不必再依靠曾国藩的湘军了，于是顺势解了曾国藩的兵权。

曾国藩又郁闷了，本来想以退为进，结果却被皇帝"鸟尽弓藏[1]"。在极度的郁闷中，他开始读《庄子》[2]。经过两年的仔细揣摩，他终于大彻大悟："我总觉得自己是最牛的，其他人都是傻子。其实当这个想法冒出来时，我就成了最大的傻子。"

俗话说，一个好汉三个帮，一个人再厉害，也

[1] 比喻事成以后，功臣遭废弃或杀害。

[2] 道家经典。也叫《南华经》，庄子及其后学著。

需要有人配合，才能发挥出更大的力量。曾国藩在意识到自己“自傲、刚直”的毛病后，就有意识地改变自己的行事风格。

1858年，曾国藩复出。在回到军营之前，他给当地的官员写了一封信。上到督抚大员，下到县令，无一遗漏，人人有份。在信中，曾国藩的姿态降低了很多，他说：“我们都是为朝廷效力，我能力不够，请诸位多帮帮我。”曾国藩的低姿态，让他与同僚打成一片。从此以后，他的工作开展也大为顺利。

不仅如此，他还学会了“贪污受贿”。1861年，湘军大将鲍超给曾国藩送来几车“战利品”，其中很多都是古董、珠宝之类的值钱玩意儿。当他打开看了一遍之后，只拿出一顶花帽：“我喜欢这个玩意儿，这个我收下了，其他的你拿回去。”

鲍超是个血战沙场的硬汉，这一刻却被曾国藩的气度感动了。如果一个人特立独行，必然会被众人排斥，所以曾国藩必须向现实妥协，但他又能够一直坚守内心的良知。他不再认为自己是最独特的人，他不再顽固地拒绝“同流合污”，他不再争抢所有的功劳。

正因为他放低了姿态，大家才把他捧到最高。

六

古往今来，中国人的最高追求就是“三不

朽”：立德，立功，立言。在立德上，曾国藩一辈子修身，可称圣人；在立功上，曾国藩平定太平天国，纵横天下；在立言上，曾国藩留下《家书》《语录》，著作等身[1]。他被称为“立德、立功、立言三不朽，为师、为将、为相一完人”。

曾国藩的一生没有任何浪漫，少年天才、神威盖世、挥斥方遒，统统与他无缘。他更不是官二代、富二代，他只是个小地主的儿子，硬生生靠自己的努力拼出一生辉煌。他用一生的努力告诉我们：“普通人也可以通过努力成就伟大的事业。”

自古圣贤可佩但不可学，唯有曾国藩可佩亦可学。

[1] 重量或高度与自身体重或身高相等。多形容数量极多。

左宗棠："犟骡子"

一

在"晚清四大名臣"中，左宗棠是一个异类。

曾国藩会做人，朋友、弟子满天下；李鸿章会做官，用圆滑的手腕在朝野打太极；张之洞学问大，"中体西用[1]"风靡一时；而左宗棠的外号是"左骡子"。从外号就可以看出，此人属于性格刚烈、执拗的一类人。

1812年，左宗棠生于湖南的"寒素[2]之家"。他的父亲和祖父都是秀才，除了读书，他们也是农民。生在这样的家庭，左宗棠从小就被设计好了人生路线：读书—科举—做官—光宗耀祖。

要走好主流路线，就一定要钻研"四书五经"。可左宗棠对寻章摘句[3]的学问烦透了，经常偷偷找课外书来看，比如顾祖禹[4]的《读史方舆纪要》、顾炎武[5]的《天下郡国利病书》、齐召南[6]的《水道提纲》……这些被视为"洪水猛兽"的书，他都烂熟于心。

现在提倡的素质教育，在当时却是不务正业，所以结局也很明显，左宗棠连续三次进京考试，全

[1]"中学为体，西学为用"的简称，近代中国重要的社会思潮。它是以封建主义文化为主体、结合西方资产阶级文化的产物，对中国近代政治、思想产生过重大的影响。

[2]门第低微，地位卑下。

[3]搜寻摘取片段的词句，比喻局限于文字的推求。

[4]（1631—1692），明末清初历史地理学家。

[5]（1613—1682），明清之际思想家，致力边防和西北地理的研究，学问广博。

[6]（1703—1768），清学者，长于地理。

部名落孙山。

1838年，二十七岁的左宗棠黯然离开北京。在南下的路上，他做了一个影响一生的决定：“既然考不上，那我就不考了。”历尽生活的磨难后，他终于发现了自己想要的是什么。从此以后，他不再为别人而活，只听从内心的呼唤。

左宗棠开始读自己喜欢的书，做自己想做的事，见自己欣赏的人。一旦把自己喜欢的事做到极致，生活就从此充满了意义。

二

世事就是如此有趣，当左宗棠摒弃正统学术之后，却又因“学问高深”而成为湖南的风云人物。第一个赏识他的，是贺熙龄兄弟。

左宗棠曾跟随贺熙龄读书，师生关系十分亲密。贺熙龄也很喜欢这个学生，还专门写诗夸奖他：

> 六朝花月毫端扫，万里江山眼底横。
> 开口能谈天下事，读书深抱古人情。

不仅写诗，贺熙龄还在诗下做了注释：“季高[1]近弃辞章，为有用之学，谈天下形势，了如指掌。”

[1] 即左宗棠，字季高。

贺熙龄的哥哥贺长龄也很欣赏左宗棠，称其为

“国士”。他们两人都是清朝的高官，这样的评价必然有一定的道理。

第二个赏识左宗棠的，是两江总督陶澍（shù）。

1836年，陶澍请假回家扫墓，路过醴陵[1]，恰好左宗棠在这里当老师，县令就请他为陶大人的行馆写一副对联。

[1]今湖南株洲。

春殿语从容，廿[2]载家山印心石在；
大江流日夜，八州子弟翘首公归。

[2]也作“卄”，二十。

这副对联有水平，既说了道光皇帝亲自题“印心石屋”赠送陶澍，又代表家乡人民对其歌功颂德，高明啊！

陶澍也特别喜欢这副对联，于是他把左宗棠叫来问话。这一问不得了，左宗棠立马就把陶大人给折服了，并且当场就定论：“君将来功业当在我之上。”这一年，左宗棠才二十五岁，相当于大学毕业的年纪。

第三个赏识他的是林则徐。

1849年，林则徐在云贵总督的岗位上辞职。路过湖南时，他特地派人请大名远扬的左宗棠前来相见。两人在船上谈了整整一夜，除了谈论历史、社会，重点还谈论了新疆。三十年后的那场大战，也许可以从这里找到一些端倪。

三

有了满腹才学，左宗棠便给自己起了一个很厉害的昵称——今亮。但很快他就证明，自己不是在吹牛。

1852年，太平天国围攻长沙，湖南巡抚张亮基派人去请左宗棠："你不是牛嘛，麻溜地出来干活儿。"自此，四十一岁的左宗棠开始了辉煌的后半生。

左宗棠当时的工作相当于幕僚，但张亮基心大，他把巡抚的活儿全部推给了左宗棠，自己当甩手掌柜。左宗棠也没推辞，如此大任，舍我其谁？他"昼夜调军食，治文书"，让太平军三个月都进不了长沙城，最终掉头北上，扑向武汉、南京。自此，左宗棠一战成名。

两年后，张亮基离开湖南，他又成了新巡抚骆秉章的幕僚。在当时，巡抚可以换，但左宗棠换不了。所以就有了那句著名的评价：天下不可一日无湖南，湖南不可一日无左宗棠。在之后的六年中，他辅佐骆秉章"内清四境""外援五省"，以幕僚之身行巡抚之任，大家还心服口服。

在"晚清四大名臣"中，左宗棠和曾国藩、李鸿章的关系都不是太好。但曾国藩的修养很好，能容人。

1860年，太平军攻破江南大营，浙江财赋之地彻底暴露在太平军的刀锋下。这时，必须有人能独当一面，带兵收复浙江。此时的曾国藩正在向南京进攻，无暇他顾，于是就放手让左宗棠组建“楚军”，并在第二年举荐他为浙江巡抚，南下收复浙江。

四十九岁的左宗棠，抓住了人生中最大的机遇。短短四年时间，他率军横扫浙江，官职从四品闲官，一路升为闽浙总督，封爵二等恪靖伯，后又晋封为二等恪靖侯。

四

对欧美列强来说，十九世纪的中国是一块让人垂涎的肥肉。

十九世纪七十年代，沙俄武装强占伊犁，并且扶植阿古柏[1]政权盘踞新疆喀什等地。正当朝廷准备派左宗棠带兵入疆之际，东南地区又传来了坏消息——日本入侵台湾。在这种局势下，清廷内部又爆发“海防”“塞防”之争。

[1]（约1821—1877），中亚浩罕汗国安集延人。曾侵入中国喀什，占领南疆，后在维吾尔族人民反抗和清军打击下，兵败被杀。

李鸿章主张重点防御海疆，防止英、法、美、日等国从大海而来，扰乱大清的财赋重地。而左宗棠则主张“海塞并重”，因为西边有强大的俄国和从印度而来的英国。

平心而论，二人坚持的立场都有道理，大清国的土地一块都不能少。但是李鸿章主张放弃新疆：“我们的国土太大，新疆不要了。”

此时的新疆压根儿不在大清手中，而是被俄

国支持的叛军阿古柏占据，并且已经得到了英、俄的外交承认。这就把“钢铁硬汉”左宗棠惹火了，一百六十万平方公里的土地，说不要就不要了？敌情不是你李中堂[1]家的地，你就一点儿都不着急是吧？

于是左宗棠给朝廷写了一封万言书，大意是：“天山南北两路粮产丰富，牛羊遍野；煤、铁、金、银、玉石藏量极为丰富。所谓千里荒漠，实为聚宝盆。因此，东则海防，西则塞防，二者并重。”

幸好在这件事上还有明事理的人，一个是军机大臣文祥[2]，另一个是慈禧太后。不管后世给老太太什么评价，但是涉及利益的问题，慈禧的态度还是很坚定的。她决定支持左宗棠收复新疆。于是，六十四岁的陕甘总督左宗棠再一次披挂上阵。

当时的新疆，早已被阿古柏割据，建立起“洪福汗国”。1868年，英国赠送了大批军火给“洪福汗国”，维多利亚女王还写了亲笔信，向阿古柏致以亲切的问候。1872年，俄国也与“洪福汗国”签订了条约。

这样一来问题就变得很严重了。在“安史之乱”以后，新疆已有近千年不与中原交流，直到乾隆时期才再次收复，到此时，也不过一百多年。我们可以想象，如果没有左宗棠的强硬态度，新疆有可能脱离中国，那我们今天真的就是“西出阳关无故人”了。

既然下定了决心，那就干吧。左宗棠亲手制定

[1] 宰相别称，唐代因宰相在中书省内的政事堂办公，故有此称。

[2]（1818—1876），清末洋务派首领。瓜尔佳氏。自1861年起，以军机大臣兼总理衙门大臣达十五年之久，号称晚清能臣，奉行奕䜣的政治主张，推行洋务“新政”。

了西征的战略：缓进速决。接下来，他还有两个重要问题要解决。

首先是钱。左宗棠预计需要八百万两白银的军费，但实际到账只有五百万两。剩下的差额该怎么办呢？他准备向外国银行借钱应急。朝廷也还算给力，在左宗棠借钱之后，朝廷看到了他的决心，也大力支持。

据统计，从1876年到1880年，收复新疆共花费五千万两白银，平均每年要用一千万两白银，占朝廷年收入的百分之十五。

然后是武器。左宗棠通过向洋人买、问朝廷要的方式，费尽心机地为西征军弄来了劈山炮、来福大炮、后膛枪等装备。英国历史学家包罗杰说："这支军队基本近似一个欧洲强国的军队。"

1876年，左宗棠离开兰州，挥师西进。战斗过程毫无悬念，1878年1月，盘踞新疆十二年的阿古柏军事集团被全歼，新疆收复。

这次战役，几乎是左宗棠以一己之力扭转乾坤，他足以配得上"左公千古"的赞誉。

阿古柏被全歼，但伊犁被俄国占据。俄国的说法是"代清朝占领伊犁"，一旦清军收复北疆就立刻归还。在他们的脑子中，清军都烂成什么玩意儿了，还能远征？可左宗棠还真就来了，并且连招呼都没打。

1878年10月，朝廷派崇厚[1]出使俄国，希望能要回伊犁。但到了俄国后，估计是伏特加喝多了，崇厚就把伊犁送给了俄国，他没有通报朝廷就大摇

[1]（1826—1893），完颜氏。1860年（咸丰十年）协助恭亲王奕䜣与英、法议和。后因出使俄国时擅自签订《里瓦几亚条约》，受到舆论谴责，被捕入狱。

大摆地回家了。

左宗棠怒了："老子从南走到北，又从东打到西，你一句话就把伊犁送了？"回家后，崇厚被判"斩监候[1]"，最终花三十万两白银买了一条命。左宗棠向朝廷报告："这次不算数，请重新派人去谈判，谈不拢我就带兵开战了！"

最终去俄国谈判的是曾国藩的长子曾纪泽。为了给曾纪泽在谈判桌上增加筹码，左宗棠在后方也定下"三路大军收复伊犁"的新方案。

1880年，他已经六十九岁了。由于水土不服，他经常早上咯血，还有浑身的湿疹。这样的身体早已不适合远征，但想要回伊犁，自己就必须出关。

左宗棠让人抬着一口棺材跟在自己身后，踏上平生最壮烈的征程。六十九岁的老人，不能在家含饴弄孙[2]，甚至有家难回，他图什么？只因此身早已许国。

第二年，曾纪泽与俄国签订《中俄伊犁条约》[3]，争取回部分主权和领土。在当时，这已经是最好的结果了。条约签订的那一天，左宗棠刚好抵达北京，弱国外交的胜利，他也会感到些许欣慰吧。

五

在晚清名臣中，左宗棠是一个异类。他与其他人最大的不同之处在于，他点燃自己的一身正气

[1] 判处死刑而不立即执行，暂时监禁，等候行刑。

[2] 含着饴糖逗小孙子玩，形容老年人的闲适生活。

[3] 也称《中俄改订条约》《伊犁条约》，沙俄强迫清政府签订的不平等条约。争回崇约划失的伊犁南境特克斯河流域，但仍划失霍尔果斯河以西地区和北疆的斋桑淖尔（今斋桑湖）以东地区。赔款由五百万卢布增为九百万卢布。沙俄通过此约和以后几个勘界议定书，又侵占了七万多平方千米中国领土。

作为火把，在浑浊的时代照亮前路，也温暖了整个世界。

二十三岁时，左宗棠就写下一副对联：身无半亩，心忧天下；读破万卷，神交古人。其气势之豪迈，丝毫不像前途未卜的年轻人。近五十年后，垂垂老矣的左宗棠依旧一身肝胆。在西征新疆之前，他曾写过一封家书：“西事艰阻万分，人人望而却步，我独一力承当，亦是欲受尽苦楚，留点福泽与儿孙，留点榜样在人世耳。”

当大清的衮衮诸公[1]在醉生梦死时，他们是否知道，这个“抬棺上阵”的老人在万里戈壁中的奋斗？左宗棠在不顾生死拼杀时，是否知道，他所保卫的江山被一群瘾君子、真小人腐蚀得千疮百孔？

他是知道的。尽管如此，左宗棠依然背对浮华，面向艰险，深一脚、浅一脚地走下去，拖着身后的老帝国艰难地前行。

这才是真正的英雄，十年饮冰难凉热血的真英雄。世人都说左宗棠太犟了，可我就喜欢他这样的“犟骡子”。在任何时代，最缺的就是这样的钢铁硬汉，他们才是民族的钢铁脊梁。

[1] 称众多的高官，含贬义。

李鸿章：卿本佳人，奈何做贼

一

1843年，一辆马车缓缓驶出合肥，向北而去。二十一岁的李鸿章接到父亲的书信，要他去北京学习，利用优质的教育资源准备第二年的乡试。

江淮的苍翠逐渐变为燕赵的荒凉，李鸿章的心情却越来越激动，一扇崭新的大门就要向他打开，而门里是平日只闻其名的理学大家曾国藩、经济学家王茂荫[1]……大清国四万万人口，能得到这样机遇的，又有几人？

他下定决心："此次进京，定要立功名，建大业，方才不负天生七尺之躯。"在颠簸的马车上，他写下了十首《入都》。其中被传诵最广的是第一首：

丈夫只手把吴钩，意气高于百尺楼。
一万年来谁著史，三千里外欲封侯。
定须捷足随途骥，那有闲情逐野鸥。
笑指芦沟桥[2]畔路，有人从此到瀛洲。

[1]（1798—1865），清末财政理论家、货币思想家，《资本论》中唯一提到的中国人，曾多次上书主张货币改革，未成。

[2]即卢沟桥。

少年的雄心壮志跃然纸上。第二年，李鸿章中举人后就拜入了曾国藩门下，学习“经世致用[1]”之学。他从没想到，在辞章、考据之外，还有如此学问。

1847年，李鸿章再次走入考场，一举中进士。这一年，他才二十五岁。从此以后，他一路平步青云，走入历史的旋涡。

荣华富贵、煊赫满堂源于此，生前身后的毁誉参半，也源于此。

二

1853年，太平军攻克安庆。李鸿章怂恿安徽老乡吕贤基：“太平军在安徽肆虐，前辈应当护卫乡梓[2]，我替你写奏折。”

不久后，咸丰皇帝便任命吕贤基为“安徽团练大臣”。这时的吕贤基已经五十岁了，他本不想管这事，没想到被赶鸭子上架，于是气得大骂：“你小子害我，哼，你也别想跑。”于是，一老一小统统投笔从戎。

很多人以为，李鸿章是横空出世，然后定上海、平捻军[3]、统领千军万马遥控朝政，其实哪有那么简单？三十一岁的李鸿章带着刚刚招募的士兵，打仗毫无章法，“专以浪战[4]为能”。不讲究方法、策略，先打了再说。但任何事想要做好，唯有一条路：“无他，唯手熟耳。”

[1] 明清之际主张学问须有益于国事的学术思潮。

[2] 故乡，家乡。

[3] 太平天国时期活动于北方的农民起义军。

[4] 轻率作战或指无取胜可能的战斗。

整整五年，李鸿章一直在跟着前辈作战，边观摩边学习，直到亲手实践，他才最终明白了军队和战争。从最初的浪战到总结经验教训，一步步学习深化，最终形成适合自己的方法论。这是进入新领域的唯一法门。

1860年，太平军攻破江南大营，上海形同孤岛。早已成为湘军幕僚的李鸿章被曾国藩派去组建淮军，然后东进救援上海。

一个幕僚想要组建军队，可能吗？其实也不难。他找到的第一个人叫张树声，此人曾是李鸿章父亲的幕僚，后来自己办团练，配合李氏父子作战多年。他听说李鸿章回到安徽创建淮军，于是马上带人投靠，然后又亲自出马说服了潘鼎新、吴长庆、刘铭传等人，带领部队投靠李鸿章。他们不是李鸿章的朋友就是其父的门生、旧交，也就是说，李鸿章把他的亲朋好友都拉来了。在庐州府，李氏父子一呼百应。

1862年，李鸿章率领九千淮军驰援上海。当时的上海已经是远东最繁华的城市，可上海的官绅却有些崇洋媚外。他们纷纷慷慨解囊，进献洋人，希望他们能充当上海的保护伞。而看着千里远来的淮军，“皆笑指为丐[1]”。

[1] 乞丐。

不顾危险前来救援，却被同胞看不起、嘲笑，甚至在背后编段子，李鸿章怒了，他决定用胜利让这些人闭嘴。为鼓舞士气，他亲自走上第一线与士兵共同作战。只用了不到半年时间，九千淮军就和太平军打了三场恶战，三战三捷。这让那些看不起他的人彻底闭上了嘴。

三

李鸿章屡败太平军，又在上海将军器全部换成洋枪洋炮，战斗力在清军中首屈一指。这样的人物，自然不缺官做。

1862年，李鸿章被授予江苏巡抚；1864年，清廷封李鸿章为一等伯，赏双眼花翎[1]；1865年，李鸿章出任两江总督；1867年，李鸿章官升湖广总督、协办大学士；1870年，李鸿章调任直隶总督兼北洋大臣，成为洋务派首领，也是清朝八位封疆大吏之首。

[1] 清代官员冠饰。用孔雀翎饰于冠上，象征一种荣誉，以翎眼多者为贵。

四十八岁的李鸿章一步步走进权力的中心，他终于实现了“著史封侯”的少年梦想，可他也变了，变得不再是曾经的自己。

少年时的李鸿章，颇有“五千年终于等到我上场”的气概。无数夜晚的孤灯苦读，无数战场的血肉横飞，无数官场的明枪暗箭，他都闯过来了。

肆虐江南的太平军给他提供了一个广阔的舞台，让他得到了前辈们没有的机会，也在清廷建立了汉人不曾有过的功勋。李鸿章的前半生是一部奋斗史。可当人生走上巅峰后，他却变成了当初最痛恨的人。

四

首先是军队的任性。电影《投名状》中的庞青云说："入城以后，一半财富是军饷。"李鸿章的淮军也基本如此。

1862年，淮军刚到上海时没有经费，每顿饭吃的只有糙米和咸菜。直到打了胜仗后，抢到的"金钏（chuàn）银宝堆案，高数尺"。此时的淮军有钱到什么程度？他们不在乎军饷有多少，反正有别的门路。不论有多少战利品，每个士兵都要给上级军官一份"孝敬[1]"，每个军官又会给李鸿章"孝敬"，大家有钱一起赚。

[1] 俗称送礼给尊长或有所求而馈赠。

在李鸿章的纵容下，淮军上下都成了富豪。"庐州府属合肥、庐江、舒城等县，军功地主每县多者近千，少者也有数十人。仅舒城一县就有军功地主三百人以上。"

其次是对平民的屠杀。如果说抢掠财富在封建社会是普遍现象的话，那么屠杀平民则是挑战了人类的道德底线。

淮军攻破江阴后，张树声派士兵把守四座城门，占据城内的财富和房产。如果有百姓回到自己的房子，士兵们会说："现在归我了，我卖给你。"人在屋檐下，谁敢不低头？可当百姓把自己的房子再买一次后，士兵们只愿意让出一张床的位置。你住了，让兵大爷们住哪？

显然，一座城池已经满足不了淮军的胃口，

常州、无锡、苏州、上海一带，都是他们的活动范围。“自常以东及松郡道路，剽掠无虚日，杀人夺财，视为应然。”

李鸿章的家族是世代耕读传家的寒门，到其高祖父时才“有田二顷”，其父李文安中进士后，家族才逐渐显贵。当他纵容淮军屠杀平民时，不知是否想过：那些人就是当年的自己，自己的祖先也和他们并无二致？

五

在晚清，最热门的事业就是“洋务”。1863年，李鸿章委托英国人马格里在上海创办洋炮局，这是他一生创办洋务的开始。从此一发不可收拾。

江南机器制造总局、金陵机器制造局[1]、天津机器制造局[2]、轮船招商局[3]……中国近代的四大军工企业中，李鸿章一人就创办了其三。

出任直隶总督兼北洋大臣后，他的眼界更加开阔。中国最早用机器开采的大煤矿——开平煤矿；中国第一家电报总局——天津电报局；中国第一条准轨铁路——唐胥铁路；还有上海机器织布局、津沽铁路、漠河金矿等民用企业，其商业布局涉及矿业、铁路、纺织、电信等当时的高科技领域，说他是“近代工业之父”也不为过。

为了培养近代化的工业人才，李鸿章又兴办教育。天津水师学堂、天津电报学堂、天津武备学

[1] 清末官办军事工厂。1865年，李鸿章将苏州洋炮局移至南京与安庆内军械所合并，建该局。用机器制造枪炮、子弹。

[2] 清末官办军事工厂。1867年，崇厚于天津设军火机器总局，1870年李鸿章接办改名。1895年改称北洋机器制造局，制造枪炮、弹药、水雷等。

[3] 中国最早设立的轮船航运企业。1872年，由李鸿章招商筹办。

堂、天津医学堂。他还专门选拔青年赴美留学，在下一代人的心中播下“开眼看世界”的种子。在那个年代，李鸿章是引领古老中国走向近代化的船长。

论眼界，没有人比李鸿章更加开阔；论能力，没有人比李鸿章更会做事；论实力，没有人比李鸿章更能左右帝国。历史把李鸿章放在了最有利的位置上，而他却辜负了历史赋予的重任。

有人给李鸿章算过一笔账：“家资逾千万，其兄弟子侄私财又千余万元。”李鸿章去世前后，清朝的财政收入近亿两，而其家族的财富是清政府一年收入的百分之二十。可怕吗？然而最可怕的是，李氏家族的财富大部分都来自“洋务”。

梁启超在写《李鸿章传》时就考证过：“招商局、电报局、开平煤矿、中国通商银行，其股份皆不少。”甚至南京、上海等地的当铺、银号，也大多都是李鸿章的家产。他所创办的企业中的重要职位也都由亲信担任，一举一动都要秉承李鸿章的法旨。

事实上，李鸿章是洋务企业的“太上皇”。作为晚清大型企业的高管，亲信们是如何报答李鸿章的呢——送干股。李鸿章到底拿了多少分红，永远不可能被人知道了，但其长子李经方在1933年写了一份遗嘱，其中有这样一段：“吾在少至老陆续存入一大银行之款，不计其数，皆无存券。数十年来本利未尝计算，亦不知若干万。”

其女李菊耦（ǒu）嫁给张佩纶[1]时，李鸿章随手给了一些嫁妆，有字画、古玩、金银等，后来这些嫁妆供养了张家几十年。据张爱玲[2]的弟弟张子

[1]（1848—1903），清末大臣。与张之洞、宝廷、吴大澂、陈宝琛等评议朝政，号称清流派。

[2]（1920—1995），中国女作家。李鸿章曾外孙女。

静回忆，至少1935年左右，父亲李鸿章在虹口还有八幢洋房出租。这是李鸿章去世几十年后，财产分给子孙被摊薄的数字，他在世时的财产，说一句“富可敌国”也不冤枉。

李鸿章有能力做事，也有资格带领中国走入近代化，可他却用国家之命脉构建自家之荣华。用“卿本佳人，奈何做贼”来评价他，不知是否合适？

六

国际上对李鸿章的评价可谓极高。伊藤博文[1]说他是“大清帝国中唯一有能耐，可与世界列强一争长短之人。”德国海军大臣柯纳德称他为“东方俾（bǐ）斯麦[2]”。因为在当时中国能看清世界局势、与外国列强交流的，除李鸿章外，再无第二人。

1871年7月29日，李鸿章处理完“天津教案[3]”后，又与日本签订了《中日修好条规》。从此以后，与外国签约就成了他的专利。中国挨多少次打，他就签过多少次条约。客观地说，在弱势的晚清做权臣，是没有多少选择余地的，那些丧权辱国的条约，即便李鸿章不签，也会有别人签。

弱国无外交。对于国家的软弱，李鸿章恐怕是感受最深的，于是他主张大力发展海军，甚至不惜放弃一百六十万平方公里的新疆。站在李鸿章的角

[1]（1841—1909），日本首相。执政期间发动中日甲午战争，强迫清政府接受《马关条约》，并将韩国置于日本统治之下。

[2]（1815—1898）普鲁士王国首相，德意志帝国宰相（1871—1890）。推行铁血政策，实行强权统治，有“铁血宰相”之称。先后发动丹麦战争、普奥战争和普法战争，完成德意志的统一。对外采用结盟政策，确立德国在欧洲大陆的霸权；在非洲、大洋洲掠夺殖民地。

[3]1860年（清咸丰十年）《中法北京条约》签订后，法国天主教传教士在天津望海楼设立教堂，强占民地，激起公愤。后因教堂设的育婴堂婴儿死亡，民众到教堂示威，法国领事丰大业开枪恫吓天津知县并击伤一人。群众怒毙丰大业，焚毁多国教堂及领事署。事发后多国军舰集结天津、烟台一带逞威，曾国藩和李鸿章先后受命到天津查办。

度想想，其实也可以理解：“国家预算有限，要花在刀刃儿上，保大海，保京师。”弱国就是如此，根本没有谈论尊严的资格。

1888年，号称“亚洲第一”的北洋水师成立。慈禧、光绪、李鸿章都很高兴：“即便不能称雄亚洲，用于自保也绰绰有余了吧。”

几年后，日本就给了他们一个“惊喜”。1894年，中日甲午战争爆发。强大的北洋舰队困守刘公岛[1]近一个月，最终因孤立无援而全军覆没。历来的结论都是：翁同龢掌管的户部不给拨军费，慈禧太后修建颐和园又挪用了一大半，导致没有钱来购买新船、新炮弹。

[1]位于山东威海。

那么，事实究竟是不是如此呢？2003年，学者戚其章在《翁同龢以军费掣肘北洋说辩正》中写道，北洋舰队的军费不属于户部管理，而是直属海军衙门。修建颐和园，也是从内务府拨钱。

事实上，李鸿章在甲午战争失败的压力下，卸任直隶总督兼北洋大臣时，光北洋的银库里就留下了九百万两白银。只不过，李鸿章及其亲信把这笔巨款当作是私产，不舍得用。

还能说什么呢？不过是一声叹息罢了。

七

李鸿章是个充满矛盾的人物。在“三千年未有之大变局”中，他单枪匹马闯荡江湖，攻太平、办洋务、掌朝政，玩弄天下局势于股掌之间。于个人来说，可谓极其成功。如果在其他时代，这样的人物必将名垂千古，被后世称为“一代贤相”。比如李德裕[1]、脱脱[2]……可他明明已经开眼看世界，知晓天下潮流的方向，却依然固执地在古老的道路上越走越远，甚至下限远远低于前辈。于国家民族而言，可谓极其不合格。

梁启超在《李鸿章传》中的结论是：“当此十九世纪竞争进化之世，而惟弥缝补苴，偷一时之安，不务扩养国民实力，置其国于威德完盛之域，而仅摭（zhí）拾泰西[3]皮毛，汲流忘源，遂乃自足……然则其时其地所孕育之人物，止于如是，固不能为李鸿章一人之咎也……吾故曰：敬李之才，惜李之识，而悲李之遇也。”

在其位而不谋其政，有能力而不尽其责，掌大权而谋取私利。总说“一代人只能做一代人的事”，可是相比李鸿章而言，我更欣赏“十年饮冰，难凉热血”的左宗棠。

世间最有意思的事，就是小人物为大佬化妆。李鸿章兄弟在合肥有将近六十万亩土地，十几万农民靠租他们的土地维持生活。假如现代有人成为佃农[4]中的一员，辛苦劳动一年依然吃不饱、穿不暖，回到四面漏风的破屋里，喝着自家酿的浊酒，却依然喃喃自语：“哎，李中堂也不容易，心疼大人。”你觉得，他是不是也很有意思？

[1]（787—850），唐大臣。武宗时居相位，制驭宦官，击败回纥。

[2]（1314—1356），元大臣，蔑里乞氏。治黄河，修宋、辽、金三史。红巾军起义，他率军围徐州，杀芝麻李，后攻张士诚，被弹劾撤职流放，被毒死。

[3]旧时用以称西方国家，一般指欧美各国。

[4]所耕种的土地大部或全部为租入的农民。